위대한 유산
한글 580년의 여정

한글학술도서 1

위대한 유산 한글 580년의 여정

인쇄일 | 2021년 12월 18일
발행일 | 2021년 12월 20일
지은이 | 이현희 · 이준식 외
엮은이 | 여주세종문화재단 김진오
          031.881.9690 / www.yjcf.or.kr
펴낸곳 | 가갸날
          070.8806.4062 / gagyapub@naver.com

ISBN   979-11-87949-82-4 93710

한글학술도서 ❶

위대한 유산
한글 580년의 여정

훈민정음 창제부터
한글의 세계화까지

세종의 한글 창제와 관련된 몇 문제

이현희(서울대학교 규장각한국학연구원 원장)

1. 영릉의 천릉 · 신도비명과 훈민정음 제작의 비밀주의

조선의 제4대 임금 세종은 1408년에 심온[01]의 큰딸 심씨와 가례를 올려 슬하에 8남 2녀를 두었다.[02] 세종이 1443년 12월에[03] 훈민정

---

01. 1408년 가례시 경숙옹주에 봉해졌다가 1417년에 삼한국대부인으로 개봉(改封)되고, 부군 충녕대군이 왕세자가 된 1418년에 경빈(敬嬪)에 봉해졌다. 세종의 즉위 후 공비(恭妃)라 일컬어졌으나, 중궁에게 미칭을 올리는 것이 마땅하지 않다 하여 그저 왕비로만 일컬어졌다. 승하 후 소헌(昭憲)이라는 시호가 내려졌으며, 문종대에 선인제성(宣仁齊聖)이라는 존호가 바쳐졌다.

02. 문종, 수양대군, 안평대군, 임영대군, 광평대군, 금성대군, 평원대군, 영웅대군의 8남과 정소공주, 정의공주의 2녀가 그들이다. 그 외에, 영빈 강씨 소생 1남(화의군), 신빈 김씨 소생 6남(계양군, 의창군, 밀성군, 익현군, 영해군, 담양군), 혜빈 양씨 소생 3남(한남군, 수춘군, 영풍군), 숙원 이씨 소생 1녀(정안옹주), 상침 송씨 소생 1녀(정현옹주)가 있어 도합 18남 4녀를 두었다. 이와 같이 자식을 많이 본 것은 부왕 태종의 뜻에 따른 것이었다.

03. 조선 정부는 갑오경장 시기에 양력(그레고리력)을 채택하였는데 음력 1895년 11월 17일을 양력 1896년 1월 1일로 삼았다. 이 글에서 1896년 이전의 연대는 음력으로 표기되고, 그 이후의 연대는 양력으로 표기된다.

음을 창제한 다음 1446년 9월에 문헌 《훈민정음》이 완성되기까지 광평대군, 평원대군, 소헌왕후가 연이어 세상을 떠났으니 궁중의 시름은 참으로 깊었다.

소헌왕후는 1446년 태종의 헌릉 서쪽 대모산(현 서울시 서초구 내곡동)에 동릉이실(同陵異室)로 조영된 영릉에 묻혔다. 1450년에 세종이 승하하자 합부(合祔)하였다가 예종 원년(1469)에 현재의 능지로 천장하였다. 옛 영릉에 있던 석물들은 그 자리에 묻혔는데, 1974년 3월 12일에 석상, 세종대왕 신도비 등이 발굴되어 세종대왕기념관 앞뜰로 옮겨졌다 한다.[04]

비명(碑銘)은 정인지가 글을 짓고 안평대군이 글씨를 썼다. 세종대왕 신도비는 글씨를 알아보기 힘든 부분이 많으나 그 내용은 여러 곳에 전재되어 있어 찾아 읽기 쉽다. 훈민정음과 관련된 내용은 "병인년에 훈민정음을 창제하여 음운의 변화를 기록할 수 있게 하니 오랑캐와 중국의 여러 소리를 번역하여 통하지 아니함이 없었고, 그 제작의 정미함이 가히 고금에 뛰어났다 할 만하다"(《신증동국여지승람》 권7)와 "서사(書史)를 편찬하여 정치의 득실을 거울삼고, 훈민정음을 제정하여 누속을 씻으셨도다"(《신증동국여지승람》 권7), "병인년의 훈민정음〔언문이라〕을 창ㄲㅎ야 지으샤, 셩운의 변을 극진히 ㅎ고, 번·한 모든 어음을 번역ㅎ야 통티 못ㅎ을 거시 업스니, 그 제작의 졍미ㅎ미 가히 고금의 뛰여나다 니룰너라"(《녈셩지장통긔》 5: 17)와 "셔ㅅ를 찬집ㅎ야 득실을 보시며, 훈민정음이 더러온 풍속을 씻고"(《녈셩지장통긔》 5: 26) 정도밖에 없다.

그러나 의정부에서 찬(撰)한 세종대왕의 행장이라든가 지중추원

---

04. 이 사실은 홍현보, 〈세종 영릉신도비명의 체재에 관한 연구〉, 《세종학 연구》 14, 2006에 자세하게 보고되어 있어 큰 참조가 된다.

사 이선 등을 북경에 보내 부고를 고하고 시호를 청하면서 중국의 예부(禮部)에 상신한 글이라든가 시책문(諡冊文), 애책문(哀冊文) 등에는 훈민정음 창제와 관련된 내용이 한 글자도 들어 있지 않다. 이것은 1444년 2월에 최만리 등이 올린 이른바 갑자상소문에서 "우리나라는 조종 이래로 지성으로 큰 나라를 섬겨 중국 제도를 모두 따라 왔습니다. 이제 동문동궤의 시절을 맞이하여 언문을 창제하심에, 보고 듣고서 놀라는 사람이 있을 것입니다. … 혹시 (이 사실이) 중국으로 흘러들어가 이를 그르다고 말하는 사람이 있다면, 큰 나라를 섬기고 그 문물을 우러러 사모함에 부끄러움이 어찌 없겠습니까?"라 한 내용이 사실임을 입증하는 것이다.

2. 세종 당대 어문사업의 추이와 언어관[05]

1443년 12월 훈민정음이 창제된 후 그와 관련되어 세종대에 펼쳐진 일련의 사업은 다음과 같다.[06]

(1) 세종 25년(1443) 12월   새 문자 훈민정음 창제
     세종 26년(1444) 2월   《운회》[07]의 번역[08] 논의

---

05. 이후의 기술은 이미 발표된 발표자의 글들에서 전재 발췌된 부분이 많다. 일일이 전거 표시를 행하지 못함에 양해를 구한다.

06. 《삼강행실도》,《남명집언해》 등의 번역이 시작되었음도 언급할 수 있을 것이다.

07. 《고금운회거요》를 줄인 명칭이다.

08. 《운회》의 번역은 직음법이나 독음법, 반절법 등에 의한 한자음 표시를 대체하여 한글로써 현음(懸音)하거나 주음(注音)하는 작업을 의미한다. 현대 이전의 '번역'은

세종 28년(1446) 9월	《훈민정음》해례본 편찬·반포
세종 29년(1447) 9월	《동국정운》완성
세종 27년경~단종 3년(1455)	《홍무정운역훈》 및 《사성통고》완성
세종 27년~세종 29년	《용비어천가》완성
세종 29년(1447)	《석보상절》 및 《월인천강지곡》완성
세종~단종 원년(1453)	《직해동자습》 및 《역훈평화》완성

세종 29년에 완성된 《석보상절》은 수양대군이 편찬한 것이고
《월인천강지곡》은 세종이 친제한 것이기 때문에 논외로 할 때, 그
밖의 다른 문헌 편찬 사업에 빠짐없이 관여한 사람은 신숙주가 유
일하다.[09] 다음의 표를 통해 신숙주가 훈민정음과 관계된 중요 편찬
사업에 빠짐없이 참여하였음을 살필 수 있다.

신숙주가 가장 적극적으로 많은 사업에 참여하고, 성삼문이 그
뒤를 이었음을 알 수 있다. 두 사람이 요동 질정관의 주축으로 참여
한 것도 이와 무관하지 않다.[10]

그렇다고 신숙주, 성삼문 등이 훈민정음 창제에 직접 관여하였

---

① translating a language into the other language, ② annotating the sounds of Classical Chinese, ③ copying 등의 다양한 의미를 가지는데, 여기서는 ②의 의미로 사용되었다

09. 　세조대에 간경도감에서 아주 많은 불경이 언해되어 간행되었지만 그 일에 참여한 신하들의 열함에 보한재 신숙주는 들어 있지 않다. 이것은 그의 불교에 대한 태도와 관련된 것으로 보인다. 정인지만큼 세조에게 드러내어 놓고 불사에 반대 태도를 보인 것은 아니지만, 유언에서 '장례를 간소하게 치르고 불교 의식을 사용하지 말며 서적을 순장하라'고 한 사실은 불교에 대한 그의 비판적 태도가 반영된 것으로 이해되기 때문이다. 이 문제는 안병희, 〈신숙주의 생애와 학문〉,《신숙주의 학문과 인간》, 국립국어연구원, 2002, 12-13쪽 에서 이미 지적된 바 있다.

10. 　뒤에서 다시 살피겠지만, 그 두 사람 외에 통사로 손수산이 함께 갔다. 손수산은 《홍무정운역훈》과 《직해동자습》의 편찬에도 관계하였다.

인명＼문헌	훈민정음해례본	운회 번역	용비어천가	동국정운	홍무정운역훈	직해동자습
권제			O			
정인지	O		O			
안지			O			
최항	O	O	O	O		
박팽년	O	O	O	O		
신숙주	O	O	O	O	O	O
성삼문	O		O	O	O	O
강희안	O	O	O	O		
이개	O	O	O	O		
이선(현)로	O	O	O	O		
신영손			O			
조변안				O	O	O
김증				O	O	O
손수산					O	O
합계	8명	6명	11명	9명	5명	5명

다고 하기는 어려울 듯하다. 여기서는 대표적으로 보한재 신숙주에 한정하여 살피기로 한다. 그는 흔히 일컬어져 온 대로 '언문팔유(諺文八儒)' 또는 '친간명유(親揀名儒)'[11] 가운데 한 사람이다. 관여했던 수많은 편찬 작업에서 그는 성삼문과 더불어 언제나 중추적인 위치에 서 있었다. 《보한재집》에 들어 있는 기록을 살펴보기로 한다.

(2)　사대교린을 자신의 임무로 삼아 한결같이 지성으로 하여 피차가 믿고 조금도 틈이 벌어지지 않았다. 표전(表箋)과 사명(詞命)이 모두 공의 손에서 이루어졌는데 뜻과 글이 겸비해 나라의 외교가 이에 힘입어 더욱 굳건하게 되

11.　강희맹의 〈최항묘지〉에 보이는 표현이다.

었다. …임금[세조]이 여러 나라의 사신을 인견하려 하면 미리 공에게 사신들에게 할 말과 대답해 보낼 말을 갖추어 써 올리게 하여 자리로 나아가고 사신이 앞에 앉으면 공이 명을 받아 오가면서 임금의 뜻을 전달하였다. 이때의 행동한 용의(容儀)가 훌륭하였다. … 공은 한어, 왜어, 몽골어, 여진어 등에 두루 능통하여 통역관이 없을 때는 스스로 뜻을 말한 후에 공이 손수 여러 '역어(譯語)'를 번역하여 아뢰었다. 그래서 통역관들이 이에 힘입어 환히 깨달아 스승에게 따로 배울 필요가 없었다.

－《보한재집》 보유, 강희맹, 〈문충공행장〉

(3)   임금이 우리나라 음운이 중국어와 비록 다르지만 그 아음, 설음, 순음, 치음, 후음의 청탁과 고하는 미상불 중국과 같아야 하며 모든 나라가 다 자기 나라의 글자가 있어서 그 나랏말을 기록하는데 유독 우리나라만은 없다고 생각하여 언문 자모 28자를 어제하여 금중(禁中)에다 국(局)을 설치하였다. 그리고 문신을 가려 뽑아 찬정하게 하였다. 공은 임금의 뜻을 받들어 우리나라 어음이 그릇된 것과 운(韻)의 실전을 바로잡았다. 이때 마침 중국의 한림학사 황찬(黃瓚)이 죄를 짓고 요동에 와 있었다. 을축년(1445)에 임금이 공에게 명하여 중국에 들어가는 사신을 따라 요동에 가서 황찬을 만나 음운에 대해 질문하게 하였다. 공은 언문자로 중국음을 '번역'해 황찬이 묻는 대로 즉시 대답하여 조금도 틀리지 않으니 황찬이 매우 훌륭하게 여겼다. 이때부터 요동을 무릇 13차례나 왕복하였다.

－《보한재집》 보유, 강희맹, 〈문충공행장〉

(4) 세종이 우리나라의 음운이 중국어와 다르지만 오음의 청탁과 고하는 미상불 중국과 같아야 하고 다른 나라는 모두 자기 나라의 글자가 있어서 그 나랏말을 기록하는데 유독 우리나라만은 없다고 생각하여 언문 자모 28자를 만들고자 궁궐 안에 국(局)을 설치하였다. 그리고 문신을 가려 뽑아 찬정하게 하였다. 공은 임금의 뜻을 받들어 우리나라 어음이 그릇된 것과 운(韻)의 실전을 바로잡았다. 이때 마침 중국의 한림학사 황찬(黃瓚)이 죄를 짓고 요동에 와 있었다. 을축년(1445) 봄에 임금이 공에게 명하여 중국에 들어가는 사신을 따라 요동에 가서 황찬을 만나 질문하게 하였다. 공은 언문자로써 중국음을 '번역'해 황찬이 묻는 대로 즉시 대답하였는데 조금도 틀리지 않으니 황찬이 매우 기특하게 여겼다. 이때부터 요동을 무릇 13차례나 왕복하였다.

-《보한재집》 보유, 이파, 〈묘지〉

(5) 세종이 여러 나라가 각기 글자를 제정하여 그 나랏말을 기록하는데 유독 우리나라만은 없으므로 자모 28자를 제정하여 언문이라고 하고 금중(禁中)에다 서국(書局)을 설치하였다. 그리고 문신을 가려 뽑아 찬정하게 하였다. 공이 홀로 내전에 출입하여 친히 성지를 받들어 오음의 청탁의 분별과 유자(紐字), 해성(諧聲)의 법을 정했는데 다른 유사(儒士)들은 그대로 따를 뿐이었다. 세종이 또 언문 글자로써 중국음을 '번역'하고자 하여 한림학사 황찬(黃瓚)이 죄를 짓고 요동에 유배되었다는 말을 듣고 공에게 명하여 중국에 가는 사신을 따라 요동에 들어가 황찬에게 질문하게 하였다. 공은 말을 들으면 문득 해득하여 털끝만큼도 틀리지 않으니 황찬이 매우 기특하게 여

겼다. 이때부터 요동을 무릇 13차례나 왕복하였다.

-《보한재집》 보유, 이승소, 〈비명〉

(2)는 역학자로서 훌륭한 자질을 발휘한 보한재의 모습을, (3)~(5)의 글은 훈민정음 창제 이후에 한자음 정리 사업에 참여하고 요동 질정관[12]으로 활동한 보한재의 모습을 어느 정도 전해 준다. 이는 훈민정음의 창제 사업에 보한재 등 언문팔유가 직접 관여한 것이 아님을 암시한다고도 할 수 있다. 사실상 언문팔유 가운데 예조판서 겸 집현전 대제학이었던 정인지를 제외한, 집현전 응교 최항, 부교리 박팽년, 보한재, 수찬 성삼문, 돈령부 주부 강희안, 집현전 부수찬 이개, 이선로 등 7인은 20대 학자로서 《훈민정음》 해례본의 편찬에 직접 관여하였으며, 그 이후에 전개된 일련의 한자음 정리 사업에도 동원된 것으로 해석하는 것이 온당해 보인다.[13]

신숙주는 《동국정운》의 서문과 《홍무정운역훈》의 서문에서 풍토에 따라 기가 다르며, 기가 다르면 소리도 달라지는 것으로 파악하였다.

(6)　ㄱ. 대저 음 자체에 이동(異同)이 있는 것이 아니고, 사람이 같고 다름이 있는 것이며, 사람 자체에 이동이 있는 것이 아니라 지방에 이동이 있는 것이니 대개 지세가 다르면 기후가 다르며, 기후가 다르면 사람들이 숨쉬는

---

12. '요동 질정관'이라는 표현은 《성종실록》 권 236, 21년 1월 17일 경오조에 보인다.

13. 보한재는 세종 20년(1438) 사마양시에 합격하여 동시에 생원·진사가 되고, 세종 21년(1439)에 친시문과에 을과로 급제하여 전농시 직장이 되었다가 세종 23년(1441)에 비로소 집현전 부수찬이 되었다. 훈민정음이 창제되던 해인 세종 25년(1443) 2월 21일부터 일본 통신사의 서장관으로 활약하고 9개월 후인 10월 19일에 귀국하였기 때문에 훈민정음의 창제 사업에 얼마만큼 깊이 관여하였는지 알기가 힘들다.

것(즉. 발음)이 다르니, 동쪽과 남쪽 사람은 치음과 순음을 많이 쓰며, 서쪽과 북쪽 사람은 목소리[喉音]를 많이 쓰는 것이 바로 이것이다.

-《동국정운》 서문

ㄴ. 성운학은 가장 깨우치기 어려운 학문이다. 대개 사방의 풍토가 같지 않으면 기(氣)도 이에 따라 다르게 되는데 소리는 기에서 생기는 것이라, 소위 사성과 칠음, 즉 성과 운이 지역에 따라서 다르기 마련이다.

-《홍무정운역훈》 서문

이러한 견해는 풍토설이라고 일컬을 만하다. 《훈민정음》의 해례서에서 정인지가 "그러나 사방의 풍토가 다르고, 사람의 발음도 이에 따라 다르다"고 한 내용과 동일한 내용을 담고 있다. 이러한 풍토설은 이미 세종 원년(1419)에 우리나라에 전래되어 온 《성리대전》속에 포함되어 있는 《황극경세서》 권 2의 '정성정음도의' 주에 들어있고,[14] 《홍무정운》의 서문에도 들어 있기 때문에,[15] 우리나라에서 독특하게 형성된 견해는 아니라고 할 것이다.[16]

신숙주의 시에도 이와 같은 견해가 담겨 있다. 다음은 〈송의주역학훈도이(送義州譯學訓導李)〉《보한재집》 권10)라는 시의 일부이다.

(7)   기 있으면 반드시 형이 있고   有氣必有形

---

14.   音非有異同, 人有異同, 人非有異同, 方有異同, 謂風土殊而呼吸異故也.

15.   以人言之, 其所居有南北東西之殊, 故所發有剽疾重遲之異. 四方之音, 萬有不同.

16.   이러한 풍토설은 조선시대 내내 매우 강한 영향력을 가진 견해로 받아들여졌다. 심지어는 개화기 때 주시경도 그의 〈대한국어문법발문〉(1906)에서 이러한 견해를 수용하고 있음을 볼 수 있다.

형 있으면 반드시 소리가 있네.	有形必有聲
음과 양이 서로 부딪치고 부딪혀	陰陽相軋拍
소리가 그에 따라 생기는구나.	聲音因而成
서와 북은 음이 무거워	西北陰之重
소리가 목과 혀에서 나고	音從喉舌生
동과 남은 양의 위치라서	東南陽之位
소리가 입술과 이에서 나온다네.	音從脣齒輕
소리는 본래 곳에 따라 옮기나니	聲音固宜隨處移
말로써 중국과 오랑캐를 분간할 나위 없네.	不必持此分華夷
우리 임금이 언어의 의의를 중히 여겨	吾王重舌義
예악·문물을 열었도다.	禮樂文物開

세종 당대의 주류적인 언어관은 언어도구관[17] 내지 언어권위관[18]
이라고 부를 만한 것이었다. 세종 24년(1444) 2월에 이른바 갑자상소
문을 읽은 세종이 최만리 등을 앞에 두고서 "너희가 운서를 아느냐?
사성과 칠음을 알며, 자모가 몇인지 아느냐? 내가 만일 저 운서를
바로잡지 않는다면, 그 누가 이를 바로잡겠느냐?"(《세종실록》 권103, 세
종 26년 2월 20일 경자조)고 꾸짖은 내용이나, 신숙주가 《동국정운》의 서
문에서 "어리석은 스승이나 일반 선비들이 반절법도 모르고 자모와
운모의 분류방식도 몰라서, 혹은 글자 모습이 비슷하다고 해서 같
은 음으로 하고, 혹은 앞시대에 임금의 휘자 같은 것을 피하던 것으
로 해서 다른 음을 빌리며, 혹은 두 글자를 합해서 하나로 하고, 혹

---

17. 김민수, 《신국어학사》(전정판), 일조각, 1981, 20쪽을 참조하였다.
18. 김민수, 《신국어학사》(전정판), 일조각, 1981, 131-132쪽을 참조하였다.

은 한 음을 둘로 나누며, 혹은 다른 글자를 빌리고 혹은 점이나 획을 더하거나 덜며, 혹은 중국 본토음을 따르고, 혹은 우리나라 음을 따라서, 자모와 칠음, 청탁, 사성이 모두 변하였다"고 개탄한 내용은 다 이러한 언어권위관과 관련된 것이다. 세종과 당대 학자들은 언어의 변화를 타락한 것으로 규정하고서 학자의 임무가 타락한 언어를 교정하고 수호하는 일이라고 믿었던바, 한국한자음의 오류('訛', '亂', '變')를 크게 고치지 않는다면('一大正之'), 날이 갈수록 혼란이 더욱 심해져서 이를 구할 수 없는 상태에까지 이를 것이라고 걱정하였다.

이러한 사고는 이미 그리스와 로마 시대에 이루어진 문법 연구나 인도에서 이루어진 파니니의 문법 연구에서도 나타났다. 자기 당대의 언어는 타락하고 왜곡된 것이기 때문에 그 이전 시대 언어의 순수성으로 돌아가게 할 목적으로 언어 연구와 문법 연구가 진행된 것이다. 세종대에 세종을 비롯한 여러 학자들이 당대의 우리 한자음이 왜곡되어 있기 때문에 운서를 교정하고 한자음을 교정해야 한다고 믿었던 것은 그와 동궤의 사실이라고 할 것이다. 세종대 사람들은 비단 우리 한자음만 왜곡된 것이 아니라, 중국 한자음도 왜곡된 것으로 알고 있었다. 신숙주는 《홍무정운역훈》의 서문에서 명나라 때 편찬된 《홍무정운》이야말로 가장 모범적이고 표준적인 운서라고 믿으면서 오류를 바로잡게 된 것이라고 평가하였다.[19]

그의 시 〈차공부운시근보(次工部韻示謹甫)〉(《보한재집》 권11)에서는,

---

(8)	중국어에 오랑캐의 잡된 소리가 섞여	華人胡羯雜侏離
	성음이 바르지 못한 지 그 얼마인고.	鄉不正音知幾許
	운 가운데 경위의 청탁이 뒤섞이니	韻中淸濁混涇渭
	한 조각 심화로 가슴이 닳는구나.	一片愁火胸中煮

라고 읊고 있고 〈차공부운시근보〉(《보한재집》 권10)에서는

(9)	옛 왕도는 동과 남에 멀리 있고	故業東南遠
	요동 하늘엔 서와 북이 넓구나.	遼天西北寬
	속음은 정과 변에 어두워	俗音昧正變
	거센 물결을 헤아릴 수 없네	不量回鷙瀾

라고 읊고 있다.

한국 한자음의 왜곡을 바로잡기 위해 《동국정운》을 편찬하고, 중국 한자음의 표준을 제시하기 위해 가장 완벽한 운서라고 믿었던 《홍무정운》[20]에 훈민정음으로 음을 단 《홍무정운역훈》을 편찬하기에 이른 것이다. 이러한 언어도구관 내지 언어권위관은 정음(正音)·정성(正聲) 사상과 결부되어 있다. '정성'과 '정음'은 일종의 표준음이라고 할 것이다.

---

20. 그러나 중국에서는 《홍무정운》을 역대에 편찬된 운서 가운데 가장 실패한 운서로 평가하였다.

3. 세종 당대의 문자생활

새로운 표음문자가 출현해야 할 당위성을 부여하는 것은 결국 언문일치가 되지 않는 어문생활 때문이다. 훈민정음 창제 전의 문어(文語)는 한문과 이두문이 아(雅)·속(俗)의 이항대립적인 관계를 가지고 있었다.[21] '문자(文字)'가 '한문'을 뜻하는 예는 수없이 많지만, '이두문'을 뜻하는 예는 극히 드물다. "비록 그렇다고는 하나, 언서는 민간에서 행하는 우리글이고,[22] 장계는 임금께서 보시는 '문자'(문서 = 이두문)입니다"(《승정원일기》 헌종 6년 3월 28일)의 '문자'가 그 한 예 아닐까 싶다. 조선시대에는 관찰사나 암행어사, 외국에 나간 사신들이 임금께 보고하는 장계는 이두문으로 작성하는 것이 원칙이었다.

정인지의 서문은 "우리나라의 예악과 문물은 중국에 거의 비견된다. 다만 우리말만은 그러하지 못하다"고 하면서 다음의 두 가지 어려움을 토로하고 있다.

(10) ㄱ. 글을 배우는 사람은 그 뜻을 잘 알기 어려움을 걱정하고,

ㄴ. 옥을 다스리는 사람은 그 곡절을 알아내기 어려움을 괴로워한다.

---

21. 훈민정음 창제 이후 한문과 언문은 아·속의 이항대립적인 관계에 있게 되었는데, 이두문은 경우에 따라 '아'쪽에 속하기도 하고 경우에 따라서는 '속'쪽에 속하기도 하였다. 마치 '관'[벼슬아치]과 '민'[백성] 사이에서 지배층인 '관리'에 포함되기도 하고 한편으로는 피지배층인 '이민(吏民)'에 포함되기도 하는 '이(吏)'[구실아치]처럼 일종의 박쥐 같은 문체였다. 이두문은 한문, 언문의 이른바 '진언양서(眞諺兩書)' 사이에서 경우에 따라 '진문(진서)'에 속하기도 하고 '언문(書)' 쪽에 속하기도 하였다. 그들이 결코 삼항대립적인 관계에 있지 않았음에 유의하여야 할 것이다.

22. 이곳의 '방언'이 음성언어가 아니라 문자언어에 해당함이 독특하다.

(10ㄱ)은 글을 배울 때 의미 파악이 어려움을 말하고, (10ㄴ)은 옥사를 다스리는 사람이 글 속에 들어 있는 내용을 파악하기 힘듦을 말한다. '쓰기'의 관점에서가 아니라 '읽어 해석하기'의 관점에서 당대에 통용되던 문어의 어려움을 말하고 있음이 주목된다. 이 뒤를 이어 설총이 이두를 만들어 관부와 민간에서 행해지고 있으나 그것도 일상언어에서는 만분의 일도 통달되지 않는다며 어려움을 토로하였다. 물론 (10ㄱ)의 경우 이두 번역문은《대명률직해》나《양잠경험촬요》등을 예로 들 수 있을 것이고, (10ㄴ)의 경우 '치옥(治獄)'과 관련하여 관부와 민간에 두루 쓰이던 행정문서들(牒呈, 遲晚, 所志, 白活, 單子, 等狀, 上書, 原情 및 그에 대한 처결문인 題音, 題辭 등)을 그 예로 들 수 있을 것이다. 이와 같이 한문을 통한 문자생활과 이두문을 통한 문자생활에 어려움이 있었기 때문에 그것을 극복하기 위하여 훈민정음이 창제되었다고 정인지는 말하고 있는 것이다. 물론 훈민정음을 통한 문자생활은 한문과 이두문의 번역작업이 될 것이다. 그런데 문제의 '문자'를 이미 '한문'[23] 외에 '이두'로 파악하려는 시도가, 극히 드물었지만 예전에도 없지는 않았다.[24] 그리하여 훈민정음의 창제를 차자 표기를 대체하기 위한 것이라고 파악하기도 하였다.[25] 훈민정음 창제의 원래 의도는 한문은 그대로 유지하고 이두문 대신에 언문을 사용하게 하자는 것이 아닌가 하는 것이다.

---

23. 이 '문자'를 '한문'이라고 파악한 것은 주시경의 글에 처음 나타난다. 주시경, 〈必尙自國文言〉,《皇城新聞》제2446호, 1907.

24. 조규태,《번역하고 풀이한 훈민정음》(개정판), 한국문화사, 2010, 9쪽: 이상규 외(주해), 홍기문 원저,《증보정음발달사》, 역락, 2016, 27쪽 각주 (1): 박지홍·박유리,《우리나라 글살이의 변천과 훈민정음》, 새문사, 2013, 200-201쪽 등이 그것이다.

25. 남풍현, 〈훈민정음과 차자표기법과의 관계〉,《국문학논집》9, 단국대학교, 1978: 남풍현, 〈훈민정음의 당초목적과 그 의의〉,《동양학》10, 1980.

여기서 '국지어음(國之語音)'과 '불통'하는 대상인 '문자'(文語)에 한문 외에 이두문도 포함된다는 사실을 좀 더 생각해 보기로 한다. 기이한 것은 훈민정음 창제를 전후하여 '청송(聽訟)'에 대한 언급이 무척 많이 나온다는 사실이다. 세종 시대에는 '천인천민론(賤人天民論)'이라 부를 만한, 세종 임금의 사법제도 일신작업이 있었으므로[26] 세종의 관심이 옥사와 관련된 이두문에 주어진 것은 어쩌면 당연하다고 할 것이다. 그리고 새 문자와 관련하여 '관'〔벼슬아치〕에 대한 언급은 없고 '이'〔구실아치〕와 '민'〔백성〕에 대한 언급만 있음도 유의를 요한다. 우리는 훈민정음의 창제가 일차적으로 '우민'을 대상으로 한다고 천명되었으나, 창제 당대에는 '이(吏)' 이하의 계층에 새로운 문자를 통한 문자생활을 영위하게 할 목적도 있었으리라고 생각하는 것이다. 1443년 12월 말에서 1444년 2월 초에 이르는 3개월 동안 언문을 '이사(吏事)'에 시행하고 '이배(吏輩)'에게 훈민정음을 학습시킨 일이 갑자상소문에 지적되어 있다.[27] 뿐만 아니라 해례본 간행 후에 '이과(吏科)'와 '이전(吏典)'의 취재시에 훈민정음을 시험보게 조처한 사실[28]도 주목된다.

　　최만리 등의 갑자상소문뿐 아니라 정인지의 서문에도 역시 그

26.　최이돈, 〈조선초기 賤人天民論의 전개〉, 《朝鮮時代史學報》 57, 2011.

27.　"비록 언문을 구실아치의 일에 시행할 수 있다 하더라도"(제3항)와 "요즈음 널리 여러 사람의 의견을 받아들이지 아니하시고, 빠른 시일 안에 아전 무리 십여 인에게 (언문을) 가르치고 익히게 하시며"(제5항)라 한 것이 그것이다.

28.　다음의 두 기사가 참고된다. "이조에 전지(傳旨)하기를, 금후로는 이과와 이전의 취재 때에는 《훈민정음》도 아울러 시험해 뽑게 하되, 비록 뜻은 통하지 못하더라도 합자(合字)할 수 있는 사람을 뽑게 하라."(《세종실록》 권114, 28년 12월 26일) "이제부터는 함길도 자제로서 이과 시험에 응시하는 자는 … 먼저 《훈민정음》을 시험하여 입격한 자에게만 다른 시험을 보게 할 것이며, 각 관아의 이과 시험에도 모두 《훈민정음》을 시험하도록 하라."(《세종실록》 권116, 29년 4월 20일)

문제가 거론되어 있다. 이 두 글이 시기를 달리 하지만 사실은 서로 반박하고 해명하는 성격을 띠고 있음은 이미 잘 알려져 있는 바와 같다. 둘 다 이두를 거론하면서 갑자상소문에서는 이두가 불편하기는 하지만 새 문자로 대체될 대상이 아님을 강하게 주장하였으나, 정인지의 서문에서는 매우 꺽꺽하고 막히기 때문에 새 문자로 대체되어야 할 대상으로 지목되어 있다.

이러한 이두의 정체성에 대한 인식상 차이는,

(11) ㄱ. 이두는 … 일상언어를 적음에 이르러서는 그 만분의 일도 도달될 수 없는 것이다.

-정인지 서문

ㄴ. 이두는 … 허사(虛辭)에 베풀어지므로 원래 한자와 서로 떨어지지 않습니다. … 역시 흥학(興學)에 일조가 됩니다. … 어째서 예로부터 써 온 폐단이 없는 글자를 고쳐서, 속되고 이로움이 없는 글자를 별도로 만드실 필요가 있겠습니까?

-갑자상소문 제3항

에서 극명히 대비되어 나타난다.

심지어 갑자상소문을 본 세종이 최만리 등을 불러 힐문하는 과정에서도 그 인식상의 차이가 드러난다.

(12) ㄱ. 너희들이 말하기를, '음을 사용하고 글자를 합하는 것이 모두 옛 것에 어긋난다'고 하였으나, 설총의 이두도 역시 음을 달리한 것이 아니냐?

－세종의 힐문

ㄴ. 설총의 이두는 비록 음을 달리한다고 말하지만, 음에 의거하거나 새김에 의거하거나 하니 허사(이두)와 한자가 원래 서로 떨어지지 않습니다. 이번의 이 언문은 여러 글자를 합하고 어울러 적으니 그 음과 새김을 변화시킨 것이지 한자의 꼴이 아닙니다.

－최만리 등의 대답

이 문답은 갑자상소문의 내용과 관련된 것이다. "혹시 말하기를, '언문은 다 옛 글자에 근본을 둔 것이지 새 글자가 아니다' 하고 말한다면, 글자의 꼴은 비록 옛 전자와 비슷할지라도 음을 사용하고 글자를 합하는 것이 모두 옛것에 어긋나는 일이니 실로 근거한 바가 없습니다"(갑자상소문 제1항)가 그것이다. 잘 알려져 있다시피, 원래 소학(小學)은 한자의 형(形), 음(音), 의(義)를 연구하는 분야인바, 문자학, 성운학, 훈고학이 그에 해당된다. 그런데 최만리 등의 입장에서는 비루하기는 하지만 이두는 그래도 이 형, 음, 의의 세 요소[29]를 다 갖추고 있다고 파악된다. 그러나 언문에는 형(形)과 음(音)은 있으나 의(義)는 없다.[30] 이러니 언문을 한자의 꼴[자형]을 갖추지 못한 불완전

---

29. 혹은 '서(書), 언(言), 의(意)'의 세 요소로 파악되기도 한다.

30. 후대에 유형원이 "우리나라의 언문은 음은 있으나 뜻은 없다"(《반계수록》 권25 續篇 上)라고 한 것은 이 사실을 잘 지적한 것이다. 신유한이 1719년에 통신사행으로 일본에 갔을 때, 가나(假名)를 형, 음, 의의 관점에서 관찰하면서, 그들의 '언문'(가나)이나 우리 언문이나 다 "음은 있으나 석(釋)은 없다"고 언급한 것도 그와 관련이 있다. "나라 안에서 쓰는 언

한 글자라고 말하고 있는 것이다.

그런데 형옥과 관련하여 이두를 거론하면서도, 갑자상소문에서는 감옥에 갇혀 있는 민의 관점에서 이두문의 효능이 어떠한가를 언급하지만, 정인지의 서문에서는 치옥자(治獄者)의 관점에서 이두문의 효능이 어떠한가를 언급하고 있어 큰 차이를 보인다.

(13) ㄱ. 옥을 다스리는 사람은 그 곡절을 알아내기 어려움을 괴로워한다. … 이 글자로써 송사(訟事)를 심리하면, 그 사정을 알 수 있다.

-정인지 서문

ㄴ. 만약에 "형을 집행하고 죄인을 다스리는 말을 이두문으로써 쓴다면, 글의 내용을 알지 못하는 어리석은 백성이 한 글자의 차이로 혹시 억울함을 당하는 일이 있으나, 이제 언문으로써 죄인의 말을 바로 써서 읽어 주고 듣게 한다면, 비록 매우 어리석은 사람일지라도 다 쉽게 알아들어서 억울함을 품을 사람이 없을 것이다"라고 한다면, 그러나 중국은 예로부터 말과 글이 같은데도 죄인을 다스리고 소송하는 사건에 원통한 일이 매우 많았습니다. 우리나라로 말하자면, 옥에 갇힌 죄수 가운데 이두를 아는 사람이 공소장을 몸소 읽어 보고 그 내용에 사실과 다른 점을 발견하여도, … 이로써 형옥의 공평함과 불공평함이 옥리의 자질 여하에 있는 것이지 말과 글이 같음과 같지 않음에 있지 않음을 알 수 있습니다.

-갑자상소문 제4항

문이 48자가 있는데, 글자꼴은 다 한자의 머리나 꼬리의 점과 획을 잘라 만들었고, 음만 있고 새김이 없어 서로 붙여 소리를 이루는 것이 대략 우리나라의 언문과 같았다."(《해유록》下 附聞見雜錄)

(13ㄱ)은 '치옥자'에게 이두문이 어떠한가를 언급하고 있으나, (13
ㄴ)은 옥에 갇힌 민에게 이두문이 어떠한가를 문제삼고 있는 것이다.

저 앞의 (12ㄱ)을 뒤이어 세종은 "또 이두 제작의 본뜻은 그것이
'민'을 편안하게 하고자 함을 위해서가 아니었느냐? 만약 그것이 '민'
을 편안하게 하고자 해서라면, 지금의 언문 역시 '민'을 편안하게 하
고자 해서 아니냐?"라고 최만리 등을 힐난하고 있다. 세종의 '편민
(便民)'이라는 표현에서는 이두문과 언문의 주체가 될 넓은 의미의
'민'('吏'와 좁은 의미의 '民'을 합한 것)을 말하고 있어, 좁은 의미의 '민'만
을 언문과 관련지어 말하면서 '이(吏)'와 엄격히 구분한 갑자상소문
과는 인식상 큰 차이가 있음도 지적되어야 할 것이다. 세종은 이두
문 대신 언문을 사용할 주체를 '이'와 '민' 둘을 합친 '민'으로 파악하
였지만, 갑자상소문에는 '관'과 '이'를 제외한 '민'이 혹시 언문을 사
용할 주체가 될 수 있을는지 모른다는 뉘앙스가 담겨 있는 것이다.
이것은 결국 '이'를 '관'의 일부로 넣어 '관리층'으로 파악하느냐, '민'
의 일부로 넣어 '이민층(吏民層)'으로 파악하느냐의 인식상 차이를 보
이는 것이라고 생각된다.

여기서 우리는 지금 문제가 되고 있는 상황이 결국 언문일치의
문제와 결부되어 있음을 알 수 있다. 역설적이게도 위 (13ㄴ)에 언문
은 '그 말을 직접 있는 그대로 적을 수 있는' 문자라고 언급하고 있
음이 주목된다. 언문으로 우리말을 적을 때에는 번역의 과정이 필요
하지 않으나, 한자로 쓰여진 문어(한문과 이두문)는 번역의 과정이 있
어야 하기 때문에 어려운 것이다.[31] 그리고 (13ㄴ)에서 '말과 글이 동

---

31. 이덕무의 다음 말이 번역 과정의 어려움을 잘 말해 준다. "중국에 태어나지 않은 사
람이 문장에 능숙하기는 더욱 어려운바, 이는 '방언'(그 나라의 말)이 방해가 되기 때문이다.

일함', '말과 글의 같음과 같지 않음' 등을 언급한 것도 언문의 제작과 관련된 요체가 언문일치 여부임을 말해 준다 할 것이다. 후대의 표현을 빌리자면, '말은 말대로, 글은 글대로'(李喜經, 《雪岫外史》)라든가, '말은 말대로, 글은 글대로'(朴趾源, 《熱河日記》), '글은 글대로, 말은 말대로'(이유원, 《林下筆記》 권33 華東玉糝編) 같은 상태로 있어서는 안된다는 것이 훈민정음 창제파의 논리인 것이다.[32]

원래 문자는 그 언어에 적당해야 한다.[33] 그리하여 문자를 자신의 언어에 최적화시켜 나가게 된다. 고립어이면서 음절구조가 단순한 편인 중국어에는 단어문자이자 표의문자인 한자가 잘 어울린다. 그러나 교착어인 한국어는 복잡한 음절구조를 가지고 있어서 단어문자이자 표의문자인 한자가 잘 어울리지 않는다. 그러한 언어의 구조적 차이가 결국 표음문자인 훈민정음의 창제로 귀결된 것이다. 그러나 같은 교착어인 일본어는 단순한 음절구조를 가지고 있기 때문에 음절문자인 가나〔假名〕로써 만족하고 마나〔眞名〕인 한자와 혼용하는 길을 걸어온 것이다.

중국 사람은 한 마디 말이라도 '문자'가 아닌 것이 없다. … 입과 귀가 통하기 때문에 눈으로 그 글자를 아는 것이 쉽기 때문에 반만 노력해도 성취된다. … 우리나라 사람은 우리말로 풀이하므로 백 마디 말이 거의 300~400마디 말이 되고 또 토가 있어서 거의 50~60마디 말이 되어 중국과 비교하면 4~5 갑절이나 된다."(《청장관전서》 권52 耳目口心書 5)

32.   북한의 《조선말 대사전》, 1995에서는 '언문(言文)'과 '언문(諺文)'의 항을 다음과 같이 등재하였다. 곱씹어 볼 만하다고 판단된다(밑줄은 인용자의 것이다).

언문01 《명》 말과 글이라는 뜻으로 "입말과 글말"을 이르는 말. ‖ ~이 막히는데가 없다. ~이 일치하다. §言文

언문02 《명》 늘 쓰는 입말의 글이라는 뜻으로 처음에는 우리 민족글자인 "훈민정음"을 글말의 글자인 한자, 한문에 상대하여 이르던 말. 뒤에 한자, 한문을 떠받드는 기풍이 조장되면서 우리 글을 낮잡아보는 이름으로 되었다.

33.   연규동(옮김), 쿨마스(지음), 《문자의 언어학》(문자·사회·문화 총서 28), 연세대학교 대학출판문화원, 2016, 228쪽.

4. 한글의 '작명부(作名父)' 논쟁과 관련하여

마지막으로 현대의 '한글'이라는 명칭을 만든 사람에 대한 논쟁에 대하여 한 마디 해두고자 한다. 애류(한별) 권덕규의 조선광문회에서의 역할과 관련해 적극적 관여설이 있는가 하면 소극적 관여설 또는 불참여설 등도 있다. 잘 알려져 있다시피, 조선광문회의 3대 모토(修史, 理言, 立學) 가운데 이언(理言)의 두 축(사전편찬, 문법정리)의 일환으로 《말모이》 편찬이 1910년부터 시작되었다.

우리는 권덕규의 〈석농 선생과 역사언어(1~9)〉(1932)에 나타나는 기술사항들을 주목할 필요가 있다. 《신자전》(신문관, 1915)의 편찬을 1910년부터 1915년까지 주간으로 진두지휘하였던 석농[34] 유근에 대한 추모 회고담을 담은 이 9편의 연재물은 조선광문회, 《신자전》, 《말모이》(《조선어사전》 혹은 《조선어자전》), 조선광문회에 드나들던 인물 등 등에 대한 소중한 정보를 핍진하게 잘 담아 두고 있다. 이 사실들은 비록 미시적인 사실들일지 모르나 국어학사의 서술과 관련하여 매우 중요한 증언들을 담고 있다고 판단된다.

(14) ㄱ. 그때에 한참 주시경 선생의 계통을 바다 가갸거겨를 떠들고 국문이니 국학이니 하야 이것을 발우잡고 이것을 세우자고 의논하고 외치든 끚이라

–〈석농 선생과 역사언어(1)〉

ㄴ. 이때는 선생이 신자전 편찬으로 골몰하고 절믄이들은 조선어사전을

---

34. 그 자신이 주시경 식으로 작명한 것으로 '돌놈'의 의미를 가진다.

편찬하노라 씨들든 판이다.

-〈석농 선생과 역사언어(3)〉

ㄷ. 이것은 소년으로의 내가 저녁 때 품팔이를 하고 나오든 곳에 선생을 모시어 선생에게 오늘 아무개의 글〔권덕규의 〈가명인두상(假明人頭上)에 일봉(一棒)〉(1920)을 가리킴: 인용자〕로 하야 운양노인과 이런 문답이 잇섯다는 말슴을 들은 것이다.

-〈석농 선생과 역사언어〉(7)〉

　권덕규 자신이 행한 증언은 아르바이트 식으로든 어떤 식으로든 간에 그가 열심히 조선광문회에 나갔음을 말한다. 조선광문회에서 최남선, 유근, 주시경을 비롯한 여러 인사들이 사전 및 자전 편찬 작업을 하기 위해 모여 있으면서 '가갸거겨'식 문자 이름을 '한글'로 할 수 있었을 것이다. 이것은 누구 한 사람의 작명이라기보다 조선광문회 출입인사 공동의 작명이라고 하는 것이 온당하지 않을까 한다.

한글운동의 역사적 의의

이준식 (전 독립기념관장)

1. 머리말

그동안 한글과 관련된 글을 여러 편 썼지만 나는 민족운동사를 전공한 사회사 연구자이지 언어학이나 국어학 전공자가 아니다. 최근에는 일제강점기 독립운동이 지금 우리 민족의 최대 과제인 남북의 평화통일이나 평화공존과 떼려야 뗄 수 없는 관계라는 사실을 이야기하는 데 큰 관심을 갖고 있다.

내가 한글 문제에 관심을 갖게 된 것은 일제강점기 한글운동에서 비롯되었다.[01] 나중에 우리의 언어생활과 언어를 둘러싼 앎의 체제 문제에까지 관심이 확장되었지만,[02] 내가 언어로서의 한글 자체에

01. 이준식, 〈외솔과 조선어학회의 한글운동〉, 《현상과 인식》 18권 3호, 1994; 〈일제침략기 한글운동 연구〉, 《한국사회사연구회논문집》 49집, 1996.

02. 이준식, 〈최현배와 김두봉: 언어의 분단을 막은 두 한글학자〉, 《역사비평》 82, 2008; 〈해방후 국어학계의 분열과 대립: 언어민족주의와 '과학적' 언어학을 중심으로〉, 《한국근

대해 갖고 있는 지식은 매우 단편적이다.

민족운동사를 공부하다가 일제강점기 독립운동가들이 스스로 남긴 기록 가운데 우리 말글을 지키려는 노력이 꽤 많은 것을 보고 놀랐다. 중국 상하이에서, 미국 로스앤젤레스에서, 일본 도쿄에서, 러시아 블라디보스토크에서 어려운 여건을 무릅쓰고 국한문 섞어쓰기나 한글만 쓰기로 펴낸 신문과 잡지를 볼 때마다 울컥해지고는 했다.

지금은 한국 사람들이 관광지로 많이 찾는 중국 타이항산 자락에는 윤세주와 진광화라는, 조선의용대 두 투사의 초장지가 남아 있다. 일제가 타이항산의 항일세력을 소탕하기 위해 벌인 작전에서 전사한 두 사람을 기리기 위해 중국 사람들이 첫 묘소를 쓴 곳이다. 오래 전에 물어물어 이곳에 처음 들렀을 때 하염없는 눈물을 흘린 기억이 아직도 뚜렷하다. 꽤 큰 두 묘소의 아랫부분에는 '조선 민족 영령'을 가로 풀어쓰기한 'ㅈㅗㅅㅓㄴㅁㅣㄴㅈㅗㄱㅇㅕㅇㄹㅕㅇ'이 새겨져 있었다. 독립운동에서 한글이 어떤 뜻을 갖고 있었는지를 보여주는 상징이라고 여겨져서 먹먹했다.

근대 이후 우리 민족의 과제는 근대로의 이행 과정에서 겪은 식민지배체제를 극복하는 것, 그리고 해방 이후에는 분단체제를 해체하고 민족의 재통합을 이루는 것으로 집약된다. 이 두 가지 과제와 관련해 한글은 중요한 의미를 갖는다. 아니 중요한 역할을 했고 현재도 하고 있다.

흔히 민족이란 '공통의 언어, 지역, 경제생활 및 공통의 문화로 표현되는 심리 상태를 토대로 역사적으로 형성된 공동체'로 규정된

현대사연구》 67, 2013; 〈지식인의 월북과 남북 국어학계의 재편: 언어정책을 중심으로〉, 《동방학지》 168, 2014; 〈정태진의 한글운동론과 조선어학회 활동〉, 《동방학지》 173, 2016.

다. 민족은 불변의 사회적 실체가 아니다. 민족은 역사적으로 최근의 특정한 시기에만 나타났다. 이는 민족이 특정한 종류의 근대 영토국가 곧 민족국가에 관련될 때만 하나의 실체가 된다는 것을 의미한다. 이와 관련해 언어는 근대 민족의 형성, 근대 민족국가의 성립에서 빠뜨릴 수 없는 요소임을 알 수 있다. 언어는 민족이 형성되고 그 동질성을 유지해 나가는 데 기초가 된다는 사실 때문에 특히 근대 이후 일정한 정치적 힘을 가져 왔고, 국가, 종교와 함께 민족 공동체 형성에서 가장 큰 역할을 해왔다. 이는 우리에게만 해당되는 이야기가 아니라 세계적 추세였다.

일제강점기 한글운동은 우리 민족의 언어인 한글을 정리하고 널리 보급함으로써 민족의 정체성을 확립하려고 했다. 그리고 일제의 민족 말살에 항거하고 민족 언어를 보존하려 했기 때문에 그 자체로서 민족운동의 의미를 가졌다. 해방과 동시에 등장한 분단체제 아래 한글은 남북 모두에서 국가의 언어가 되었다. 이제 한글운동이라는 말 자체가 무색해졌지만 한글운동의 큰 뜻은 그대로 이어졌다. 분단체제에서 우리 민족이 민족으로서의 동질성을 유지하는 데 관건이 된 것이 공통의 언어였기 때문이다.

이미 쓴 몇 편의 글을 바탕으로 근대 이후 한글운동의 역사적 의미를 정리하려고 한다. 특히 한글운동을 처음 시작한 주시경과 그의 두 제자 김두봉과 최현배에 논의의 초점을 맞추려고 한다.

논의의 출발점은 현재 우리 민족의 언어생활이 한글 중심이라는 데 있다. 19세기 말까지만 해도 우리 민족의 언어생활은 한자와 한글이라는 두 개의 언어에 바탕을 두고 있었다. 말하자면 이중 표기 체계를 갖고 있었다. 그 가운데 한글은 상말이라는 뜻의 '언문(諺文)'이라고 불린 데서도 알 수 있듯이 지배층의 언어가 아니라 피지배층(지배층의 여성까지 포함)의 언어였다. 나라의 공식 언어는 한글이 아니라 한문이었다. 19세기 말까지 우리 민족은 '한자의 세계'에 살고 있었던 것이다.

그런데 21세기 현재 우리는 '한자의 세계'가 아니라 '한글의 세계'에 살고 있다. 주시경, 김두봉, 최현배를 周時經, 金科奉, 崔鉉培가 아니라 주시경, 김두봉, 최현배로 쓰는 세계에 살고 있는 것이다. '한자의 세계'에서 '한글의 세계'로의 전환은 단지 표기법의 변화뿐만 아니라 세로쓰기에서 가로쓰기의 변화까지 포함하는 것이다. 지금도 한자를 쓰지 않으면 큰일이 나는 것처럼 생각하는 사람들이 없는 것은 아니다. 그렇지만 이미 현실로 굳어진 '한글의 세계'를 다시 '한자의 세계'로 되돌리는 것은 가능하지 않을 뿐만 아니라 바람직하지도 않다.

중요한 것은 '한자의 세계'에서 '한글의 세계'로의 전환이 하루아침에 일어나지 않았다는 사실이다. 말과 글의 일치, 한글 전용, 한글 가로쓰기를 핵심으로 언어생활의 혁명적 변화를 처음 주장한 것은 19세기 말의 주시경이었다. 그리고 주시경에 의해 시작된 한글 혁명의 움직임을 현실로 만든 것은 그의 제자인 김두봉과 최현배였다. 해외에서 독립운동을 벌이다가 해방 이후 남북 분단이 가시화된 상황에서 김두봉은 평양행을 선택했다. 반면에 조선어학회 사건으로 함흥에서 옥고를 치른 최현배는 해방 이후 서울로 돌아가는 길을 선택했다. 그리고 북한의 김두봉과 남쪽의 최현배는 한동안 각각 남북의 언어정책을 총괄하면서 스승이 남긴 한글 혁명의 뜻을 실행에 옮겨나갔다.

2. 2019년에 되돌아보는 한글운동

오래 전에 같은 한자 문화권이라고 불리던 한국, 중국, 일본의 언어 상황을 비교하면 주시경, 김두봉, 최현배가 이끈 한글 혁명의 의미가 분명히 드러난다. 중국이야 당연히 한자만 써 왔고 지금도 쓰고 있다. 반면에 한국과 일본은 한글과 가나라는 독자적인 언어를 갖고 있다. 그리고 한 세기 전만 해도 한국과 일본 모두 한자에 한글 또는 가나를 섞어 쓰는 이중 표기 체제였다. 그렇지만 지금은 상황이 달라졌다. 일본이 여전히 이중 표기 체제를 버리지 못한 데 비해 한국(북한을 포함)은 이중 표기 체제에서 벗어났기 때문이다.

마시코 히데노리[03]라는 일본 교육사회학자가 2001년에 발표한 〈가나 그리고 내셔널리즘〉이라는 논문을 읽고 크게 놀란 적이 있다.[04] 놀란 이유는 논문의 형식에 있었다. 논문은 인용을 제외하고는 처음부터 끝까지 가나로 쓰여 있다. 마시코의 주된 관심은 메이지 유신 이후 국가에 의해 의도적으로 만들어진 국어가 어떻게 차별과 배제를 정당화하는 이데올로기의 역할을 했는가를 밝히는 데 있다. 차별과 배제의 핵심은 피지배층이 익히기 어려운 한자 사용을 강요하는 것이었다. 따라서 그는 민중의 언어를 해방의 도구로 되돌리는 작업이 중요하다는 것을 강조한다. 현재 모든 일본인이 쓰는 한자 위주의 일본어는 국가가 민중을 통제하기 위해 강요한 데 지나지 않으며 민중의 진짜 일본어는 가나라는 것이다. 따라서 가나만으로도 얼마든지 의사소통이 가능하다는 것을 보여주겠다는 것이 마시코의 속내였다.

마시코의 가나만으로 논문 쓰기는 일종의 실험이었다. 그러나

03.　마시코는 이름의 한자 표기가 益子英雅이지만 스스로 ましこ ひでのり라는 가나 표기를 고집하는 별난 학자이다. 대표 업적으로는 ましこ ひでのり, 《イデオロギ―としての '日本'》, 三元社, 1997; 《日本人という自画像》, 三元社, 2002; 《ことばの政治社會學》, 三元社, 2002; 《ことば/權力/差別》, 三元社, 2006; 《幻想としての人種/民族/国民》, 三元社, 2008) 등이 있다.

04.　ましこ ひでのり, 〈かな, そしてナショナリズム〉, 《ことばと社會》 3, 2001.

실험은 실패로 끝났다. 마시코의 주장은 찻잔 속의 미풍에 그쳐 지금도 일본에서는 가나만으로 표기하는 것은 이루어지지 않고 있기 때문이다. 마시코를 따라 가나만으로 논문을 쓰는 연구자도 더 이상 나오지 않았다. 일본에서는 가나만으로 글을 쓰는 것이 파격적인 실험이라고 여겨질 정도로 한자(주)와 가나(종)를 섞어 쓰는 일이 지금도 유지되고 있다.

이에 비해 현재 한국에서는 1948년에 법률 제6호로 공포된 한글전용법에 따라 한글전용이라는 원칙이 공문서, 교과서, 신문·잡지에서 관철되고 있다. 한자는 필요할 때만 병기하는 정도이다. 언중이 보는 신문과 잡지가 한글 가로쓰기를 채택한 지도 오래 되었다. 많은 사람이 이용하는 인터넷은 더더욱 한글 가로쓰기 원칙에 충실하다. 한글전용 반대세력에서 '한글전용=종북좌파'라는 억지 주장까지 내세우면서 한글전용을 없었던 일로 하려고 헌법소원까지 하면서 한글전용법의 폐지를 계속 시도하지만 한 번도 성공하지 못하고 있다.

언어 혁명에 실패한 일본과는 달리 한국에서는 20세기에 들어서 한글 세계로의 언어 혁명이 일어난 셈이다. 그리고 한자의 세계에서 한글 세계로의 언어 혁명은 단지 한반도의 남쪽에서만 일어난 것이 아니었다는 사실도 중요하다. 실제로 1948년 분단 정부가 수립되기 전에 한자 폐기와 한글전용이라는, 언어생활의 중요한 원칙이 남북 모두에서 이미 확립된 바 있었다. 그리고 나중에는 한글 가로쓰기도 실현되었다. 19세기까지의 한자 세로쓰기는 이제 과거의 유물이 되었고, 한글 가로쓰기로의 혁명적 변화가 이루어진 것이다.

여기서 남북 모두에서 주시경이 주창한 한글 혁명이 마치 '2인3각'처럼 진행되었다는 사실을 다시 한 번 강조할 필요가 있다. 한글 혁명은 한글의 정리, 보급을 통해 언중으로서의 민족의 언어생활을 민족국가 수립과 연결시키려고 했다. 그런데 남북 분단 상황에서 민족국가 수립은 반쪽의 일이 되고 말았다. 한글 혁명은 완성되지 않은 것이다.

혹시라도 북한 사람을 만나 본 적이 있는 사람이라면 누구라도 수긍하겠지만 북한 사람과 의사소통을 하는 데 특별한 문제는 없다. 물론 북한 사람들이 사용하는 몇몇 단어가 생경하기는 하다. 그러나 북한 사람이 하는 말을 이해하는 데는 큰 걸림돌이 되지 않는다. 글도 마찬가지다. 북한에서 나온 글을 읽는 데 따로 사전이 필요할 정도는 아니다. 내 경험에 비추어 보자면 일제강점기에 나온 글을 읽는 것보다 훨씬 쉽다. 가장 중요한 이유는 한글 전용의 가로쓰기로 쓰였기 때문이다.

남북의 언어생활에 큰 차이가 있는 것은 아니다. 최근 온 국민이 지켜보는 가운데 이루어진 몇 차례의 남북 정상회담이 이를 잘 보여준다. 정상회담을 통해 북한 최고 지도자의 육성이 처음으로 남쪽 국민들에게 생방송으로 전해졌는데 김정은에 대한 좋고 나쁜 감정을 떠나 그의 말을 아예 못 알아듣는다는 남쪽 국민은 없었다. 2018년 9월 19일 '9월 평양공동선언'을 발표하는 기자회견장에서의 김정은의 발언은 200자 원고지로 10쪽 가량의 긴 내용이다. 그 가운데는 '북남, 조선반도, 용용히, 높뛰는' 등 남쪽 국민에게는 어색한 단어가 몇 개 포함되어 있지만 이해하는 데 걸림돌이 될 정도는 아니다. 물론 북한이 남쪽 국민들을 의식해 표현을 다듬었을 가능성을 배제할 수는 없다. 그렇지만 김정은이 읽을 때의 표정과 동작으로는 평상시와 크게 다르지는 않았던 것으로 보인다.

그렇다면 2018년 4월 판문점회담과 9월 평양회담에서의 김정은 발언을 통해 남북의 언어생활이 '생각만큼' 크게 다르지 않다는 사실이 그대로 드러났다고 여겨도 좋을 것이다. 여기서 '생각만큼'이라는 점을 강조한 데는 이유가 있다.

언제부터인가 우리는 분단체제가 고착된 뒤 남북 사이에 상당한 정도로 이질화가 진행되었다는 이야기를 하고는 했다. 어쨌거나 선거로 정권이 바뀌는 한국에 비해 북한은 3대세습이 이루어지고 있다는 점에서 정치체제가 다르다는 사실이 이질화의 첫 번째 측면으로 꼽힌다. 한국에서는 자본주의 시장경제가 성스러운 것으로 여겨지지만 북한은 아직도 사회주의 통제경제를 따르고 있다. 사회문화 분야에서도 이질적인 측면이 많이 드러난다.

역사의 경우 우리는 1945년 8월 15일의 광복 이후 현대가 시작되었다고 보는 경향이 강하지만, 북한에서는 1926년을 현대의 기점으로 보고 있다. 우리는 헌법 전문에서 '3·1운동으로 건립된 대한민국임시정부의 법통'을 강조하지만, 북한은 김일성이 이끈 항일무장투쟁이 북한 정권의 뿌리라고 보기 때문에 대한민국임시정부의 법통을 거들떠보지도 않는다. 그러니 남북의 언어생활도 이질화되었다든지 더 나아가 주체 언어이론에 입각한 북한의 말글이 '정통' 한글맞춤법통일안에서 크게 벗어났다는 이야기가 많이 나왔다.

그러나 생방송으로 진행된 두 차례 남북정상회담에서 그대로 드러났듯이, 실제로는 남북 언어생활의 차이가 '생각만큼' 크지는 않다. 당연히 의문이 든다. 분단체제가 70년 이상 지속되는 상황에서 말글의 이질화가 다른 부문에 비해 크지 않은 이유는 무엇일까? 일제강점기 한글운동의 만남에서 그 답을 찾을 수 있다. 주시경에서 김두봉과 최현배로 이어지는 언어민족주의, 그리고 세 사람이 함께 추구한 말과 글의 일치, 한글전용, 가로쓰기, 형태주의 문법 이론이라는 공통의 요소가 남북 언어의 차이를 줄인 요인인 것이다.

3. 주시경학파의 태동

민족운동으로서의 한글운동은 19세기 말 계몽운동의 일환으로 시작되었다. 이 시기 한국 사회의 당면 과제는 제국주의의 침략에 맞서 자주적인 근대 민족국가를 만드는 것이었다. 이와 관련해 민족의 언어인 한글이 갖는 중요성에 주목해 처음으로 한글운동의 깃발을 든 것은 주시경이었다. 이 시기 그와의 만남을 통해 한글의 중요성을 인식하게 된 일군의 청년들이 있었다. 곧 김두봉, 신명균, 권덕규, 최현배, 정열모, 김윤경 등이 이후 한글운동의 핵심을 이루게 된다는 점에서 주시경은 한글운동의 출발점이라고 할 수 있다.

주시경은 민족의 언어인 한글을 살리는 일이야말로 바람 앞의 등잔불과 같은 나라와 민족의 위기를 이기는 지름길이라는 생각을 갖고 있었다. 이러한 주시경의 생각을 '언어민족주의'라고 한다.[05] 주시경은 말글이 독립의 얼(性)이라고 보았다. 그에 따르면 나라의 성쇠는 말글의 성쇠에 달려 있었다.[06] 주시경에게 배우거나 같이 활동하면서 민족의 말글을 지키고 살리는 것이야말로 국권을 회복하고 나라의 독립을 유지하는 데 가장 중요한 일이라고 생각한 사람들이 주시경을 중심으로 모이게 되었다. '말-글-얼 일체'의 사상, '말글의 힘'의 철학을 바탕으로 한글전용, 한글 가로(풀어)쓰기를 주장하고 어휘 형태소의 기본형 곧 낱말의 원형을 고정해 표기하는 형태주의 원칙에 따라 한글의 연구와 보급에 이바지하려고 한 사람들을 주시경학파라고 할 수 있다.[07]

주시경은 순한글 신문인《독립신문》의 편집에 적극 관여하는 한편 각종 학교와 강습회에서의 교육 활동을 통해 한글을 연구하고 보급하는 데 앞장섰다. 또한《독립신문》에서 같이 일하던 사람들과 함께 한글 사용의 방법을 연구하기 위해 최초의 한글 연구 모임인 국문동식회(國文同式會)를 조직했으며, 1907년에는 최초의 한글 교육 기관인 하기 국어강습소를 개설했다. 이어 1908년에는 강습소 졸업생들을 중심으로 국어연구학회(國語演究學會)를 조직했고, 1909년에는

---

05. 주시경의 언어민족주의에 대해서는 신용하, 〈주시경의 애국계몽사상〉,《한국근대사회사상사연구》, 일지사, 1987을 볼 것.

06. 주시경,《국어문법》, 1910, 1-2쪽.

07. 원래 '주시경파'라는 말이 널리 퍼져 있었다(최현배,《한글의 바른 길》, 조선어학회, 1937, 45쪽). 그러나 '파'라는 말이 주는, 다소 부정적인 의미를 감안할 때 주시경학파라는 말이 더 어울린다고 여겨진다. 주시경학파라는 생각은 김석득, 〈근현대의 국어(학) 정신사〉,《한글》 272, 2006에서 따온 것이다.

국어연구학회 산하에 국어강습소를 개설했다.[08]

그러나 우리 사회가 일제의 식민지로 전락하고 만 1910년 이후 주시경의 한글운동에는 커다란 위기가 닥쳐왔다. 주시경은 한글을 대한제국의 나랏말글 곧 '국어'로 만들겠다는 꿈을 갖고 있었는데, 강제병합은 '국어'의 존재 자체를 불가능하게 만들었기 때문이다. 더욱이 일제는 한편으로는 총칼로 우리 민족을 억압하는 한편 식민지배의 필요에 따라 민족의식을 말살하기 위해 처음부터 한글 사용을 억제하고 일본어를 보급하는 데 주력했다.

강제병합을 계기로 주시경이 추진하던 한글운동은 객관적으로 좌절될 처지에 놓였지만 한글운동을 통해 근대 민족국가의 건설에 이바지하겠다는 주시경의 소망 자체는 흔들리지 않았다. 주시경의 제자인 최현배에 따르면 "건지려던 나라가 이미 없어지기는 하였으나, 그 백성인 내 겨레가 아직 여전히 남아 있으니… 이미 엎어진 큰 집을 미래에 다시 세우는 것이 더 깊고 먼 스승(주시경 - 글쓴이)의 포부였으며, 더 간절하고 질긴 스승의 의지"[09]였다는 것이다. 주시경은 일제의 식민지배 아래에서도 민족국가 건설이라는 기존의 목표를 포기하기보다는 거기에 독립을 위한 기반의 구축이라는 새로운 목표를 추가하는 것으로 위기에 대처하려고 했다.

주시경은 1911년에 국어연구학회를 조선언문회(朝鮮言文會 곧 배달말글몯음)로 개편하는 동시에 국어강습소도 조선어강습원으로 개편해

---

08. 20세기 초반 한글운동의 전개 과정에 대해서는 고영근, 〈개화기의 국어연구단체와 국문보급활동〉, 《한국학보》 30, 1983; 김민수, 〈조선어학회의 창립과 그 연혁〉, 《주시경학보》 5, 1992 등을 볼 것.

09. 최현배, 〈나의 존경하는 교육자 주 시경 스승〉, 《나라건지는 교육》, 정음사, 1963, 159-160쪽.

처음으로 중등과 학생을 모집했다. 다시 1912년에는 조선어강습원에 고등과를 설치하고, 1913년에는 배달말글몯음의 이름을 한글모로 바꾸었다.

국문동식회, 국어연구학회, 조선언문회, 국어강습소, 조선어강습원을 통해 주시경은 자신의 뜻을 따르는 여러 제자를 만날 수 있었다. 그 가운데 가장 돋보이는 제자는 김두봉과 최현배이다. 1913년 3월 2일 배달말글몯음(나중에 한글모로 이름이 바뀜)의 조선어강습원 고등과 수료식이 있었다. 강사인 주시경으로부터 졸업증서를 받은 졸업생 33명 가운데 동래 출신의 김두봉(1889년생)과 울산 출신의 최현배(1894년생)가 특히 눈에 띤다. 나이는 김두봉이 다섯 살 많았지만 같은 경상남도 출신이라는 이유로 둘은 절친한 사이였다. 최현배가 주시경의 한글 강습에 처음 나가게 된 것도 김두봉이 권해서였다.[10] 이보다 앞서 주시경이 자신의 가르침을 받은 제자들을 중심으로 만든 국어연구학회 산하 강습소의 2회 졸업생(1911) 명단에도 김두봉과 최현배의 이름이 적혀 있다. 두 사람이 1910년에 강습소에 같이 입학했고 그 뒤 4년 정도 주시경 문하에서 같이 한글을 공부했음을 알 수 있다. 이 기간 동안에 두 사람은 나란히 주시경의 제자로서 문법 이론과 언어민족주의를 배우게 되었다.

김두봉[11]은 1909년 서울의 기호학교를 졸업한 뒤 다음 해에 배재학당에 다시 들어갔다. 그리고 배재학당에서 한글을 가르치던 주시

---

10.   최현배, 〈주시경 선생과 나〉, 《한글의 투쟁》, 1954. 최현배에 따르면 "나는 김OO(김두봉-글쓴이) 님을 따라 일요일마다 박동에 있는 보성중학교에서 열리는 조선어강습원에 다니었다"고 한다.

11.   김두봉의 행적에 대해 잘 정리된 글로 심지연, 《김두봉: 한글 연구에서 무장투쟁으로》, 동아일보사, 1992; 《김두봉 연구: 잊혀진 혁명가의 초상》, 인간사랑, 1993 등을 볼 것.

경과 만났다. 주시경과의 만남을 통해 김두봉은 나라와 민족, 그리고 민족의 말글이라는 문제에 새로운 눈을 뜨게 되었다. 그러면서 그는 주시경의 제자가 되는 길을 밟기 시작했다. 1910년에는 국어연구학회의 국어강습소에 입학했고, 1913년 3월에는 조선어강습원 고등과를 마쳤다.[12]

　관립학교인 한성고등학교(강제병합 이후에는 경기고등보통학교)에 재학하고 있던 최현배[13]는 김두봉의 손에 이끌려 주시경의 제자가 되었다. 1910년 10월부터 1911년 6월까지는 국어강습소에서, 1911년 9월부터 1912년 3월까지는 조선어강습원 중등과에서, 그리고 1912년 3월부터 1913년 3월까지는 조선어강습원 고등과에서 주시경의 가르침을 받았다. 그리고 조선언문회의 특별회원으로 활동했다.[14] 조선어강습원을 수석으로 졸업한 최현배는 스승인 주시경의 각별한 사랑을 받았다. 1913년에 열린 조선언문회 임시총회에서 주시경이 회칙 초안을 상정하자 외솔이 이에 동의했다는 기록에서 회칙의 초안 작성과 그에 대한 동의라는 역할 분담이 상징하는 주시경과 최현배의 관계를 짐작할 수 있다. 이후 최현배는 주시경의 '특별한 부탁'에 따라 1914년 동래 동명학교에 개설된 하기 조선어강습소의 강사로 파견되었다.[15]

　1910년에 시작된 주시경과 두 제자(김두봉, 최현배)의 만남은 한글

12.　조선어강습원 고등과 졸업 동기 가운데는 최현배, 권덕규, 신명균 등이 있었다.

13.　최현배의 행적에 대해 잘 정리된 글로 허웅, 《최현배》, 동아일보사, 1993; 고영근, 《최현배의 학문과 사상》, 집문당, 1995 등을 볼 것.

14.　이규영, 〈한글모 죽보기〉 볼 것. 이 자료는 조선언문회 의사원 이규영이 손으로 쓴 것인데 《한힌샘 연구》 1(1988)에 그 영인본이 실려 있다.

15.　최현배, 〈나의 걸어온 학문의 길〉, 《나라사랑》 10, 1973, 168쪽.

운동의 역사 더 나아가서는 한글운동이 궁극적으로 지향한 한글 혁명의 역사에서 더 없이 중요한 의미를 갖는다. 스승과 제자가 만난 기간은 기껏해야 5년에 지나지 않지만, 이 5년의 만남을 통해 현재 우리 민족이 누리고 있는 '한글의 세계'로의 일대전환의 바탕이 마련되었기 때문이다.

주시경은 제자들과 함께 새로운 세대에게 언어민족주의를 심는 데 온힘을 쏟았다. 일종의 사설학원인 강습소와 강습원, 그리고 정규학교에서의 한글 교육이 바로 그것이다. 이러한 활동을 통해 언어민족주의에 눈을 뜬 한 무리의 젊은이들이 한글의 연구와 보급을 통해 나라를 되찾겠다는 뜻을 실천에 옮겨나갔다.

그러나 주시경학파의 활동은 여기서 끝나지 않았다. 한글운동을 다른 차원의 민족운동과 결합시키려고 한 것이다. 주시경은 한글학자이자 한글운동가로 알려져 있다.[16] 그러나 당대 사람들의 생각은 달랐다. 주시경이 죽은 뒤 10여 년이 지나 간행된 《한글》 5호(1927)에는 "선생(주시경-글쓴이)은 가세 빈곤하여 갖은 고역을 하시면서도 학문 연구와 국사 경륜에 염염불태(炎炎不怠)하시었다"는 대목이 나온다.[17] 이 글을 쓴 이는 주시경학파의 한 성원이었을 것이다. 그런데 그가 주시경의 행적을 '학문 연구'와 '국사 경륜'으로 구분한 것이 흥미롭다. 주시경이 전념했다는 국사 경륜이란 구체적으로 무엇이었을까? 그동안 잘 알려지지 않았던 주시경학파의 몇 가지 활동에서 그 답을 찾을 수 있다.

일제의 탄압으로 정치적 성격을 띤 결사의 활동이 사실상 금지

---

16. 김민수, 〈주시경의 업적〉, 《국어학》 1, 1962, 25쪽.

17. 〈주시경 선생 약력과 진영〉, 《한글》 5, 1927, 1쪽.

되고 있던 1909년 대동청년단(일부 자료에는 대동청년당)이라는 비밀결사가 만들어졌다.[18] 초대 단장은 나중에 조선어강습원의 원장이 되는 남형우였다. 단원 가운데는 경상도 출신이 많았다. 1907년에 출범한 비밀결사 신민회가 영남 지역에서는 거의 조직을 꾸리지 못했다는 점을 감안할 때 사실상 신민회 계열의 경상도 출신들이 항일운동을 위해 만든 조직이었던 것으로 보인다. 실제로 남형우, 김동삼, 박중화, 신백우, 신채호 등은 대동청년단원이자 신민회원이었다. 그런데 주시경의 제자인 김두봉도 이 단체에 참가했다. 남형우, 김두봉 외에도 나중에 조선어학회의 중추 역할을 하게 되는 이극로, 조선어학회 활동의 재정 후원자가 된 이우식, 윤병호 등도 대동청년단 단원이었다. 따라서 황해도 출신인 주시경의 이름은 보이지 않지만 주시경학파가 대동청년단과 밀접한 관련을 맺고 있었음을 알 수 있다.

강제병합 1년 뒤인 1911년 9월을 전후해서는 주시경, 남형우를 비롯한 배달말글몬음 회원 다수가 대종교에 입교했다. 나철이 대종교를 만든 목적은 단군을 내세워 민족혼을 일깨우는 데 있었다. 주시경의 제자인 김두봉과 최현배도 대종교에 입교했다. 김두봉은 나철이 일제에 항거하다가 끝내 뜻을 이룰 수 없어 1916년 음력 8월 4일 황해도 구월산 삼성사에서 자결할 때 수행할 정도로 대종교 안에서 비중 있는 역할을 수행했다.[19] 최현배도 경성고등보통학교에 재학 중이던 1912년 무렵 담임인 다카하시 도오루(高橋亨: 나중에 경성

---

18. 대동청년단에 대해서는 권대웅, 〈대동청년단 연구〉, 《수촌 박영석교수 화갑기념 한 민족독립운동사논총》, 1992 등을 볼 것.
19. 독립운동사편찬위원회 엮음, 《독립운동사 제8권 문화투쟁사》, 1976, 760~761쪽.

제국대학 철학 교수)가 말리는데도 몰래 다니면서 경전을 손수 베껴 읽을 정도로 대종교에 빠져 있었다.[20]

1915년 무렵 경성고등보통학교에 부설된 교원양성소 학생들과 경성고등보통학교 학생들을 중심으로 조선식산장려계라는 비밀 모임이 꾸려졌다.[21] 모임은 조선의 경제적 자립을 표방했다. 조선에서 만들어진 옷감을 입는 것으로 겨레의 힘을 길러 식민지 경제의 예속에서 벗어나자는 것이었다. 회원은 130여 명이었는데 김두봉도 협의원으로 활동했다. 이 모임에는 김두봉뿐만 아니라 배달말글모듬 회원들이 대거 가입했다. 조선어강습원 원감인 윤창식이 총무를 맡았고 남형우도 협의원이 되었다. 장지영 등은 일반 회원으로 참가했다.

이상의 활동보다 더 극적인 일은 일제 강점 이후 한글 교육이 점차 어려워지는 상황에서 주시경이 해외 망명을 계획하고 있었다는 사실이다. 미처 망명을 실행에 옮기기 전에 주시경이 죽었기 때문에 그가 망명 이후 어떠한 활동을 벌이려고 했는지에 대해서는 알 수 없다. 그렇지만 국내에서 연구와 교육을 통한 한글운동에 주력하던 것과는 다른 모습으로 민족운동을 계속하려고 했다는 것만은 분명해 보인다. 이와 관련해 눈길을 끄는 사실이 있다.

한국 사회주의 운동이 해외에서 먼저 시작되었으며 초기 사회주의 운동의 역사에서 상해파와 이르쿠츠크파가 서로 맞서고 있었다는 사실은 많이 알려져 있다. 두 파가 맞선 데는 이유가 있었다. 조선 혁명을 바라보는 시각 자체가 달랐던 것이다. 그런데 주시경학

---

20. 최근학, 〈외솔 최현배 선생님의 전기〉, 《나라사랑》 1, 1971, 151쪽.

21. 慶尙北道警察部, 《高等警察要史》, 1934, 260쪽.

파는 상해파와 깊이 관련되어 있었다.[22]

상해파 고려공산당은 해외의 이동휘 세력과 국내의 사회혁명당 세력이 결합한 것이었다. 그런데 사회혁명당의 성원들은 "일본 제국주의를 구축하자는 것이 선결 문제이기 때문에 어디까지든지 민족운동자들과 손을 잡고 나아가야 한다는 것, 그 다음에 사회주의 혁명을 해야 한다는" 생각을 갖고 있었다.[23] 사회혁명당의 이러한 방침은 상해파 고려공산당에서도 이어졌다. 상해파의 사회주의자들은 조선의 당면 혁명을 민족 혁명으로 이해하고 있었다.[24] 그랬기 때문에 상해파는 임시정부 등 민족주의 단체와의 통일전선에 적극적이었다. 상해파의 최고 지도자인 이동휘가 임시정부 국무총리로 참여한 것도 이러한 민족통일전선 방침에 따른 것이었다. 이에 비해 상해파와 대립하던 이르쿠츠크파의 경우 조선 혁명을 부르주아지로부터의 해방을 뜻하는 것으로 파악했다. 사회주의 혁명론에 입각한 소비에트 건설론을 갖고 있던 이르쿠츠크파는 민족주의 세력과의 연대를 절실한 과제로 여기지 않았다.[25] 이러한 차이 때문에 상해파와 이르쿠츠크파 사이에는 치열한 다툼이 벌어졌다. 그런데 이 과정에서 배달모듬이라는 조직이 여러 차례 거론되었다.

1921년 12월 사회혁명당 출신이자 상해파의 간부이던 홍도는 상해파의 전신인 사회혁명당의 기원을 설명하면서 "사회혁명당의 역

22.   이 사실을 처음으로 밝힌 글로 임경석, 〈20세기 초 국제질서의 재편과 한국 신지식층의 대응〉, 《대동문화연구》 43, 2003 볼 것.

23.   김철수, 〈본대로, 드른대로, 생각난대로, 지어만든대로〉, 한국정신문화연구원 현대사연구소 엮음, 《지운 김철수》, 한국정신문화연구원 현대사연구소, 1999, 8쪽.

24.   朝鮮總督府警務局, 《大正11年 朝鮮治安狀況》, 1922, 385~406쪽.

25.   임경석, 《한국사회주의의 기원》, 역사비평사, 2003, 434~441쪽.

사를 대략 말하면 1911년에 고려 국어학자 주시경 등의 발기로 배달모듬이라는 단체가 일어났는데, 그 종지는 고려에 정치 혁명을 실현하며 풍속 개량과 기타 여러 가지 문명 사업이었다"[26]고 주장했다. 그리고 배달모듬은 1915년 이후 일본에서 결성된 신아동맹당(또는 신아동맹단)의 한국 지부 역할을 했다는 사실도 언급했다. "1915년에 일본 동경에서 고려, 중국, 안남 등 각국 유학생들이 신아동맹단을 조직했는데 그 종지는 일본 제국주의 타파와 서로 도움과 민족 평등과 및 국제 평등 여러 가지인데, 고려 배달모듬은 이 신아동맹단의 지부로 행사하였"다는 것이다.[27] 홍도는 신아동맹당과 사회혁명당에 직접 참여한 이였다. 홍도의 말이 맞다면 배달모듬은 신아동맹당 조선지부를 거쳐 사회혁명당으로, 그리고 다시 상해파 고려공산당으로 이어졌다는 이야기가 된다.

상해파만 이러한 주장을 편 것이 아니다. 이르쿠츠크파의 간부이던 김철훈은 코민테른에 낸 한 보고서에서 "소위 박진순 일파당의 기근(基根) 된다는 배달모듬(사회 혁명주의 단체)"에 대해 언급했다.[28] 여기서 거론된 박진순은 상해파의 핵심 인물 가운데 한 사람이었다. 따라서 김철훈이 경쟁 세력인 상해파의 국내 간부와 배달모듬을 이어서 파악하고 있었음을 알 수 있다. 이러한 주장을 편 사람은 또 있다. 역시 이르쿠츠크파의 지도자로 코민테른 파견 대표이기도 한 한명세는 코민테른 집행위원회에 제출한 1921년 11월 16일자 보고

---

26. 《붉은군사》 2, 1921년 12월 24일, 5쪽.

27. 위의 글.

28. 고려공산당 중앙간부 위원장 김철훈, 〈박진순 일파에 대한 보고: 제3국제공산당 동양비서부에〉, 1921년 12월 27일. 2쪽.

서에서 상해파 고려공산당의 조직 기반 가운데 하나가 서울의 비밀 단체 사회혁명당인데 이 단체의 전신은 민족단체 배달모둠(ПяДармо дум-러시아어 발음으로는 빠다르모둠)이라고 언급했다.[29]

결국 초기 사회주의 운동을 대표하는 두 파가 모두 상해파의 뿌리로 '배달모듬(또는 배달모둠)'을 지목한 셈이다. 여기서 배달모듬은 배달말글몯음을 가리키는 것으로 보인다. 배달말글몯음은 어쨌든 조직이 공개된 합법단체였다. 그리고 활동의 영역도 말글의 연구와 보급에 있었다. 그런데 주시경학파의 성원 가운데 일부는 분명히 이와는 다른 차원의 민족운동을 지향하고 있었다. 주시경이 그러했고 김두봉이 그러했다. 이들이 배달말글몯음이라는 합법단체 안에 비밀결사를 만들었을 가능성이 크다고 생각된다.

구체적으로 배달모듬의 성원이 누구였는지를 보여주는 자료는 없다. 주시경과 밀접한 관련을 맺고 있던 사람들 가운데 일부였을 것으로 추정될 뿐이다. 이를테면 1910년~1914년 사이에 조선어강습원을 통해 형성된 한 무리의 사람들 가운데 주시경을 따라 대종교에 들어갈 정도로 주시경과 가까이 있던 사람들이나 한글운동 이외의 다른 분야 민족운동에 적극 참여하면서 '혁명적 민족주의'[30]의 성향을 보인 사람들이 배달모듬의 성원이었을 것이다.

---

29. 고려공산당 대표 한명세, 〈코민테른 집행위원회 상임간부회 앞 보고〉(원문은 러시아어), 10-12쪽.

30. 초기 사회주의 운동이 '혁명적 민족주의'의 한 갈래에서 비롯되었다고 보는 이준식, 〈국내 사회주의 운동에 대한 역사적 평가:초기 사회주의 운동을 중심으로〉,《한국민족운동사연구》 23, 1999; 〈일제강점기 사회주의 운동의 진화와 발전: 민족 문제 인식을 중심으로〉,《한국사론》 43, 국사편찬위원회, 2006; 임경석, 앞의 책 등을 볼 것.

4. 일제강점기 김두봉과 최현배의 활동

1) 김두봉의 해외 망명

1914년 주시경이 세상을 떠난 뒤 그의 학문과 정신을 잇는 수제자로 간주된 이는 김두봉이었다. 김두봉은 "고 백천(白泉: 한힌샘 - 글쓴이) 주시경 씨의 후를 계(繼)하야 당대 아 어문계에 우이(牛耳)를 집(執)하얏"다는 세상의 평가를 받고 있었다.[31] 실제로 김두봉은 주시경이 살아 있을 때 사전 만드는 일을 같이 했으며, 《조선말본》(1916)을 지어 주시경 문법을 체계화했다. 주시경을 이어 조선어강습원 고등과 강사가 된 것도 김두봉이었다. 김두봉은 조선어강습원 외에도 서울의 여러 중등학교에 강사로 나가면서 학생들에게 한글을 가르치고 민족혼을 불어넣으려고 했다. 그러나 그것도 곧 불가능해졌다. 조선식산장려계 사건으로 교단에서 쫓겨난 것이다. 김두봉은 3·1운동이 일어나자 시위에 가담했다. 그리고 경찰의 체포를 피해 한 달 동안 피신하다가 1919년 4월 망명의 길에 올랐다.

김두봉은 상해에 도착한 뒤 임시정부에서 활동했다. 그러나 곧 의정원 의원에서 해임되자 임시정부에는 더 이상 관여하지 않게 된다. 상해파 고려공산당 당원이던 여운형에 따르면, 김두봉은 상해파 고려공산당의 전신인 한인공산당에 가입한 적이 있다고 한다.[32] 한인공산당은 이동휘 등이 만든 한인사회당이 1920년에 이름을 바꾼 것이다. 따라서 1920년 무렵 김두봉이 상해파와 일정하게 관련되어

---

31. 《동아일보》 1922년 10월 11일.

32. 반병률, 〈성재 이동휘 일대기〉, 범우사, 1998, 265-266쪽.

있었음을 알 수 있다. 1920년대 초에 김두봉이 상해파의 자금을 받아 사전 편찬 작업을 했다는 김철수의 증언[33]도 이러한 정황을 뒷받침한다.

다만 김두봉과 상해파의 관계는 그리 오래 지속되지 않았다. 주시경 사후 늘 간직하고 있던 사전 편찬에 대한 염원이 그를 조직 활동에서 멀어지게 했을 것이다. 실제로 1920년대에 김두봉은 사전 편찬을 위해 "말을 고르고 말을 다듬고 하는 것"을 "생활의 전부"로 삼고 있었다.[34] 그리고 이를 위해 먼저 한 일이 《조선말본》을 고쳐 《깁더 조선말본》(1922년)으로 낸 것이었다.

이 책의 표지는 "깁더조선말본/ ㅈㅗㅎ-ㄹㄱ-ㄹ/ 표준말/ 김두봉 짓음/ 사ㅇ하ㅣ 새ㄱㄹ지ㅂ펴ㅁ"처럼 한글 가로 풀어쓰기 형식으로 되어 있다. 표지뿐만 아니라 본문에서도 가로 풀어쓰기는 이루어지고 있다. 한글 가로 풀어쓰기는 주시경에 의해 1908년 처음으로 논의되었다. 주시경은 죽기 직전에 쓴 마지막 저서 《말의 소리》[35] 마지막 한 쪽에서 가로 풀어쓰기를 시험적으로 선보인 적이 있었다.[36] 김두봉은 망명지 상해에서 스승의 뜻을 이어 한글 가로 풀어쓰기를 시도한 것이다.

그러나 상해에서 사전 발간을 포함해 한글운동을 계속하는 것은 결코 쉬운 일이 아니었다. 결국 망명 중의 한글운동에는 한계가

---

33.   김철수, 앞의 글, 10-11쪽.

34.   김광주, 〈상해시절회상기 상〉, 《세대》 1965년 12월호, 256-257쪽.

35.   주시경, 《말의 소리》, 신문관, 1914.

36.   주시경의 가로쓰기 주장을 '모아쓰기'로 바꾸어보면 다음과 같다. "글의 가장 좋은 것은 그 가장 잘 다듬은 말을 적은 것이오 또 이를 가로 쓰는 것이니라. 가로 글은 쓰기와 보기와 박기에 가장 좋으니라."

있다는 것을 절감한 김두봉은 1920년대 말부터 다른 길을 걷게 된다. 직접 항일투쟁에 참여한 것이다. 1929년에 한국독립당 비서장이 되었으며, 만주사변 이후에는 좌우 연합전선에 적극 참여해 한국대일전선통일동맹, 민족혁명당의 간부로 활동했다.

1939년 민족혁명당원들을 중심으로 조선의용대가 출범하고 1941년에는 산서(山西)성에서 화북조선청년연합회와 그 군사 조직인 조선의용대 화북지대가 창설되었다. 김두봉은 당시 항일투쟁의 최전선이던 연안행을 택했다. 무장 투쟁의 일선에 나선 것이다. 1942년 7월 10일 화북조선청년연합회가 화북조선독립동맹(이하 독립동맹)으로, 조선의용대 화북지대가 조선의용군 화북지대로 개편될 때 김두봉은

조선의용대 창립 기념사진.

독립동맹 주석으로 선출되었다. 아울러 독립동맹 산하의 조선혁명 군정학교 교장을 겸했다. 해방 공간에서 연안파라고 불리는 정치세력의 최고 지도자가 된 것이다.

무장투쟁의 가운데서도 한글에 대한 사랑만은 계속되었다. 독립동맹의 주석이자 조선혁명군정학교 교장으로 김두봉은 기회가 있을 때면 이 세상에서 가장 아름다운 말이 한글이라는 것을 강조하면서 민족의 긍지와 자부심을 북돋워주려고 노력했다는 김학철의 회고[37]가 이를 잘 보여준다. 김두봉이 깊이 관여하고 있던 조선의용대의 활동에서 한글 가로 풀어쓰기의 흔적이 자주 보인 것도 이와 무관하지 않다고 여겨진다. 위의 사진이 대표적인 보기이다. 조선의용대 창립 당시의 기념사진인데 깃발 위에 조선의용대를 가로 풀어 쓰기한 것이 분명히 보인다. 김두봉의 흔적임을 짐작하기란 어려운 일이 아니다.

2) 최현배의 한글운동

주시경이 죽었을 때 최현배는 동래에 머물고 있었다. 그는 멀리서 한글의 체계화와 대중적 보급을 통해 민족의 독립을 도모한다는 스승의 유지를 잇는 결의를 다진 것으로 보인다. 해외 망명의 길을 선택한 김두봉과는 달리 최현배는 국내에서 활동하는 길을 선택했다.

최현배는 1915년 히로시마 고등사범학교로 유학을 떠났다. 1919년에 귀국해 잠깐 보통학교 교사로 근무하다가 1922년에 다시 일본

---

37. 김학철, 〈동포작가 김학철의 연변통신 6〉, 《전망》 1990년 9월호.

으로 가서 히로시마 고등사범학교 연구과를 거쳐 교토 제국대학 철학과를 1925년에 졸업하였다. 교토 제국대학 대학원에서 1년 동안 공부를 더 한 최현배는 1926년 4월 연희전문학교 교수로 부임했다. 유학 중에도 방학 기간에는 귀국해 교토 유학생학우회 주최의 지방 순회 강연회에서 '우리말과 글에 대하여'라는 제목으로 강연을 하는[38] 등 한글운동에 대한 관심을 이어 나갔다. 최현배는 이때의 강연 내용을 《동아일보》에 연재했는데[39] 무엇보다도 가로쓰기를 주장한 것이 눈길을 끈다. 가로쓰기에 대한 강조는 이후에도 계속되었다.[40] 그리고 1926년 무렵에는 《우리말본 첫째매 소리갈》의 초고를 완성했다.[41]

최현배는 김두봉이 없는 상황에서 주시경의 후계자라는 상징성을 갖고 있었다. 일본 유학을 통해 한글 연구의 체계화를 위한 훈련을 쌓고 새로운 학문을 배운 전문 지식인이기도 했다. 《동아일보》에 1926년 9월 25일부터 12월 26일까지 연재된 〈조선 민족 갱생의 도〉[42]를 통해 지식인 사회의 주목을 받은 뒤에는 주시경학파의 새로운 지도자 역할을 하게 되었다.

특히 활동이 두드러진 분야는 한글운동의 이론화였다. 최현배는 일제강점기 한글운동의 최고 이론가였다. 그는 주시경을 이어받

---

38. 〈한글에 한평생 외솔 최현배〉,《나라사랑》75, 1990, 15쪽.

39. 최현배, 〈우리말과 글에 대하여〉,《동아일보》1922년 8월 29일~9월 23일.

40. 최현배, 〈우리글의 가로쓰기에 대하여〉,《조선일보》1926년 11월 18일, 19일; 〈한글 가로쓰기의 이론과 실제〉,《한글》5권 2호~5호, 1937.

41. 최현배,《우리말본 첫째매 소리갈》, 연희전문출판부, 1929, 머리말.

42. 이 글은 같은 제목의 단행본으로 출간되어 많은 사람들에게 읽혔다. 동아일보 사장인 송진우는 "온 조선의 유심 인사들이 동서남북에서 (〈조선 민족 갱생의 도〉에 대해 - 글쓴이) 큰 충격과 감명과 찬동을 표하였다"고 했다. 최현배, 앞의 글, 1973, 170쪽.

아 언어의 규범성을 강조하고 한자 폐지와 한글 쓰기를 제창했다. 이와 관련해 주목되는 것이 1929년에 펴낸《조선 민족 갱생의 도》이다. 이 책은 원래 1926년《동아일보》에 연재한 것을 책으로 다시 펴낸 것이다. 1926년만 해도 온통 한자와 한자말 투성이였지만, 1929년에는 한자를 쓰지 않으려는 의지를 뚜렷이 드러냈다.[43] 따라서 불과 3년 사이에 한글 쓰기의 뜻이 확고해졌음을 알 수 있다.

아울러 한글운동을 다른 민족운동과 관련시키는 작업도 했다. 최현배는 바야흐로 '민중의 시대'가 열린 이상 모든 민족이 깨어나야 독립을 쟁취할 수 있다고 보았다. 이는 결국 한글운동을 포함한 민족운동이 궁극적으로 민중을 지향해야 한다는 것을 의미했다. 최현배가 한글의 정리와 통일 작업을 벌이면서 소수 특권층 중심의 언어 문화를 비판하고 민중이 쓰기 쉬워야 한다는 원칙을 강조한 것도 이와 무관하지 않았다.

최현배는 한글운동의 목표를 한글의 연구, 통일, 보급으로 설정했다. 다시 통일 사업으로는 맞춤법 통일, 표준말 사정, 사전 편찬, 가로글씨 제정, 조선말 소리와 로마자의 대조안 작성 및 외국어 고유명사 사전 편찬을, 보급 사업으로는 맞춤법 통일안 선전, 한글 강습회 개최, 신문·잡지 등 출판물의 교정 돕기 등을 꼽았다.[44] 이러한 사업들은 실제로 최현배가 중심이 된 조선어학회를 통해 일제강점기에 대부분 실천에 옮겨졌다.

한편 최현배는 주시경이 마무리하지 못한 문법 이론의 체계화에도 온힘을 쏟았다. 그 결과 1929년에는《우리말본》, 1934년에는

43. 허웅, 앞의 책, 102-103쪽.

44. 이준식, 앞의 글, 1994, 50쪽.

《중등 조선말본》, 1936년에는 《중등교육 조선어법》, 1937년에는 《우리말본》(온책), 1942년에는 《한글갈》을 냄으로써 문법 이론가로서도 확고한 명성을 얻게 되었다.

최현배가 돌아온 뒤 그의 유학 도중 주시경 제자들이 한글모의 후신으로 만든 조선어연구회는 본격적인 한글운동 단체로 개편되었다. 1929년 10월에는 사전편찬위원회를 조직했고, 1930년 12월에는 한글 맞춤법 제정, 표준말 사정, 외래어 표기법 작성에 착수했다. 이와 같이 한글운동을 전개하는 데 필요한 기초를 쌓아가던 조선어연구회는 1931년 1월 조선어학회로 개편되었다.

개편 이후 조선어학회의 활동은 더욱 활발해졌다. 1930년대 초는 한글운동의 전성기였다. 최현배를 비롯한 회원들은 1931년부터 전국 각지를 순회하면서 강습회를 개최하는 등 한글 보급 운동을 활발하게 벌였다. 1933년 10월에는 맞춤법 통일 작업을 마무리해 '한글 마춤법 통일안'(이하 맞춤법 통일안)으로 발표했다. 이어 1934년 6월 '외래어 표기법 통일안'을 확정하고, 1936년 10월 '사정한 조선어 표준말 모음'을 발표했다. 이로써 한글의 정리와 통일이라는 과제가 일단락되었다. 조선어학회의 이러한 활동은 당시 이념적 지향의 차이를 뛰어넘어 각계각층의 지지를 받았다. 조선어학회는 소수의 한글 전문가로 구성된 작은 모임이었다. 그런데도 조선어학회의 한글운동이 성과를 거둘 수 있었던 데는 밖에서 지원한 사람들의 노력이 크게 작용했다. 언론계, 교육계, 종교계가 조선어학회의 활동을 지지했으며, 심지어 사회주의 지식인들도 조선어학회에서 추진하고

있던 한글운동의 '부르주아적 진보성'을 인정하고 있었다.[45]

최현배 등의 노력에 의해 일제강점기 언어생활에는 변화의 조짐이 나타나고 있었다. 1920년대 이후 창간된 여러 언론 매체가 이전보다 훨씬 한문의 비중이 줄어든 국한문 혼용체를 사용한 것이 이를 잘 보여준다. 국한문 혼용의 세로쓰기라는 과도기적인 현상이 나타나고는 있었지만, 이미 한자의 세계를 고집하는 것은 불가능하게 되었다. 일제 강점 말기에는 조선어학회 사건(1942년)이 일어났다. 이 사건으로 이윤재, 한징이 옥사하고 최현배 등은 해방이 될 때까지 옥중에 갇혀 있었다. 이 사실만으로도 해방 이후 최현배와 조선어학회는 한글운동의 역사적 정당성을 확보할 수 있었다.

5. 한글운동을 이은 해방 이후 남북의 언어 정책

1) 김두봉과 북한의 언어 정책

김두봉은 남쪽 출신이었지만 해방 뒤 남이 아니라 북으로 가는 길을 선택했다. 그는 연안파의 지도자로서 김일성에 이은 북한정권의 2인자가 되었다. 주시경의 후계자에 북한정권의 2인자라는 위상이 더해지면서 김두봉은 자연스럽게 북한 언어정책의 중심이 되었다. 김두봉은 1946년에 설립된 김일성종합대학의 초대 총장이 되었다. 따라서 이 대학이 개설한 조선어학 강좌는 물론이고 1947년 8월

---

45. 이준식, 앞의 글, 1996.

같은 대학 안에 설치된 조선어문연구회에 큰 영향력을 행사할 수 있었을 것이다.

　김두봉의 북행을 통해 주시경에서 김두봉으로 이어지는 흐름이 북한의 언어학과 언어정책의 주류가 되었다. 북한 정권 수립 이전만 해도 북한에서는 조선어학회가 마련한 '맞춤법 통일안'이 그대로 통용될 정도였다. 1947년 7월에 간행된 김종오의 《한글독본》과 김용진의 《한글맞춤법통일안해설》 등은 최현배를 중심으로 한 조선어학회의 맞춤법 통일안을 적극적으로 받아들이고 있었다.[46]

　1948년에는 조선어문연구회가 중심이 되어 '조선어 신철자법'을 제정했는데 이는 조선어학회의 맞춤법 통일안을 바탕으로 한 것이었다. 실제로 다음해에 조선어문연구회가 펴낸 신철자법의 해설서에는 "주시경 선생의 사상 속에 배태되고 조선어학회에 의하여 계승된 철자법 상의 형태주의 원칙을 더 한층 발전시킬 것이 요구되었다. 이 요구에 부합한 것이 수십 년간의 학적 연구에서 완성된 김두봉 선생의 문법 내지 철자법상의 새로운 견해였으며, 이 새로운 견해를 토대로 하여 조선어문연구회는 1948년 1월 15일 조선어 신철자법을 발표하여 어문운동사상에 또 하나의 비약의 발자국을 남기게 되었다"[47]고 적혀 있다. 남쪽의 조선어학회가 만든 맞춤법에 김두봉의 견해를 더해 '더 한층 발전'시킨 것이 신철자법이라는 이야기이다. 이미 남북에 분단정부가 수립된 뒤이지만 남쪽의 맞춤법을 기본적으로 인정한 배후에는 김두봉이라는 존재가 자리를 잡고 있었다. 실제로 김두봉이 실각하기 이전에 나온 북한의 조선어학 관련

46.　고영근, 앞의 책, 759쪽; 《북한의 언어문화》, 서울대학교 출판부, 1999, 123쪽.

47.　조선어문연구회, 《조선어문법》 1949, 86쪽.

글에는 김두봉의 '지도'를 지적하는 것이 많다. 김두봉이 일제강점기에 펴낸《조선말본》(1916)과《깁더 조선말본》(1922)이 북의 언어연구·정책에서 강령의 역할을 했음을 미루어 짐작할 수 있다.

조선어학 강좌와 조선어문연구회가 중점적으로 추진한, 한자 폐지와 글자 개혁을 전제로 하는 신철자법의 제정은 김일성의 노선에 따라 김두봉의 '지도' 아래 진행되었다는 것이 당시 북한의 공식적인 입장이었다.[48] 조선어문연구회의 기관지인《조선어연구》창간호(1949년)에서 "이국땅에서 풍찬노숙의 생활을 하시면서도 오히려 해방된 조국의 문화 건설을 앞내 보시고 조선어문에 대한 연구를 꾸준히 계속하여 오신 공화국의 오직 한 분이신 언어학박사 김두봉 선생"이라는 찬사를 늘어놓은 것이라든지 1949년에 발표된 김두봉 탄생 60주년 기념 논문에서 신철자법에 나타나는 김두봉의 철자법 이론을 마르크스 레닌의 사상과 관련시켜 그 당위성을 평가한 것[49] 등은 북한 언어 정책에서 김두봉이 차지하고 있던 위상을 단적으로 보여준다.

김두봉이 처음부터 북한의 언어정책에 조선어학회의 방침을 받아들인다는 생각을 갖고 있었기 때문에 신철자법에도 남쪽의 맞춤법이 적용될 수 있었을 것이다. 실제로 김두봉은 1947년 12월 이윤재의 유고를 김병제가 엮어 서울에서《표준 조선어사전》을 간행할 때 직접 쓴 서문을 보냈다. 그뿐만이 아니다. 같은 해 북한에서 자신의《깁더 조선말본》을 학교 말본으로 채택하려고 했을 때 최현배

---

48. 신구현, 〈조선어문의 통일과 발전 사업에 있어서 우리들 조선어문 학자의 당면과업〉, 《조선어연구》1949년 12월호.

49. 김수경, 〈조선 어학자로서의 김두봉 선생: 선생의 탄생 60주년을 맞이하여〉, 《조선어연구》1권 3호, 1949.

의 《중등 조선말본》을 대신 추천했다.[50] 늘 남쪽의 한글운동 동지들을 의식하고 있었던 것이다. 실제로 1947년 초까지도 김두봉은 조선어학회의 맞춤법 통일안을 높게 평가했다. 큰 흐름에서는 그것이 자신의 생각과 별로 다른 점이 없다고 보았다. 다만 조선어학회의 맞춤법 통일안이 좀 더 철저한 형태주의 원칙을 지키지 않은 데 대한 아쉬움을 드러냈다.

김두봉은 1948년 10월 최고인민회의 상임위원장으로 취임했다. 그러면서 김두봉을 대신해 북한의 조선어학계를 이끌 인물이 필요했다. 이때 김두봉의 제자라고 세간에 알려진 이극로가 월북했다. 1948년 4월 평양에서 열린 남북연석회의에 참석했다가 그대로 북에 남은 것이다.

이극로는 일제강점기에 이미 최현배와 더불어 조선어학회의 한글운동에서 쌍벽을 이루고 있었다.[51] 한글운동을 조직화하고 필요한 경비를 마련하는 일을 주도한 것은 이극로였다. 최현배는 한글운동의 이론적 토대를 마련하는 일을 주도했다. 두 사람이 해방 뒤 정치 노선을 둘러싸고 일시적으로 갈등하는 일도 있었다.[52] 그렇지만 이극로도 최현배도 한글운동에 대한 상대방의 진정성에 대해서만은 인정하고 있었다.

1947년 조선어학회가 마련한 《조선말 큰사전 1권》의 발간을 앞두고 사전에 올릴 말본의 용어를 한글로 할 것이냐 한자로 할 것이

50.　박지홍, 〈김두봉의 발자취〉, 《한힌샘 주시경 연구》 5·6, 1993, 8쪽.

51.　이극로에 대해서는 이극로, 《고투 40년》, 범우, 2008; 박용규, 《북으로 간 한글운동가 이극로 평전》, 차송, 2005; 이극로박사 기념사업회 편, 《이극로의 우리말글 연구와 민족운동》, 선인, 2010 등을 볼 것.

52.　최호연, 《조선어학회, 청진동 시절 상》, 진명문화사, 1992, 34-35쪽.

냐 하는 문제를 두고 조선어학회 안에서 논란이 벌어졌다. 이때 이극로가 나섰다. 이극로는 사전 편찬이 최현배의 문법에 기초하고 있는 이상 최현배의 주장을 받아들여야 한다고 보았다. "명사, 대명사로 해야 한다고 우기는 것은, 흡사 남이 다 지어 놓은 집에 가서 벽지는 무슨 색깔로 하라, 못은 어디에 치라 하는 것과 마찬가지입니다. 최현배 선생은 왜정 때 생명을 걸고 우리말의 문법을 집대성하셨습니다. 우리가 이제 와서 무슨 염치로 선생이 배운 체계를 두고 용어만은 우리 생각에 맞게 고치겠다고 하겠습니까?"[53]라는 것이었다. 새로운 나라를 세우는 데 기초가 될 언어생활의 정리에 주시경에서 최현배로 이어지는 조선어학회의 입장이 주된 흐름이어야 한다고 선언한 셈이다.

이극로는 일제강점기부터 언어를 민족 문제의 중심으로 보고 한글운동을 민족 혁명의 기초로 판단하고 있었다.[54] 1948년이라는 시점은 남북에서 분단정부가 들어서는 것이 이미 기정사실이 되고 있던 상황이었다. 좌우합작과 남북통일을 위해 동분서주하던 이극로로서는 체제가 나뉘고 국토가 나뉘어도 언어의 분단만은 막아야 한다는 절박한 심정이었을 것이다.

이극로의 월북 이후 조선어학계의 중심은 김두봉에서 이극로로 이전했다. 실제로 조선어문연구회의 기관지인 《조선어 연구》에는 "새로 발족한 조선어문연구회에는 남북 조선의 어학계의 권위가 집결되어 있다. … 공화국에 오직 한 분이신 언어학 박사 김두봉 선생을 비롯하여 공화국 북반부의 여러 학자들이 모여 있다. 여기에 공

---

53. 박지홍, 〈고루 이극로 박사의 교훈〉, 《한글문학》 22, 1994, 20-21쪽.
54. 이극로, 앞의 책, 111쪽.

화국 남반부에서 … 조선어학회를 끝끝내 영도하시다가 드디어 6년의 혹형을 받고 영어의 생활을 하신 이극로 선생을 비롯하여 어문학계의 권위자가 다수 참가하여 있다[55]라는 글이 실리기도 했다. 여기에는 조선어문연구회야말로 이제 남북을 아울러 한글운동의 적통이 모인 통일적 조직체이고 따라서 언어문제와 관련해 북한이 민족적 정통성, 학문적 전문성, 언어 통일에서의 정당성을 두루 갖추게 되었다는 자부심이 넘쳐난다. 월북 지식인인 이만규가 언어의 통일 문제에 대해 "(조선)어문연구회가 연구 실천하는 국문학상 과업도 이것이 남북을 통일하는 기초와 전형이 될 것"[56]이라고 밝힘으로써 연구회의 목적이 남북 언어의 통일에 있음을 분명히 한 데 특별히 주목할 필요가 있을 것이다.

신철자법이 제정됨으로써 남북은 일단 서로 다른 맞춤법 체계를 갖추었지만, 그 내용을 들여다보면 차이보다는 공통점이 두드러진다. 가장 두드러진 차이는 신철자법이 규칙성을 중시해 한자어 표기에서 두음법칙을 인정하지 않고 자모의 이름도 'ㄱ, ㄴ, ㄷ' 등을 '기윽, 니은, 디읃' 등으로 하고 'ㄲ' 등의 이름을 '끼윾' 등으로 해 김두봉의 《깁더 조선말본》을 따랐다는 것이다. 이밖에도 합성어의 표기에서 사이시옷이 아니라 사이표를 사용하고 형태론적 어음 교체에 사용되는 '6자모'를 새로 도입했다는 차이가 있었다. 그렇지만 나머지는 맞춤법 통일안과 다를 바가 없었다. 모두 형태주의 원칙을 따랐기 때문이다. 그리고 1954년 신철자법을 개정한 '조선어 철자법'(이하 철자법)에서도 김두봉의 형태주의 문법은 기본적으로 유지되

---

55. 조선어문연구회, 〈조선어문연구회의 사업전망〉, 《조선어 연구》 창간호, 1949, 134쪽.

56. 조선어문연구회, 〈국문 연구 단체의 연혁〉, 《조선어 연구》 창간호, 1949, 10쪽.

었다.[57]

지금까지 주로 맞춤법의 문제를 살펴보았지만 신철자법이나 철자법에는 기본 전제가 깔려 있다. 그것은 한글로만 언어생활을 영위해야 하고 그것도 가로쓰기를 해야 한다는 것이다. 북한의 신문과 교과서를 보면 점차 한글 쓰기가 강화되어 1949년 이후에는 일부 특수한 경우를 제외하고는 전면적으로 한글 쓰기가 시행되고 있음이 확인된다. 신철자법의 제정이 중요한 계기가 되었을 것이다. 한글 쓰기에 대한 생각을 드러낸 것은 김두봉만이 아니었다. 이만규도 한자 폐지를 주장했다.[58] 그 논리는 최현배의 한자 폐지 이론과 하나도 다를 바가 없었다. 김두봉이 궁극적으로 지향한 가로 풀어 쓰기의 시도도 부분적으로 있었던 것이 확인된다. 《조선어연구》 표지를 보면 제일 위에 조선어연구를 가로로 풀어 쓴 뒤 그 밑에 모아 쓰기로 제목을 달고 삼가 드림을 다시 가로로 풀어 쓴 것을 알 수 있다.[59]

2) 최현배와 남한의 언어 정책

조선어학회 사건으로 함흥 감옥에 갇혀 있던 최현배는 출옥하자마자 원래 활동의 근거지였던 서울행을 선택했다. 그리고 가장 먼저 한 일은 8월 20일 조선어학회를 재건한 것이었다. 그로부터 한

---

57. 철자법은 김두봉 문법에 정열모 문법이 덧붙여진 것이라는 분석도 있다. 고영근, 앞의 책, 1999, 35-36쪽.

58. 리만규, 〈동양에 있어서의 한자의 운명〉, 《조선어연구》 1권 6호, 1949.

59. 가로쓰기의 경우 1950년대에 들어서면서 전면적으로 실시된 것으로 보인다.

달 뒤인 9월 21일 그는 미군정청 학무국 편수과장에 취임했다. 편수 과장은 교과서 발간을 책임지고 있던 자리였다. 최현배에 이어 10월 1일에는 주시경학파의 오랜 동지인 장지영이 편수관으로 임명되었다. 장지영 외에 역시 조선어학회의 동지인 이병기도 편수관이 되었다. 세 사람이 편수과에 들어감으로써 조선어학회의 이론이 언어 정책의 기초가 되었다. 1946년 2월 학무국 편수과는 문교부 편수국으로 바뀌었다. 국장은 최현배, 부국장은 장지영이었다. 최현배는 조선교육심의회의 교과서 분과의 책임을 맡아 교과서에 한글 가로쓰기가 채택되는 데도 주도적인 역할을 했다.

최현배는 첫 국어 교과서의 편찬을 조선어학회에 일임했다. 그리하여 조선어학회 이름으로 초등학교와 중등학교의 국어 교과서가 만들어졌다. 여기에 공민 교과서의 편찬도 조선어학회에 위촉되었다. 이로써 새로운 나라를 만드는 데 핵심이 되는 두 교과목의 교과서가 최현배의 주도로 만들어졌다.

그런 가운데 최현배가 추진한 한글 가로쓰기와 가로 풀어 쓰기가 논란거리가 되었다. 사실 가로 풀어 쓰기는 주시경 이래 주시경학파가 오랫동안 추진해온 글자 개혁의 마지막 과제였다. 그런데 조윤제, 이숭녕 등 경성제국대학 출신 학자들이 가로 풀어 쓰기는 물론이고 가로쓰기에 반대하고 나섰다.[60] 이에 1945년 12월 조선교육심의회는 가로 풀어 쓰기가 이상적이기는 하나 당장 실시하기가 어려우므로 묶어 쓰되 가로쓰기만을 허용하기로 결정했다. 가로 풀어 쓰기에 제동이 걸린 것이다. 그러나 가로쓰기 자체는 미군정청에 의해 채택

---

60. 고영근, 앞의 책, 12쪽.

됨으로써 세로쓰기에서 가로쓰기로의 전환이 이루어지게 되었다.

한편 조선교육심의회와는 별도로 군정청도 한자 폐지를 결정했다. 그 핵심은 초등·중등 교육에서는 한글만 쓰는 것을 원칙으로 하되 필요할 때는 과도기적인 조치로 한자를 함께 쓰도록 한다는 것, 관공서의 문서와 지명, 인명은 반드시 한글로 쓰되 필요하면 한자를 함께 쓰도록 한다는 것 등이었다. 최현배가 1947년에 낸 《글자의 혁명》을 보면 자구마저 거의 비슷한 내용이 들어 있다. 따라서 미군정청의 한자 폐지 결정이 최현배에 의해 주도되었음을 알 수 있다. 한자 폐지에 대해 각 정치 세력도 원칙적으로 찬성하는 입장을 보였다.[61]

미군정의 교육 관료로서 한글 전용과 한글 가로쓰기를 정착시키는 데 성공한 최현배는 남한 단독 정부가 수립될 때도 이러한 언어 정책이 지속되도록 노력했다. 그 결과 1948년 10월 9일 법률 제6호로 "대한민국의 공문서는 한글로 쓴다. 얼마 동안 필요할 때에는 한자를 병용할 수 있다"는 내용의 한글전용법이 공포되었다. 이 법에 따라 공문서는 한글로 작성하는 것을 원칙으로 삼게 되었다. '한자를 병용할 수 있다'는 단서가 붙기는 했지만, 공문서를 한글로 쓰기로 했다는 것은 혁명적인 변화였다. 대한제국 시기부터 주시경 등이 추진하던 한글의 세계로의 전환이 이제 국가에 의해 공인된 것이다.

맞춤법의 경우 애초에는 미군정이나 대한민국 정부로부터 공인된 것은 없었다. 그러나 일제강점기에 이미 각계각층의 지지를 바탕

---

61.   이응호, 《미군정기의 한글운동사》, 성청사, 1974, 202~204쪽.

으로 만들어진 맞춤법 통일안이 거의 공인된 것과 마찬가지로 통용되었다.

최현배는 처음부터 관료 행정 체계를 매개로 자신의 뜻을 펴려고 했다. 일제강점기에 다양한 지식인 사회로부터 지지를 이끌어내고 민중 속에서 한글운동의 원동력을 얻으려고 한 데 비해, 해방 공간과 분단 정부 수립 과정에서는 국가의 힘을 통해 빠른 시일에 자신이 주장하던 바를 언어 정책에 관철시키려고 했다.

최현배는 1948년 9월 편수국장을 사직했다. 그리고 1949년 9월 조선어학회의 이름을 한글학회로 바꾸고 이사장에 취임했다. 그런데 최현배가 편수국장 자리에서 물러난 지 얼마 되지 않은 1949년 7월 문교부가 문법 용어로 "당분간 한 개념에 대하여 순수한 우리말로 된 것과 한자용으로 된 것의 두 가지"를 쓰기로 결정했다. 당시 문법 교과서는 이희승의 것을 제외하고는 전부 최현배의 영향을 받아 한글 용어를 쓰고 있었다. 그런데도 한자 문법 용어가 같이 채택된 배경에는 한글 전용에 반대하던 이희승과 이숭녕이 있었다.[62] 최현배는 자칫하면 한글 전용이 깨질지도 모른다는 위기 의식을 느꼈을 것이다. 그래서 1951년 1월 다시 문교부 편수국장에 취임함으로써 국가 권력의 끈을 놓지 않는 길을 택했다.

그러나 다시 시작한 교육 관료 생활도 그리 오래 가지는 못했다. 한글 간소화 파동이 일어난 것이다. 원래 한글주의자였던 이승만 대통령은 맞춤법에 관해서는 형태주의를 바탕으로 한 맞춤법 통일안보다 그 이전의 표음주의 맞춤법, 곧 낱말을 소리가 나는 대로

62.　최현배,《외솔 최현배 박사 고희 기념논문집》, 정음사, 1968, 497쪽.

적는 맞춤법을 선호했다. 이에 우선 정부기관에 구식 맞춤법을 사용
하라는 훈령을 보내고 1954년 3월에 한글 간소화안을 발표했다. 이
안은 문화계의 강한 반발에 부딪혀 결국 보류되었다.

이 파동의 와중인 1954년 1월 최현배는 편수국장을 그만두었다.
이승만의 한글 간소화 방침을 저지하는 데는 성공했지만 언어 정책
에서의 주도권은 현저하게 약화되었다. 국가기구를 통해 언어 정책
의 주도권을 잡았지만 역으로 국가기구와의 연계가 끊어지는 순간
최현배의 위상은 달라질 수밖에 없었다. 한글운동의 정당성을 한글
학회가 독점하는 것이 더 이상 불가능해졌음을 의미했다.

3) 남북 언어 정책의 변환

해방 공간에서부터 단독정부 수립 직후까지 남과 북 모두에서
언어 혁명은 성공적으로 진행되었다. 그러나 1950년대 이후 상황이
바뀌기 시작했다. 다소 시기와 정도의 차이는 있지만 언어 혁명의
주역 두 사람이 모두 언어 정책의 뒷전으로 밀려난 것이다.

그것을 먼저 겪은 것은 최현배였다. 교육 관료에서 물러난 뒤
최현배는 아직 한글학회를 중심으로 활동했다. 그러나 한글학회는
민간단체에 지나지 않았다. 한글 간소화 파동 이후 현실 언어 정책
에 대한 최현배의 영향력은 현저하게 약화되었다. 한글 간소화 파동
당시 문제 해결을 위임 받았던 학술원은 한글학회를 논의의 주체에
서 빼버렸다. 그만큼 최현배의 힘은 줄어든 것이다.

이는 역으로 반세기 이상 지속된 한글운동의 목표가 어느 정도
는 이루어지고 한글 문화가 일상화되고 있었음을 반증하는 것이기도
했다. 곧 한글을 지키고 가다듬기 위한 노력을 통해 확보된 한글학회
의 정당성이 이제 더 이상 심각한 논의거리가 되지 않는 상황에 이
른 것이다. 그러면서 해방 이후 상당기간 언어 정책에 절대적인 영향
력을 행사해 온 한글학회는 언어 정책에서 배제되기 시작했다.

그 대표적인 보기가 1963년 7월 문교부에 의해 제정된 학교 문
법 통일안이었다. 문교부는 문법 용어로 한글 용어와 한자 용어를
같이 쓰기로 한 1949년의 결정을 바꾸어 한자 용어만을 쓰기로 결정
했다. 쉽게 이야기해 최현배가 주장한 '이름씨'가 아니라 이희승이
주장한 '명사'가 채택된 것이다. 결정 방식은 심의위원의 표결이었
다. 표결 결과는 한 표 차이였다. 이로써 문법 파동이 시작되었다.
그 핵심에는 한글전용의 문제, 곧 '명사'냐 '이름씨'냐, '문법'이냐 '말
본'이냐의 선택의 문제가 놓여 있었다. 명사와 문법을 지지한 '문법
파'는 한글전용 반대론자들이었다. 이름씨와 말본을 견지한 '말본파'
는 한글전용론자들이었다. 비록 한 표 차이라도 패배는 패배였다.
이제 한글전용 반대론자들의 목소리가 더 높아질 수밖에 없었다. 한
글전용 반대를 내건 학회가 만들어지고 한글전용론에 반대하는 담
론이 생산되었다.

최현배에게 박정희 정권의 등장은 마지막 기회였다. 1961년 군
사 정부가 들어서자 한글학회는 한글전용법을 개정하기 위한 투쟁
을 벌였다. 최현배 등의 건의에 따라 1962년 2월 한글전용특별심의

회가 설치되어 한자어를 쉬운 우리말로 바꾸는 작업을 했다. 한글학회는 한글전용의 법제화를 촉구했으나 반대 여론 때문에 바로 실현되지는 못했다. 그러나 박정희가 통치의 한 수단으로 언어 문제에 주목하기 시작하면서 1960년대 말에는 한글전용화 정책이 다시 강화되었다. 1970년부터는 정부 문서뿐만 아니라 민원서류에도 한글전용이 적용되었고 언론출판계에 대해서도 한글전용이 적극 권장되었다. 그리고 2005년부터 시행되고 있는 국어기본법에 이르기까지 한글전용의 원칙만은 지속되고 있다.

그런 가운데서도 한글전용 반대론자들의 도전은 계속되었다. 1980년대 이후 그 핵심에는 1984년에 설립된 국어연구소와 그 후신으로 1991년에 출범한 국립국어연구원이 자리를 잡고 있다. 국어연구소는 "이희승을 따르던 사람들로 한자 혼용에 앞장선 사람들"[63]에 의해 설립이 추진된 기구였다. 이들은 국어를 둘러싼 여러 정책이 민간 주도가 아니라 정부 주도에 의해 실행되어야 한다고 주장했다. 이는 결국 한글학회의 영향력을 배제하겠다는 뜻이었다. 이후 언어 정책의 방향은 실제로 이들의 의도대로 이루어졌다. 국어연구소가 중심이 되어 반세기 가까이 통용되어오던 맞춤법 통일안 대신에 1989년 새로 제정한 '한글 맞춤법'이 오늘날 국정 맞춤법으로 통용되고 있다. 그리고 한글학회가 편찬한 사전이 있음에도 불구하고 1999년에는 국립국어연구원의 이름으로 《표준국어대사전》이 따로 만들어졌다. 이제 한글학회는 하나의 민간단체로 주변화된 것이다.[64]

김두봉의 경우는 최현배보다 더 비참했다. 1956년 3월의 종파

---

63. 《동아일보》 1983년 5월 20일.

64. 김영환, 〈한글 사랑 운동의 역사적 성격과 그 앞날〉, 《한글》 276, 2007.

사건, 곧 연안파의 최창익 등이 김일성을 공격한 사건으로 김두봉은 1957년 9월 최고인민회의 상임위원장에서 쫓겨났다. 같은 해 12월에는 조선로동당에서도 쫓겨났다. 그리고 다음 해 3월 김일성에 의해 '반당 종파분자'로 지목됨으로써 완전히 몰락했다.

김두봉이 숙청되자 북한 언어학계는 일제히 김두봉 이론을 바탕으로 한 글자 개혁의 비판에 나섰다. 그런데 비판의 초점은 이른바 '6자모 이론'에만 국한되었다. 북한의 언어생활 자체가 김두봉 이론에 바탕을 두고 꾸려진 상황에서 언어 정책의 특성상 김두봉 이론을 모두 부정할 수는 없었다. 그래서 그 가운데서 가장 이질적인 부분에 비판이 집중된 것으로 보인다. 실제로 철자법 대신에 1966년 '조선말 규범집'이 나왔으나, 김두봉 이론의 나머지 중요한 측면(가로쓰기, 한글 쓰기, 한자어의 경우 두음법칙을 일정하지 않는 것 등)은 그대로 지속되었다.

김두봉의 실각 이후 조선어학회의 핵심이던 이극로가 북한의 언어 정책을 주도했다. 그러나 그 기간은 매우 짧았다. 1964년 1월과 1966년 5월 두 차례의 언어 관련 교시를 통해 김일성이 '새로운' 언어 정책의 기조를 제시했다. 문화어라는 이름 아래 평양말을 새로운 표준어로 한다는 것이 핵심이었다. 이후 북한의 언어 정책은 주체 이론을 바탕으로 하게 되었다. 이후 김두봉의 업적은 공식적으로 계속 부정되고 있다. 아니 김두봉이라는 이름 자체가 아예 언급조차 되지 않고 있다. 다만 동국대학교에 재학 중 한국전쟁이 일어나자 월북한 김영황이 1996년에 펴낸 《조선언어학사연구》[65]에서 어

---

65.   김영황, 《조선언어학사연구》, 김일성종합대학 출판사, 1996. 이 책은 서울에서도 1999년에 같은 제목으로 출간되었다.

학사 서술의 범위를 일제강점기의 조선어학회 활동으로까지 확대한 것이 주목된다. 단순히 조선어학회 활동을 서술하는 데 그치지 않고 남한의 최현배 등이 일구어낸 1945년 이전의 업적을 의미 있게 다루고 있다. 이는 북한에서도 분단을 뛰어넘어 남북을 아우르는 어학사 정리를 시도한 것으로 평가할 수 있을 것이다.

6. 한글을 통한 민족 재통합

주시경은 오늘 우리가 누리는 한글의 세계를 만드는 데 가장 크게 기여한 한글 혁명가였다. 그러나 말과 글의 일치, 한글전용, 가로(풀어)쓰기, 형태주의 문법 이론을 핵심으로 하는 주시경의 한글 혁명은 제대로 시작도 하기 전에 일제에 의한 강제 병합과 주시경의 죽음으로 위기를 맞게 되었다. 주시경이 남긴 한글 혁명의 뜻을 이어받아 실제로 한글 혁명을 실행에 옮겨나간 것은 제자인 김두봉과 최현배였다.

주시경, 김두봉, 최현배가 만난 1910년과 1914년 사이의 5년은 한글운동 더 나아가 우리 민족의 언어생활에 더 없이 중요한 의미를 갖는다. 5년 남짓의 짧은 만남을 통해 만들어진 스승과 제자의 한글 사랑이 오늘날의 한글전용, 가로쓰기로 이어졌기 때문이다. 식민지 모국인 일본에서도 이루어지지 않았던 언어 혁명이 식민지 조선에서 싹이 터 해방공간에서 꽃을 피울 수 있었다.

세 사람의 만남은 민족 재통합을 눈앞에 둔 2019년에 더 뜻깊게 다가온다. 최근 있었던 몇 차례의 남북정상회담에서 분명히 드러났듯이, 남북의 언어생활에는 큰 차이가 없다. 차이가 있다면 북한이 한자어의 두음법칙을 인정하지 않는다든지 띄어쓰기의 범위가 조금 다르다든지 남쪽에서는 잘 쓰지 않는 생경한 어휘를 쓴다든지 하는 정도이다. 남북의 언어가 결정적으로 다른 것은 아니다. 분단체제가 들어선 지 70년 이상이 되었는데도 남북의 언어가 크게 다르지 않은 것은 모두 주시경에서 김두봉과 최현배로 이어지는 주시경학파의 공이다.

얼마 전부터 한국 학계에도 탈근대(post modern)의 바람이 거세게 불어왔다. 탈근대를 이야기하는 사람들은 동시에 탈민족을 주장한다. 민족이라는 상상의 공동체가 사실은 민족에 포섭되지 않는 사람들을 배제하는 논리로 작용했다는 점에서 민족이라는 단어 자체를 거부하는 극단적인 사람들도 있다.

그러나 싫든 좋든 민족을 부정할 수는 없다. 우리 민족은 근대로의 이행 과정에서 다른 민족의 식민 지배를 받았고 해방 이후에는 우리의 의지와 상관없이 만들어진 분단체제로 인해 70년 이상을 분단의 고통 아래 신음했다. 그 고통에서 벗어나기 위해 민족의 재통합을 이루어야만 하는 우리로서는 민족을 포기할 수 없는 것이다. 민족의 언어로서의 한글은 그래서 중요하다. 한 세기도 더 전에 민족국가 수립을 위한 나랏말글로 한글에 눈길을 돌린 주시경, 그리고 스승인 주시경의 뜻을 이어받아 한글을 나랏말글로 만드는 데 이바

지한 김두봉과 최현배가 펼친 한글운동은 민족 재통합을 앞둔 오늘
날 역사적으로 다시 평가 받아 마땅하다.

대중문화로 만난 한국, 한글로 소통하다

김나영 (여주이주민지원센터 한글학교장)

1. 세계인의 한국어

한국에서 한국어를 배우고자 하는 외국인의 경우 유학생과 노동자, 결혼이민자 등으로 나뉜다. 이들이 한국어를 배우려는 목적에는 약간의 차이가 있다. 유학생의 경우는 대학 입학과 졸업 후의 취직이다. 노동자의 경우는 원활한 직장 생활과 비자(visa) 연장이다. 그리고 결혼이민자의 경우는 가정생활의 적응을 위해서이고, 간혹 취직이나 귀화를 위해 한국어를 배우기도 한다. 그런데 이주민들의 목적이 각각 차이가 있어 보이나, 확대해서 보면 공통적인 목적이기도 하다. 바로 한국 생활의 적응이다.

1) 유학생들의 한국어

1990년대 말부터 한류를 타고 한국이나 한국 연예인을 동경하는 외국인들에게 한국어를 배우고자 하는 내적 동기가 자연스레 부여 되었다. 한국 드라마, 한국 대중가요, 한국 영화 등이 아시아에서 인 기를 얻으면서 한국어를 배우러 한국으로 유학을 오는 학생들이 많 아졌다. 2010년대 말부터 유학생들이 줄어들 무렵 한국의 아이돌 가 수 BTS(방탄소년단)가 전 세계적으로 인기를 끌어 유럽을 중심으로 다시 한국어 배우기가 인기를 끌고 있다. 좋아하는 가수의 노래를 통한 한국어 배우기는 단기간에 한국어를 배울 수 있어 매우 빠르 고 넓게 퍼져 나갔다. 그 실례로, 2019년 프랑스 파리에서 BTS가 공 연을 할 때 프랑스의 8만 관중이 한국어로 열창을 했다. 같은 해 영 국 런던에서는 6만 관중이 한국어로 떼창했는데, 실황중계로 14만 명이 시청한 것까지 따지면 20만 명의 '아미'(ARMY)[01]가 함께 한국어 로 떼창을 했다고도 볼 수 있다. 표면적으로는 한국어 발음만 연습 했다고 볼 수 있다. 하지만 각종 인터넷 플랫폼에서 BTS로 한국어 배우기를 보여주고 있고, 뉴스와 현지 한국어 교육기관의 말을 종합 하면 한국어 학습자가 BTS 이후 부쩍 늘었다. 한국의 BTS로 인해 세계 속에서 한국어의 위상이 높아졌으며, 이것이 '아미'들의 한국어 학습의 내적 동기가 되어 한국어 배우기로 이어졌다.

A씨(중국, 30대 남)는 2008년 대전대학교 한국어교육센터로 유학 온 학생이었

---

01.   BTS 팬클럽 이름이다.

다. 중국에서 성적이 좋지 못해서 실업고등학교를 다녔는데 졸업 후 어학원에 온 것이다. 이 학생이 인천공항에 내렸을 때 읽을 수 있는 것은 자동차 숫자 번호판밖에 없었다고 한다. 한글이 중국어처럼 문자를 배울 때 시간이 오래 걸릴 줄 알았는데[02] 일주일이 채 되기 전에 읽고 쓸 수 있게 되었다. 글을 읽을 줄 아니까 자신감이 붙고 자신감이 붙으니 한국어도 빨리 배울 수 있었다. 외국어를 할 수 있으니 고향에 가서도 유학생으로서 자랑스러웠다고 한다. 지금은 영주권도 받고 서울의 무역회사에서 근무하고 있다.

B씨(중국, 20대 남)는 여주대학교 한국어학원에 유학 온 학생이었다. 중국에서 전문대학을 다니면서 한류(韓流)의 영향으로 한국을 동경했다고 한다. 한국에 오자마자 바로 한국 생활에 적응을 하는 특별한 학생이었다. 그 학생이 잘 적응했던 이유는 중국에서 영화나 드라마, K-pop으로 한국어를 배우고 중국에 있는 한국 식당에서 한국 음식을 즐겨 먹었기 때문이었다. B씨는 한국어학원을 수료한 후에 건국대로 편입을 했고 한국어능력시험(TOPIK) 6급을 땄다. 지금은 '한경희 생활과학'에 취직해서 중국 무역 관련 업무에 3년째 근무 중이다.

2) 외국인 노동자들의 한국어

외국인 노동자들의 경우 한국어는 그들의 생존과 직결된다. 한

---

02.   모든 어문 교육은 간체자를 기본으로 하고 있다. 초등학교 1학년에 입학하면 처음에 발음을 배우고, 글을 하나하나 배운 후 의미에 맞는 '쓰기 시험'만 본다. 중학교 입학 후 읽기, 쓰기 시험을 본다. 우리나라의 받아쓰기가 초등학교 2학년 때 끝나는 것에 비해 중국에서는 글자 쓰기가 중학교 입학시험에도 있을 정도이다. 이런 표의문자(表意文字)를 가지고 한국에서는 '한자능력시험'을 만들고, 어린 아이들이 한자를 배우면 두뇌발달에 좋다고 홍보한다.

국에 적응하기 위해서는 기본적으로 읽기, 쓰기, 말하기, 듣기가 돼야 하고, 노동 착취나 학대를 안 받으려면 스스로 알아서 주변에 도움을 요청해야 한다. 유학생과 달리 평일 낮에는 일을 해야 해서 한글과 한국어 교육을 받을 곳이 마땅치 않다. 대부분이 농장이나 3D 업체 공장에 다니는데, 노동 착취를 당하고도 그에 대해 고용주에게 따지거나 외부에 알릴 수 없는 처지에 놓인 외국인들이 많다.

C씨(스리랑카, 30대 남)는 스리랑카에서 수학 선생님이었다. 아버지가 아파서 지인과 은행에서 돈을 빌려 수술을 시켜드렸다. 감당할 수 없는 원금과 이자 때문에 한국에 와서 이주노동자가 되었다. 주말에 '신륵사'를 가겠다고 영어로 길 가는 사람에게 물어봤다가 여주이주민지원센터를 소개받게 되었다.

C씨가 일하는 곳은 대신면에 있는 개인사업장으로 쇠를 깎는 공장이었다. 어느 날 같이 일하는 친구가 허리가 아픈데 사장이 병원에 보내 주지 않는다고 여주이주민지원센터에 도움을 요청했다. C씨의 회사에 가 보니 C씨와 함께 일하는 인도 사람(D씨)이 있었다. C씨는 여주이주민지원센터에서 한글과 한국어를 배웠지만, D씨는 몸짓과 C씨를 통해 영어로 소통하고 있었다. 사장은 D씨가 일도 잘 못하고 꾀를 부려서 손해가 이만저만이 아니라며 외국인 노동자를 신청하면 왜 덩치가 작은 사람을 보내주는지 모르겠다는 불만이 있었다. 사장은 회사에 도움이 안되는 D씨를 놓아 주었다.[03]

그 뒤로 C씨의 노동은 배가 되었다. 어느 날 C씨가 수첩을 보여주는데 근무시간이 날짜별로 빼곡히 적혀 있고, 한글 이름의 다른 회사에서 일한 것

---

03. 외국인 노동자는 체류기간이 있지만 소속회사의 동의가 있어야만 자유의 몸으로 체류기간 동안 한국에서 지낼 수 있다. 이직(移職)의 경우도 마찬가지다. 만일 자의적으로 회사를 이탈할 경우 불법체류자로 신고된다.

도 적혀 있었다. C씨는 D씨와 달리 한글을 배워서 부당한 업무를 정확히 기록할 수 있었고, 월급명세서의 내역을 읽어서 잘못된 정산을 알 수 있었다. 이것은 그 뒤 '고용노동부-성남지청'에 신고할 수 있는 근거가 되었다. C씨는 자유의 몸이 되어 더 이상 노동착취를 당하지 않을 수 있었고, 화장실이나 샤워실도 없는 컨테이너 박스에 살지 않아도 되었다. 현재 안성에 있는 공장 기숙사에 살면서 정당한 노동의 대가를 받고 있다. C씨가 새 직장에서 첫 월급을 받은 주말 여주이주민지원센터를 찾아 왔다. 고마움에 실처럼 가는 금목걸이를 선물로 사 왔는데, 사실 그 친구를 도울 수 있었던 것은 그 친구가 기록해 놓은 한글 덕분이었다.

E씨(우즈베키스탄, 30대 남)는 법조인을 꿈꾸던 법학도였다. 19살에 아버지가 세상을 뜨는 바람에 소년 가장이 되어 낯선 한국에서 이주 노동자로 10여 년을 보냈다. 유달리 명석했던 친구라서 누구보다 빠르게 한글과 한국어를 배웠고 한국사회의 정치와 경제에도 관심이 많았다. 한국 민주주의의 성장 과정에 부러움을 갖기도 했고, 이주민지원센터의 우즈베키스탄 다문화 강사가 되어 자국 문화를 알리는 역할도 담당하였다. 본국으로 돌아가 결혼한 뒤에도 시시콜콜한 소식들을 전해 오던 그의 목소리가 어느 날 유난히 들떠 있었다. 문재인 대통령이 우즈베키스탄을 방문했을 때 한국어 통역사로 선정되어 한국과 우즈베키스탄의 외교부장관 회의 통역을 담당했다고 한다. 강경화 장관에게 '어쩌면 그렇게 한국어를 잘하느냐'는 칭찬도 들었다고 했다. 확인이라도 시켜주려는 듯 강경화 장관은 물론 문재인 대통령과 함께 찍은 사진들도 보내왔다.

3) 결혼이민자들의 한국어

보통의 결혼이민자는 여성이다. 한국에 결혼이민자들이 나오기 시작한 것은 1990년대에 중국 조선족 여성들이 농촌으로 시집오면서부터였다. 그후 다른 아시아 여성들과의 결혼으로 확대됐다. 결혼이주민은 다른 이주민과 달리 결혼이라는 특수 조건하에 가정을 이뤄 자녀를 낳고 한국어와 한국문화를 알아가며 새로운 구성원으로 통합된다. 그렇다 보니 가정생활부터 육아까지 전반적인 것을 할 수 있어야 한다. 그러나 의사소통이 되지 않는 그녀들에게 한국은 낯설고 공포스럽기도 하다. 그나마 다행인 것은 대부분 어린 나이에 시집을 왔기 때문에 한국어 습득이 빠른 편에 속한다는 것이다. 이들은 이주민지원센터나 다문화센터에서 고향 친구나 타향 친구들을 사귀고 다문화 가족과 관련된 정보를 공유하기도 한다.

F씨(베트남. 20대 여)는 10년 전에 여주에 시집을 왔는데 여주이주민센터에서 처음 만났다. 한글을 가르치는데 다른 학생들처럼 영어나 모국어로 한글의 음가(音價)를 적지 못했다. F씨가 어느 정도 한국어를 배워 말을 할 수 있을 때 F씨가 베트남 문자를 쓰지 못하는 것을 알았다.

F씨의 친정은 매우 가난해서 어린 F씨를 학교에 보내지 않고 일을 시켰다. 공부를 하고 싶었던 F씨는 동네 애들이 학교에 가면 본인도 학교에 가서 교실 담 너머로 공부를 하곤 했는데, 그마저도 학교에서 도강을 못하게 해서 배울 기회가 없었다고 한다. 결혼이민자로 한국에 와서 문자를 배우고 싶은

욕구가 있었는데, 다문화가정지원센터와 여주이주민지원센터에서 배우다 보니 글로 자신을 표현하고 기록할 수 있게 되었다.

영어나 베트남어를 모르는 F씨는 한글 자모의 음가를 기록하지 못해서 처음에 남들보다 느리게 한글을 외울 수밖에 없었다. 그러나 정인지04의 말처럼 금방 한글을 깨치니 그 뒤로는 한국어를 자유롭게 읽고 쓸 수 있었다. 이로써 문자를 몰라 남들의 무시를 받던 것을 스스로 해소하는 계기가 되었고, 귀화 시험을 위해 시간이 날 때마다 여주이주민센터를 공부방처럼 드나들었다. F씨는 지금 대한민국 국민이다.

어느 날인가 F씨가 약을 들고 여주이주민지원센터에 온 적이 있었다. 아이들을 시어머니께 맡기면 아이들에게 이 약을 먹이는데 무슨 약인지 궁금하다는 것이었다. '수면제'였다. 한글을 배운 후부터는 먹이는 약이 무엇인지, 무엇을 먹여야 하는지, 무엇을 먹이면 안되는지 알 수 있게 되었다.

2. 외국인들이 경험한 한글의 우수성

한국어 강사 G씨(한국, 40대 남)는 일본에서 어학을 배웠는데, 유학 온 학생들 가운데 독일인이 있었다. 일본어를 공부하는 김에 외국어 하나를 더 배우자고 해서 다른 나라 학생들과 함께 독일어를 배우기 시작했다. 일본인, 중국인, 미국인, G씨 넷이서 일주일에 한 번 모여서 공부했다. 독일 친구가 발음을 하면 각각 자신들의 모국어로 그 발음을 적어 공부하는 방식이었다. 배울 때는 넷이 모두 같

---

04. 한글은 배우기 쉬워서 "지혜로운 사람은 아침이 끝나기 전에 깨치고 어리석은 사람이라도 열흘이면 알 수 있다."(훈민정음 해례본 정인지 서문)

은 발음을 했으나, 일주일 후에 다시 모여 지난주에 배운 것을 발음하니 그 차이가 확연했다. 일본인과 중국인은 다른 발음을 하고, 미국인과 G씨는 비슷한 발음을 했으나 G씨가 더 정확했다고 한다. 특히 '풀어쓰기'[05]를 하는 미국인보다 '모아쓰기'를 하는 G씨가 더 빨리 발음한다고 했다.

그 뒤 G씨는 한국어의 우수성을 이야기하는데, 엄밀히 말하자면 한글의 우수성이다.

1) 표의문자[06]인 중국어

중국어는 고립어(孤立語, isolating language)[07]로서 문자가 문법적 기능을 가지고 있지 않다. 또한 같은 발음이지만 성조(聲調)[08]로 의미의

---

05. 만일 한글을 풀어쓰기로 한다면 현행 자형(字形)을 풀어서 초성, 중성, 종성의 차례대로 늘어놓아 쓰는 것으로 '훈민정음'을 'ㅎㅜㄴㅁㅣㄴㅈㅓㅇㅇ_ㅁ'으로 쓴다는 것이다.

06. 하나하나의 글자가 언어의 음과 상관없이 일정한 뜻을 나타내는 문자. 고대의 회화문자나 상형문자가 발달한 것으로 한자가 대표적이다.

07. 언어를 형태론적 특징에서 볼 때에, 어형 변화나 접사 따위가 없고, 그 실현 위치에 의하여 단어가 문장 속에서 가지는 여러 가지 관계가 결정되는 언어. 중국어, 타이어, 베트남어 따위가 있다.(국립국어원)
　　여러 언어를 계보적으로, 즉 어족(語族)의 견지에서 분류하지 않고 구조나 형태의 관점에서 분류하면 고립어(孤立語), 교착어(膠着語), 굴절어(屈折語) 등 3종류로 크게 나뉜다. 고립어에서는 낱말이 그 어떤 형태상의 변화가 없이 글 가운데 나타나고 다른 말과의 문법적 관계는 어순에 의해 표시된다. 대표적 고립어로는 중국어를 들 수 있는데, '我看書'를 한국어의 '나는 책을 읽는다'와 비교해 보면 한국어에서는 '나'에 '는'이, '책'에 '을'이 첨가되어 '나'와 '책'의 문법적인 기능이 나타나 있다. 영어의 'I read a book'에서도 'I'는 '나'라는 뜻 외에 '는'(주격)의 뜻을 가지고 있다. 중국어의 '我'에는 '나는'이나 'I'처럼 문법적인 기능의 표시가 포함되어 있지 않다. 그러나 영어에서도 대명사 대신 명사가 오면 그것이 어형상으로 주어라는 구별이 되지 않고, 중국어처럼 어순(語順)이 문법적으로 중요하다. 그러나 중국어에서도 문법적 기능을 다하기 위하여 사용되는 말이 없는 것은 아니기 때문에, 구조나 형태적 분류가 반드시 엄밀한 것이라고 할 수는 없다.(두산백과)

08. 음절 안에서 나타나는 소리의 높낮이다. 단어의 뜻을 분화하는 변별적 기능을 가진다.

변별력을 갖기도 한다. 그렇다 보니 중국 영화나 중국 드라마는 중국인이라도 중국어 자막이 있어야 대사의 정확한 뜻을 알 수 있다. 외국 영상이 아닌데도 중국어 자막이 있는 영화나 드라마를 보는 중국 유학생들을 보고 처음에는 참 신기했다. 그런데 그것보다 표의문자이기에 생산적이지 못하고 문자를 외우는 시간이 오래 걸리는 것이 큰 문제이다. 중국이 문맹률[09]이 높은 이유이다.

중국어로는 모든 소리를 옳게 적을 수 없다. 흔히들 말하는 '코카콜라(Coca-Cola)'의 경우가 대표적이다. 중국은 '코카콜라'를 중국어로 쓸 때 가장 비슷한 발음인 '可口可乐(가구가락)'[10]이라고 쓴다. '百事可乐(Pepsi-Cola)'[11], 芬达(Fanta)[12]도 마찬가지다. 그런 중국어로 외국어의 발음을 기억하고자 적는다면 나중에 잘못된 발음의 외국어를 말하게 된다. 그런 문자를 받아들여 변형해서 쓰는 일본어도(물론 받침에 대한 음가가 없기는 하지만) 표기에서 자유롭지는 못하다.

중국어의 사성(四聲) 따위가 있다.

09.   중화인민공화국이 건립된 1949년, 총인구 3.6억 명 중 80%에 해당하는 2.9억 명이 문맹일 정도로 문맹률이 심했다. 즉 10명 중 8명이 문맹인 셈이다. 이후 중국 정부는 국가의 문맹률을 줄이기 위하여 간체자를 연구하기 시작했고, 2000년대에 들어서는 문맹률이 6.57%까지 감소하는 모습을 보인다.

10.   可口可乐 [kě kǒu kě lè, 크어커우크어러]. 발음을 비슷하게 하면서 동시에 '(마시면) 입이 즐겁다'라는 뜻까지 부여되어 중국 나름의 성공적인 외국 브랜드 작명의 대표적인 사례 중 하나이다.(https://cafe.naver.com/schoolch/903158)

11.   百事可乐 (백사가락) [bǎi shì kě lè, 바이슬크어러]. '모든 일이 즐길 만하다'라고 해석되기도 한다.

12.   芬达 (분달) [fēn dá, 펀다]. '芬'이라는 글자는 '향기, 좋은 냄새'라는 뜻을 가지고 있고, '达'은 '도달하다, 전달하다'라는 의미여서 풀이하면 '좋은 향기를 전달하다'라는 의미가 된다. 과일향 음료로서는 의미를 잘 부여한 것 같다.

2) 한국어의 모아쓰기

한국어는 음소(音素)[13]문자[14]라서 모든 소리를 자유롭게 적을 수 있고, 소리를 만들어서 적을 수도 있다. 그래서 음소문자는 표음문자(表音文字)[15]라고도 할 수 있는데, 같은 음소문자 중 알파벳은 한글에 비해 빠르게 읽기 어렵다. 이것은 표음성의 차이라기보다는 표기 방식의 차이 때문이다.

영어는 알파벳으로 '풀어쓰기'를 하는 언어 중 대표적인 언어인데, 철자가 많은 단어의 경우 영어를 모국어로 하는 화자들도 읽기

---

13.   더 이상 작게 나눌 수 없는 소리의 최소 단위이다. 하나 이상의 음소가 모여서 음절을 이룬다.

14.   '음소문자'는 '표음문자 가운데 음소 단위의 음을 표기하는 문자'를 의미한다. 즉 '표음문자'나 '음소문자' 모두 소리 나는 대로 문자로 표기하는 문자를 이른다. 다만 '표음문자'는 단순히 소리를 기호로 나타낸 문자를 말하는 반면, '음소문자'는 그러한 소리 중 '음소' 단위를 적을 수 있는 문자에 해당한다. 즉 상위어와 하위어의 차이를 보인다 하겠다. 예컨대 한글은 소리의 층위 중 음소의 단위를 기호로 나타내는 문자 체계이므로 '표음문자'이자 '음소문자'에 해당하는데, 일본의 '가나'는 소리의 층위를 나타내기는 하나 음절의 단위를 기호로 나타내는 문자 체계이므로 '표음문자'이기는 하나 '음소문자'에 해당하지는 않는다.(국립국어원)

15.   한국어 '젓가락, 숟가락'의 첫 음절의 발음은 각각 [젇-, 숟-]과 같이 동일한 끝소리 [ㄷ]로 발음되지만, 그 표기는 각각 'ㅅ'(젓)과 'ㄷ'(숟)으로 달라진다. 부사 '훨씬, 몹시'의 두 번째 음절의 첫소리는 모두 된소리 [ㅆ]로 발음되는데, 이를 'ㅆ'(씬)과 'ㅅ'(시)로 다르게 표기한다. 이처럼 동일한 발음을 다르게 표기할 언어학적 근거는 없다. 이 경우 한글은 표음성을 지키지 못하고 있는 것이다.
하지만 영어를 표기할 때는 한국어를 표기하는 것보다 더 낮은 표음성이 드러난다. 좀 극단적인 경우이기는 하지만, 다음은 얼마나 다양한 발음을 동일한 문자 'a'로 표기하는지 보여 주고 있다. [a] (car), [aː] (calm), [æ] (cat), [ei] (able), [ɔː] (all), [ə] (sofa), [i] (palace), [u] (road), [eə] (software), [ɛ] (care), [무음] (crystal) 등이다.
또한 [iː] 소리 하나를 적기 위해 사용되는 문자도 다음과 같이 여러 가지다. e (region), ee (keep), ea (teach), ei (seize), ie (niece), ey (key), ay (quay) 등이다.
그러므로 [rait]라고 발음할 때에 이것이 'right, rite, write, wright' 중 어느 것인지를 알기 위해서는 철자를 암기하는 과정이 선행되어야 한다.(김하수 · 연규동, 《문자의 발달》, 2015)

힘들어 한다. 예를 들어, 45개의 철자를 가진 '진폐증' 혹은 '폐진증'의 뜻을 가진 'pneumonoultramicroscopicsilicovolcanoconiosis'는 발음기호〔njúːmənouʌltrəmàikrəskɑ̀piksílikouvɑlkèinoukòunióusis〕로 읽으려고 해도 쉽게 읽히지 않는다. 어원[16]으로 나누어 'pneumono-ultra-micro-scopic-silico-volcano-coniosis'로 쓴다면 읽기가 좀 낫기는 하지만 엄연히 이 단어는 '한 단어'이다. 이것을 발음대로 한글로 적으면 한글을 배운 사람들은 쉼 없이 바로 읽을 수 있다.

pneumonoultramicroscopicsilicovolcanoconiosis

뉴머너알트러마이크로스코픽실리커발케이노코니오우시스

이처럼 한국어의 읽기가 용이한 이유는 음소문자이면서 음절(音節)[17] 단위로 모아서 쓰기 때문에 음절문자[18]의 특징을 함께 가지고 있어서이다. 즉, 한 글자를 한 번에 발음할 수 있다. 음악에서도 팝송(pop)과 다르게 가요(K-pop)는 '음표(音標)' 하나하나에 발음을 써 넣을 수 있다.

---

16. pneumono(허파)-ultra(초월적)-micro(작음)-scopic(현미경적)-silico(실리코, 광물)-volcano(화산)-coniosis(작은 조각) 어원들을 말이 되게 맞추어 보면 '아주 작아서 현미경으로 보아야 보이는, 화산에서 나온 실리코 광물 먼지가 폐에 쌓인 상태' 정도로 해석될 수 있겠다.

17. 하나의 종합된 음의 느낌을 주는 말소리의 단위로 몇 개의 음소로 이루어지며, 모음은 단독으로 한 음절이 되기도 한다. '아침'의 '아'와 '침' 따위이다.

18. 표음문자 가운데 한 글자가 한 음절을 나타내는 문자이다. 일본의 가나, 고대 메소포타미아 지방의 쐐기 문자 등이 있다.

3) 전자문서 작성이 용이한 한글

몽골의 전통 문자는 그 모양이 독특하고 쓰는 방법도 특이하다. 횡서표기(橫書表記, 세로 쓰기)이며, 그 글자들을 이어서 쓸 수 있어 그림 같아 보이기도 한다. 십 수 년 전에 대학에서 가르쳤던 몽골 유학생들 중 이 전통 문자를 쓸 줄 아는 학생이 열에 한 명 꼴이었다. 현재 한국으로 유학 온 학생들 중에는 몽골 전통 문자를 쓸 수 있는 학생이 전무하다고도 볼 수 있다. 왜냐하면 1940년부터 러시아의 키릴문자(Cyrillic alphabet)를 차용해서 사용하고 있기 때문이다.[19] 몽골의

---

19. 몽골이 키릴문자를 차용하게 된 데는 여러 이유가 있다. 우선 글자 수가 많아 배우기가 힘들기 때문이다. 또 신문명(러시아)의 도입으로 인한 각종 언론 및 교육과 행정체계에 대한 빠른 입수와 언어상의 통일 체계가 필요하게 되었다. 마지막으로 중국으로부터 독립한 후 사실상 러시아의 체제권 안에 속하게 되어 러시아 정부의 강한 압박이 있었다고 한다. 대부분 칭기즈칸과 관련된 것들로 몽골 비칙(бичиг, 글) 사용 금지 외에 수도승 및 사찰의 무력화, 샤머니즘 타파 등이 있다. 중국에 속해 있는 내몽골의 경우에는 중국어와 더불어 아직도 몽골 전통 문자인 몽골 비칙을 사용하고 있긴 하지만, 외몽골의 경우는 전통 문자의 사용이 사회주의 체제 이후 전면적으로 중단되었다. 그 후 사회주의가 붕괴되고 얼마 지나지 않아 전통 문자 교과목이 초·중·고에서 정식으로 채택되었지만, 사실상 몽골 비칙을 아는 건 전 인구의 30~40%쯤이라고 한다. 횡서표기라서 기마민족(騎馬民族)답게 말을 타고 달리면서도 쓸 수 있으며, 글자의 표기법을 완벽히 암기하면 매우 빠른 속도로 글을 쓸 수 있다고 한다.

아름다운 전통 문자는 컴퓨터로 타이핑을 할 수도 없고 휴대전화로 문자를 보낼 수도 없다. 중국어의 번체자(繁体字), 간체자(簡體字) 모두 타이핑을 할 수 없고, 중국의 병음(拼音)이라 할지라도 의미의 변별력을 갖는 성조 표기는 할 수 없다. 이는 베트남처럼 성조가 있는 세계 언어의 경우도 마찬가지이다.

그러나 한글은 전자문서 작성이 가능하다. 이것이 음소문자의 특징이기도 하지만 초성을 표기해야 하는 원칙이 있어서 음가(音價)가 없는 초성 'ㅇ'을 써 주기 때문이기도 하다. 또한 휴대전화의 경우 한글의 제자원리(制字原理)를 그대로 인용(천지인 자판)하여 자음은 '가획(加劃)의 원리', 모음은 '천지인(天地人)'으로 알파벳보다 빠르고 간

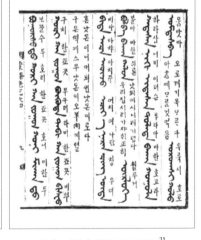

몽골 비칙   몽어노걸대언해(蒙語老乞大諺解)[21]

편하게 문자를 작성할 수 있다.

3. 이주민 대상 한국어교육 사업의 한계

다문화사회는 이미 세계적인 현상으로 세계 각국은 난민 및 이민자 증가로 인한 사회갈등 사이에서 종합적 체계적 이민정책을 추진하기 위해 다양한 노력을 기울이고 있다. 우리나라 역시 2007년 외국인 체류자가 100만 명에 도달한 이후 2017년 186만여 명을 기록하며 계속해서 증가하는 추세다. 이처럼 외국인 인구증가에 따라 다문화사회를 갈등 없이 껴안기 위해서는 이민자 증가에 따른 국민 일자리, 사회 안전 등에 관한 선주민의 불만 해소, 선주민과 이주민 간의 신뢰 기반을 통한 사회통합이 중요한 과제다. 이 같은 과제를 해결하기 위한 가장 기본이 되는 것이 언어교실, 문화 적응 프로그램 등 다양한 제도의 마련이다.

---

20. 구은 쩍에 스무 낫 돈이오 羊肉에 셜흔 낫 돈이니 대되 쉰 낫 돈이로다 우리 짐 시러 가쟈 히 正히 낫 되여시니 져기 덥다 아츰에 므른 것 먹음오로 져기 목므르다

21. 조선시대(1790년) 역학서로 역관(譯官)들의 학습 및 역과시용(譯科試用)으로 간행된 몽골어 회화책이다. 모두 8권 8책으로 구성되어 있으며 목판본이다. 각 면마다 7행으로 각 행에는 왼편에 위구르(Uighur) 몽문자(蒙文字)로 몽골어 문장이 쓰여 있고, 오른편에 한글로 발음이 표시되어 있다. 각 문장 혹은 각 절의 아래에는 국어 역문(譯文)이 붙어 있다. 조선 전기간에 걸쳐 간행된 각종 언해본역학서(諺解本譯學書)의 전형적인 체재를 보여주고 있다. '몽어노걸대'의 몽골어는 기본적으로 17~18세기에 정착·보급되어 현재까지 중국의 내몽골(內蒙古)에서 사용되는 몽골어 문어(文語, 혹은 고전 몽골어)와 유사하지만, 당시의 구어적 요소(口語的要素) 혹은 현대 몽골어와 동일한 형태도 많이 보여주고 있다.(한국학중앙연구원,《한국민족문화대백과》)

1) 다문화가족지원센터

현재 이주민을 위한 국가정책 사업 중 다문화가족지원센터가 가장 활발하고 광범위하게 진행되고 있다. 각 시(市)·군(郡)별로 다문화가족지원센터를 두고 있고, 큰 도시의 경우 구(區)별로 센터를 두고 있다. '다문화가족'이라는 이름을 내세워서 '결혼이민자'를 중심으로 프로그램을 구성하고 있다. 프로그램도 매우 다양해서 '새내기 부부 교실'부터 노년을 준비할 '조부모 교육'까지 구체적으로 세분화되어 있다. 그 중 한글교육의 경우 이민자가 센터로 가서 본인에게 맞는 수준(level)의 한국어 수업을 들을 수도 있고, 한국어 강사가 이민자의 집으로 찾아가서 1:1 수업을 받게도 한다. 최근에는 '사회통합 프로그램'의 거점으로 활용되어 한국어 수업의 양을 늘리고 질을 높였다.

그러나 한국 사회에 이민자는 '결혼이민자'만 있는 것이 아닌데, 이민자를 위한 정책 및 예산이 '다문화가족지원센터'에 집중되어 있는 것이 아닌가 생각이 든다. '이주노동자'와 '유학생'을 한국을 거쳐 가는 나그네로 생각해서는 안된다. 우리 사회의 구성원으로서 인정해 그들이 한국생활에 잘 적응할 수 있도록 현실적인 지원, 그 중 기본이 되는 한국어 교육을 제공해야 한다.

2) 사회통합 프로그램

법무부의 '출입국관리사무소'에서 하는 사업으로 오직 한국어

교육을 제공하는 프로그램이다. 이민자가 우리말과 우리 문화를 빨리 익혀 원활한 의사소통으로 지역사회에 쉽게 융화될 수 있도록 지원해 준다. 이 프로그램을 이수한 이민자에게는 국적 취득, 필기시험 면제 등 다양한 인센티브를 제공하여 자발적이고 적극적인 참여 기회를 부여한다. 이민자에게 꼭 필요하고 적절한 지원정책 개발과 세부지원 항목을 발굴하기 위해 이민자의 사회적응지수를 측정, 이민자 지원정책 등에 반영하기도 한다.

이 '사회통합 프로그램은' 대한민국에 들어와 있는 모든 이주민을 대상으로 한다. 특히 이주노동자의 체류비자 변경시 필요한 한국어능력시험(TOPIK)의 급수를 대체할 수 있다. 이렇게 매력적인 사업도 현실적으로 그 가치를 발휘하지 못한다. 이 프로그램은 보통 대학교나 다문화지원센터, 이주민센터에 위탁해서 운영한다. 법무부에서 주는 지원금은 '강사료'만이다. 거점의 경우 상주하는 직원의 급여도 나오는데 그것마저도 열악하다. 그렇다 보니 수업을 개설해 줄 기관에서 편리한 시간대에 수업이 개설된다. 가장 많이 개설되는 시간이 평일 낮인데, 그 경우 노동자들은 수업을 들을 수가 없다.

또한 '0단계'부터 '5단계'까지 있는 수업이 항상 개설되는 게 아니다. 선택적으로 개설되기 때문에 이주민의 레벨에 맞는 수업이 개설되지 않으면, 이주민들이 지속적인 한국어 교육을 받지 못하는 경우가 생긴다.

마지막으로 이 프로그램은 '오직 한국어'만 지원해 주기 때문에 문화체험 등과 같은 다양한 교육을 진행할 수 없다.

3) 이주민지원센터

'이주민지원센터'는 이주민 노동자, 결혼 이주 여성, 유학생 등 한국에 있는 모든 외국인을 도와주는 곳이다. 물론 불법체류자도 예외는 아니다. 그런데 '다문화지원센터'가 생기면서 최근에는 노동자들을 중심으로 도와주게 되었다. 인권 침해, 폭언과 폭행, 임금 체불, 산재 등의 고통을 지니고 찾아온 외국인 노동자들의 정당한 권리를 찾아주는 곳이다.

전국의 '이주민센터'는 종교단체에서 지원해서 시작되거나 종교단체에서 운영하고 있는 곳이 대부분이다. 운영비 마련을 위해 후원금을 따로 받고 있으며, 봉사자들의 노력으로 인건비를 절약해 운영하고 있다. 그렇다 보니 봉사자들의 전문성이나 다양한 프로그램 구성 등은 꿈도 꾸지 못한다. 한 예로, 한국어 교육의 경우 체계적인 '교수-학습-평가' 과정이나 '한국어 교수법'을 따지기 전에 시간을 내어 이주민들을 도와 줄 봉사자를 찾는 일이 우선이기 때문이다.

'여주이주민지원센터'의 경우 한국어 수업은 노동자들의 시간에 맞는 현실적인 수업시간으로 정했다. 보통 이주노동자들은 일요일 하루만 쉬기 때문에 토요일 저녁과 일요일 낮에 각각 2시간씩 수업을 한다. 그마저도 야근 등 '시간외 근무'를 하는 날이 있으면 출석을 못해 진도가 더 느려지기도 하다. '여주이주민지원센터'를 찾아오는 외국인들의 한국어 수준이 제각각인데다 출석도 제각각이라서, 이들을 한데 모아놓고 한꺼번에 가르칠 수는 없다. 그래서 고등학생

봉사자들을 모집해서 1:1 밀착 수업을 진행한다. 일주일에 2시간을 공부하고자 짧게는 왕복 2시간, 길게는 왕복 6시간을 투자해서 오는 외국인 노동자들이 많다. 현재는 앉을 자리가 없어서 외국인들을 더 받지 못하는 상황에 이르렀다. 왜 이토록 열악한 환경의 이주민센터가 성황을 이룰까? 바로 수요자 중심의 한국어 수업이 이루어지기 때문이다. 이는 또 다른 사회적 문제를 방증하는 것이다.

그간 한국어 교육을 비롯한 모든 정책 논의는 결혼이민자 중심으로만 이루어졌다. 현재는 '가족 구성원' 개념에서 '사회 구성원'으로 확대되었으나, 이주노동자는 여전히 한국사회의 필요에 의한 저임금·고노동 도구로 활용되고 있다. 또 유학생은 부족한 학령인구를 채우는 대학의 돈벌이 수단이 되었다. 이제는 대한민국의 외국인 체류자가 200만 명에 다다르고 있다. 다양한 다문화 구성원에게 적합한 특화된 장기적인 정책 수립이 필요할 때이다. 한국어 교육 및 한국문화 이해 교육은 이들의 입국 초기에 실시되어야 한다. 사회적 문제의 해결과 비용 절감을 위해서라도 반드시 정책적인 전환이 마련되어야 한다.

한글 창제와 민본정치

집현전 정음음운학파의 언어·문자 의식에 대하여

이상혁 (한성대학교 상상력교양대학 교수)

1. 머리말

세종의 시대(1418~50)는 언어 문화의 전성기였다. 그에 따라 유교 중심의 국가가 건설되고 다양한 분야에서 새로운 이념에 어울리는 제도가 확립되는 과정에서 언어 정책의 급격한 변화가 일어났다. 그 변화는 한문과 이두라는 차자 표기 중심에서 한문, 이두, 신문자 시대로의 전환이었다. 신문자의 창제는 곧 훈민정음의 탄생이었고, 재론의 여지없이 그 창제의 주체는 세종이었다.[01]

---

*　이 글은 2019년 10월 8일(화) 여주시와 여주세종문화재단이 주최하고 주관한 한글날 학술대회에서 〈훈민정음 창제와 집현전 학자들에 대하여〉라는 주제로 발표한 것을 전면적으로 수정하여, 2020년 12월 《한중인문학연구》 69호에 〈집현전 정음음운학파의 언어·문자 의식에 대하여〉라는 논문으로 게재한 것이다. 이 논문 또한 이번 단행본 발간 취지에 맞춰 내용을 대폭 깁고 다듬었음을 밝힌다.

01.　이달에 임금이 친히 언문(諺文) 28자를 지었는데, 그 글자가 옛 전자(篆字)를 모방하

훈민정음 창제의 조력자들은 왕실, 불교 관련 인사들까지도 거론되지만, 실증적으로 주목할 인물들은 정음음운학파의 집현전 학자들이다. 《훈민정음(訓民正音) 해례본)》(1446) 서문에서 편찬자 중 한 사람인 정인지 역시 아래와 같이 언급하고 있다.

> 계해년 겨울에 우리 전하께서 정음(正音) 28자를 처음으로 만들어 예의(例義)를 간략하게 보이고 명칭을 《훈민정음(訓民正音)》이라 하였다. 글자는 상형을 하였으며 고전(古篆)을 모방하고… 마침내 상세하게 해설을 가하여 여러 사람들을 깨우치게 하라고 명하시었다. [02]

이러한 전제를 바탕으로 이 논문에서는 우선 《훈민정음 해례본》의 '국지어음(國之語音)'과 조선 한자음의 관계를 살펴볼 것이다. 또한 집현전 학자들을 중세의 언어·문화 질서를 수용한 한문주의자로 규정하고 최만리와 정인지가 다르게 바라본 중세의 언어·문자 의식의 길항 관계를 논의해 보고자 한다. 이어서 《훈민정음 해례본》의 또 다른 편찬자 신숙주, 성삼문 등이 저술한 《동국정운(東國正韻)》(1448), 《홍무정운역훈(洪武正韻譯訓)》(1455), 《직해동자습(直解童子習)》 등의 서문을 통해서 그들이 인식한 '어음(語音)'의 문맥적 의미를 조선 한자음과 연계하여 탐색해 보고자 한다. 마지막으로 이 정음음운학파 학자들이 궁극적으로 지향했던 언어·문자 의식을 당시 언어 정책의 관점

고, 초성(初聲), 중성(中聲), 종성(終聲)으로 나누어 합한 연후에야 글자를 이루었다. 무릇 문자(文字)에 관한 것과 이어(俚語)에 관한 것을 모두 쓸 수 있고, 글자는 비록 간단하고 요약지만 전환(轉換)하는 것이 무궁하니, 이것을 《훈민정음(訓民正音)》이라고 일렀다. 《세종실록》 102권, 세종 25년(1443) 12월 30일 경술 2번째 기사에도 같은 기록이 나온다.

02. 《세종실록》 113권, 세종 28년(1446) 9월 29일 갑오 4번째 기사.

에서 거시적으로 논의해 볼 것이다.

2. 국지어음(國之語音)과 조선 한자음의 문제

15세기 조선은 당시 동아시아의 보편 문자인 한자와 한문이 지배하는 언어 권위관의[03] 시대였다. 우리말 표기를 위해 한자를 변형한 차자 표기가 있었지만, 그것은 한문이나 한자 안에서 기능하는 불완전한 표기 수단이었다. 이러한 중세의 보편적 한문주의는 고대 국어를 지나 이 시기까지 관통하면서 당시의 언어생활을 지배하는 요지부동한 흐름이었다. 언어 정책적 관점에서 볼 때 신문자의 창제가 한문과 한자 및 차자 표기를 바로 대신할 수 있었던 역사적 상황은 아니었다.

따라서 국지어음(國之語音)의 어음(語音)을 당시《훈민정음》(언해본)의 번역에 의존하여 '나랏말씀'의 '말씀'이라고 이해해 우리말이나 국어로만 한정하는 것에 대한 의문을 제기하고자 한다. 실제로《훈민정음》(언해본) 이본 중에서 '박승빈본'은[04] 비록 그 언해의 시기가 후대일 것으로 추정되지만, 국지어음(國之語音)을 '나랏말소리'로 번역하고 있다. 이 이본 언해자의 입장에서 어음(語音)은 '말씀'이 아니라 '말

---

03.   언어 권위관은 고대 국어 이후 19세기까지 지배해 온 한자 및 한문의 권위관이다. 이러한 태도와 관련해서는 고려시대 최행귀의 언어 이론을 참고해 볼 필요가 있다. 이것은 마치 서양에서 라틴어가 과거에 가졌던 권위에 비견되는 것으로, 한자 및 한문은 동양의 라틴어라고 볼 수 있는 성격의 문자였던 것이다. 김민수(1980)에서 처음으로 논의가 되었으며, 이상혁(2004ㄱ)에서도 다룬 바 있다.

04.   박승빈본(육당문고본)은 고려대에 소장되어 있다.

소리'다. 그런데 '말씀'과 '말소리'는 그 내포하는 의미가 온전히 같다고 보기는 어렵다. 이렇게 국지어음에 대한 다른 번역과 인식이 존재하는 것을 우리는 어떻게 이해해야 할 것인가?

《훈민정음 해례본》을 현대어로 번역한 홍기문(1946)에서는[05] 국지어음을 '나라의 말'로 번역하고 어음(語音)에 대해 그의 주해(註解)에서 다음과 같이 언급하고 있다.

> 東國正韻序에는 「我國語音, 其淸濁之辨, 與中國無異」라고 하얏고, 姜希孟의 中叔舟
> 行狀에는 (保閑齋集) 「本國語音註僞正韻失傳」이라고 하얏다. 語音은 한 言語의 聲
> 音的部分을 가르키는 것으로 個人의 言聲 乃至 語聲과 전연 뜻이 다른 것이다.
> 中叔舟의 送義州譯學訓導詩에는[06] 「須將語音通兩意, 妍微奧妙宜當知」라고 하얏다.
> 차라리 言語라는 말과 가압게 쓴 것이다. 또 東國正韻序에는 「語音則四聲甚明, 字
> 音則上去無別」이라고 하얏다. 漢字의 音을 字音이라고 함에 대하야 우리말의
> 音을 語音으로 구별한 것이다. 물론 그 당시에 벌써 우리말 중에는 고유한 말
> 외에 漢字로 된 말이 업지 안타. 거긔 딸아서 우리말은 語音과 字音을 한쌔 包括
> 하고 잇다고 볼수 잇다.[07]

위에서 보는 바와 같이 홍기문(1946)은 어음(語音)을 '말, 언어'로 보고 있다. 그러면서도 우리말의 음을 '어음(語音)'이라고 부르고 한

---

05. 방종현은 나중에 1940년 《훈민정음(訓民正音) 해례본》 발견 직후 자신의 명의로 《조선일보》에 번역한 것은 실제는 홍기문의 번역이라고 밝혔는데, 그 번역은 홍기문의 《正音發達史》(1946)로 해방 후에 출간되었다.

06. 送義州譯學訓導李의 오식으로 보인다.

07. 홍기문, 《정음발달사(상하)》, 서울신문사, 1946, 470쪽. 표기법의 오류가 일부 보이나, 당시의 원문을 그대로 실었다.

자의 음을 '자음(字音)'이라고 불러서 두 용어를 구별하였다. 우리말은 어음과 자음을 모두 포괄한 개념으로 보았다. 이러한 번역에 기본적으로 동의하면서 이 글에서는 '어음'이 고유어의 '말소리'말고도 당시 조선 한자음의 '말소리'의 의미를 내포하고 있다는 점을 가정하고자 한다. 그렇다면 어음에 대한 15세기의 문맥적 의미는 중국 한자음에 대한 우리 한자음의 의미로도 읽힐 수 있는 것이다. '아국어음(我國語音), 기청탁지변(其淸濁之辨), 여중국무이(與中國無異)'에서 '어음'이 그러하고, '수장어음통량의(須將語音通兩意)'에서 '어음'이 또한 같은 의미이다.

선행연구에서 국지어음(國之語音)에 대한 번역은 대체로 '우리나라의 말'이 주류를 이루고 있다. 필자는 이러한 일반적 번역과 해석을 기본적으로는 동의하고 부정하지 않는다. 그러나 '(우리)나라 말소리'로의 번역도 가능하다. 그것은 박승빈본의 번역과 일치한다. 현대에 이루어진 연구에서는 강신항(1995), 이정호(1986)에서 '우리나라(의) 말소리'로 번역하였고, 북한의 렴종률·김영황(1982)의 번역도 마찬가지다.[08] 이 '말소리'의 번역은 입말 중심의 고유한 우리말만 가리키는 것이 아니라, 운서 등의 특수한 문헌의 맥락에서 조선 한자음의 의미도 포함하고 있다는 것이 이 글의 관점이다.

시대가 변하면서 언어 및 언어음은 역시 변할 수밖에 없다. 15세기 중세의 한자음도 흔들리고 있었다. 그 때문에 당시의 언어 현실은 한자음의 정확한 음을 알지 못하거나 정리하지 못한 혼란기

---

08. '국지어음(國之語音)'을 번역한 양상은 김슬옹(2006)에서 연구자별로 일목요연하게 정리하였다.

였다. 그러한 언어 상황을 극복하기 위한 한자음 정리는[09] 훈민정음 창제의 다른 언어학적 의도였다는 점을 주목할 필요가 있다. 훈민정음의 본질적이고 일차적인 기능, 다시 말하면 고유한 우리말 표기 체계로서 신문자의 기능을 부정하지 않는다. 그 본질적 창제 의도에 전적으로 동의하면서, 창제 주체와 그 협력자들의 입장에서는 조선 한자음, 동음(東音)과 중국 한자음, 화음(華音)의 문제 역시 당시에 중요한 언어 정책의 대상이었음을 강조하기 위함이다.

다른 한편으로 훈민정음의 창제 배경론과 관련하여 다소 간과한 부분이 《훈민정음 해례본》 어제서문의 우민(愚民)이다. 어리석은 백성은 어제서문의 맥락에서 단순히 글을 모르는 불특정 평민이나 언중일 수도 있다. 그렇지만 좀 더 포괄적으로 백성의 외연을 확장하면 한자와 한자음의 관계를 정확히 이해하지 못하는 다수 백성일 수 있다는 가정도 가능하다. 다시 말하면 한문을 모르는 평민뿐만이 아니라 양반, 식자층도 그 백성에 포함될 수 있다. 그 식자층 역시 변하는 한자음에 대한 지식이 부족했다. 세종의 관점에서는 그들도 '훈민'의 대상이었으며, 그래서 그들을 위한 정음(正音)을 확립하는 것은 당시의 주요 언어 정책이었을 것이다.

실제로 훈민정음 창제 후 운회(韻會)를 번역하라는 세종의 지시와 그 이후 이루어진 《동국정운》, 《홍무정운역훈》 등의 간행이 그것을 뒷받침하고 있다. 특히 신문자 창제의 협력자들로 알려진 집현전 학자들은 한문이나 한자에 대한 신념은 물론 한자음에 대한 교정과 개신(改新)의 의지가 있던 인물들이다. 그런 의미에서 보편적 한문주

---

09.   후자의 경우 고려시대 이후 중국 성운학의 발달, 성리학의 수용과 역(易) 철학의 도입 등에 비추어 본다면 충분히 예견될 수 있는 창제 목적 중 하나였을 것이다.

의자였던 최만리와 정인지의 언어·문자 의식의 공통점과 차이점을 거시적 측면에서 살펴보는 것은 훈민정음 창제에 협력하고 찬동한 집현전 학자들의 당대의 언어관을 정리하는 의의가 있다. 또한 훈민정음을 한자음 표기를 위한 표음적 성격의 보편적 발음기호로도 이해하고자 했던 신숙주, 성삼문의 언어·문자 의식을 탐색하는 것 역시 훈민정음 창제 목적과 연계된 당시 언어 정책의 한 단면을 파악하는 일이라 할 것이다.

3. 최만리와 정인지의 대립과 언어·문자 의식의 길항

최만리의 '갑자상소문'은 세종 26년(1444년) 2월 20일에 최만리를 비롯한 7인이 훈민정음 창제와 관련하여 '언문' 창제에 반대 의견을 천명한 글이다. 최만리 등은 상소문을 올리게 된 직접적인 동기를 상소문 5항에서 다음과 같이 밝히고 있다.[10]

또 가볍게 옛사람이 이미 이루어 놓은 운서(韻書)를 고치고 근거 없는 언문을 부회(附會)하여 공장(工匠) 수십 명을 모아서 이를 각본(刻本)하여 급하게 널리 세상에 공포하려 하시니, 천하 후세 사람들의 공론이 어떠하겠습니까?[11]

이미 이때는 훈민정음이 창제된 시점으로 운서의 한자음을 훈민

---

10.   강신항, 《훈민정음 연구》, 1987, 157쪽. 실록 국역본과 대조하여 필자가 다소 윤문하였다.

11.   갑자상소문(세종 26년).

정음으로 표기했다는 것을 실증적으로 보여주는 기록이다. 최만리의 입장에서 운서를 고치는 행위는 용납될 수 없는 것이었고, 무엇보다도 한자 혹은 한문을 숭상하는 것이 사대의 예를 지키는 중요한 일이었다. 운서를 고치는 일은 운서의 한자음을 교정하는 것인데, 그 한자음을 표기하기 위하여 언문을 사용하는 것도 온당하지 않다는 입장을 피력한 것이다. 훈민정음 사용을 반대하는 최만리의 '갑자상소문'은 다음과 같은 언급을 통해서도 확인할 수 있다.

> 우리 조선은 조종 때부터 내려오면서 정성을 다하여 대국(大國)을 섬기어 오로지 중화(中華)의 제도를 따라왔습니다. 이제 글과 제도를 같이하는 때를 맞이하여 언문을 창제하신 것을 보고 듣기에 놀라서 이상하게 여길 사람들이 있습니다. 혹시 이에 대하여 말씀하시기를 언문은 모두 옛 글자를 바탕으로 한 것이고 새 글자가 아니라고 하지만, 자형은 비록 옛날의 전문(篆文)을 모방하였을지라도 소리로 글자를 합하는 것(用音合字)은 모두 옛것에 어긋나는 일(盡反於古)이며 실로 근거가 없습니다. 만일 중국에라도 흘러 들어가서 혹시라도 비난하여 말하는 자가 있다면, 어찌 중국을 섬기는 데 있어 부끄러움이 없겠습니까?[12]

최만리는 훈민정음을 창제하는 것은 중국에 대한 지성사대(至誠事大)에 어긋나는 일임을 강조하고 있다. 당시 지성사대를 통해 중국과의 외교 관계를 유지하고 있던 상황에서 최만리는 신문자의 창제는 중국을 섬기는 예에 어긋난다는 인식을 하고 있는 셈이다. 중국

---

12. 갑자상소문(세종 26년).

의 반발을 대단히 경계하고 있으며, 그러한 중세의 질서를 벗어나서는 안된다는 보수적 신념을 견지하고 있다. '용의합자(用音合字) 진반어고(盡反於古)'의 표현에서도 드러나는 바와 같이, 소리로 글자를 합하는 것은 초중종성을 합쳐 하나의 음을 이룬다는 의미에서 훈민정음의 표음성을 강조한 것이다. 우리말 표기는 물론 한자음 표기도 포괄하는 것으로 이해된다. 그러나 권위적인 언어관의 관점에서 보편적 한문주의자인 그에게는 결코 허용될 수 없었던 것으로 판단된다.

그의 보수적 언어관은 이 '갑자상소문'의 다른 주장에서도 드러난다. 우리의 고유 문자를 만들어서 중국을 버리고 오랑캐들과 같이되는 것은 옳지 않으며, 신라 이래로 이두를 써 온 전통 역시 아무런 불편함이 없었기 때문에 언문 사용은 학문 발전에도 기여할 수없음을 강조했다. 양반 지배층의 문자인 한문이라는 문자의 권위를 지키면서 양반이 아닌 계층에게 한자를 기반으로 한 이두의 필요성을 역설한 셈이다. 이러한 최만리의 생각은 한자라는 문자를 바탕으로 두 개의 표기 수단(한문, 이두)을 지향하는 문자 의식의 시선으로 이해될 수 있다. 최만리의 입장에서 보면 신문자의 등장이 곧 한문과 차자 표기의 위축으로 인식될 수밖에 없었던 것이다. 그것은 곧 숭유(崇儒)의 의지를 지닌 그에게 한문을 진흥시키는 데 장애물이기도 했다.

결국 최만리의 언어·문자 의식은 중국 한문을 기반으로 한 언어 권위관에 바탕을 두고 있다. 그 권위관은 중세의 질서인 지성 사대에 토대하고 있는바, 조선은 다른 오랑캐와 차별되는 동아시아 중세 질서에 순응하는 보편적 한문주의의 길을 가야 함을 설파하는 것이다. 그 보편적 한문주의는 한자를 이용한 차자 표기 이두를 허용할 수는 있어도 한문의 위축을 가져올 언문 사용은 허용될 수 없는 인식 태도이다. 따라서 운서를 고치고, 훈민정음으로 한자음을 표기하는 행위를 보편적 한문주의를 무너뜨리는 정책으로 이해한 것이다. 그 보편적 한문주의의의 관점에서는 운서의 체계를 그대로 지키고 그에 따르는 것은 일종의 당시 언어 규범의 실천이었다.

제5항의 상소 동기에서 확인할 수 있듯이 운서의 음을 고치고, 그 고친 음을 언문으로 표기하는 것은 전통적인 한자 주음 표기에 대한 반동이자 한자 반절법 중심의 표기 규범의 파괴라고 인식한 것이다. 이러한 정책은 한자 및 한문에 대한 도전이다. 결국 최만리 등과 같은 보수적인 보편적 한문주의자의 입장에서 중세의 어문 질서는 한자 중심의 문자 의식에 머물러 있었던 셈이다. 그러한 의식이 그의 개인적인 고집에서 비롯된 것이 아니라 당시의 보편적 언어 의식이었음을 인식할 필요가 있다. 현재의 입장에서 보면 그의 문자 의식은 중세적 한계를 드러내는 것이자 중세의 질서를 지키고자 했던 이념이라고 볼 수 있다.

그러나 집현전 학자 정인지는 공교롭게도 《훈민정음 해례본》 서문에서 최만리의 보편적 한문주의에 반하는 입장을 세종과 함께 공유함으로써, 보수주의적 언어관에서 어느 정도 벗어나 있었다. '갑자 상소문'에서 최만리를 꾸짖은 세종의 신문자 창제의 뜻을 이해했고,

《훈민정음 해례본》 편찬 과정에서 세종의 정책을 계승하였다.

> … 사방의 풍토(風土)가 구별되고 소리의 기운 또한 그에 따라 다르게 된다.
> 대개 외국의 말은 그 소리는 있어도 그 글자는 없으므로, 중국의 글자를 빌
> 려서 통용하게 되니, 이것이 둥근 장부가 네모진 구멍에 들어가 서로 어긋
> 남과 같은데, 어찌 능히 통하여 막힘이 없겠는가? … 계해년 겨울에 우리 전
> 하께서 정음 28자를 처음으로 만들어 예의(例義)를 간략하게 들어 보이고 명
> 칭을 《훈민정음(訓民正音)》이라 하였다. 형상을 본떠서 글자는 고전(古篆)을 모
> 방하고, 소리에 따라서 음(音)은 칠조(七調)에 어울리니 삼재의 뜻과 이기의
> 정묘함이 다 들어 있지 않음이 없다. … 자운(字韻)에서는 청탁이 잘 분별될
> 수가 있고, 악가(樂歌)에서는 율려(律呂)가 서로 화합될 수 있어서 쓰는 데마
> 다 갖추지 않은 것이 없고, 어디를 가더라도 통하지 못할 바가 아니니, 비록
> 바람소리와 학의 울음이든지, 닭울음소리나 개 짖는 소리까지도 모두 표현
> 해 쓸 수가 있게 되었다.[13]

정인지는 이 서문에서 한문의 부정을 통해 훈민정음 창체의 정
당성을 주장하고 있지는 않다. 다만 풍토에 따라 소리도 변한다는
생각을 가지고 언어 권위관에서 벗어나려는 의식을 드러내고 있다.
그에 대한 반동은 신문자의 탄생이었고, 정인지는 집현전 소장학파
의 입장에서 세종의 뜻을 따른 대변자였다. 특히 훈민정음의 사용이
한자음 자운을 명확히 분별해 줄 수 있다는 확신, 천하의 성음을 모
두 적을 수 있다는 신문자의 보편적 표음주의 의식 또한 그의 이 서

---

13. 《훈민정음 해례본》, 정인지 서문(1446).

문에서 확인할 수 있다.

그러나 정인지의 문자 의식을 신문자 우월주의적 발상이라고 판단하기는 무리가 따른다. 그의 문자 의식 기저에는 분명 한문을 숭상하고자 하는 태도가 깔려 있기 때문이다. 그럼에도 불구하고 그가 신문자의 창제에 주도적 역할을 하면서까지 신문자를 옹호하는 적극적인 의식을 가졌던 것은 보편적인 한문주의가 철저하게 통하기 어려운 시대였음을 스스로 깨달았다고 보아야 한다. 그래서 그는 신문자의 창제와 수용을 통해 문자 생활의 변화를 기꺼이 받아들이고자 했던 것으로 이해된다. 현대의 입장에서 보면 그의 문자 의식은 상당히 앞섰다고 볼 수 있다. 보편적 한문주의자 최만리와 달리 그는 현실적 한문주의자로 평가될 수 있다. 다만, 정인지 역시 한문주의의 시선에서 중세의 언어 권위관을 극복하지 못한 한계가 있었다고 할 수 있다.

기본적으로 최만리나 정인지, 그리고 집현전 학자들 모두 그들의 언어·문자 의식은 중세 질서에 순응하는 관점이다. 다만 그 차이가 있다면 최만리는 절대적이고 이상적인 보편적 한문주의의 입장이었고, 정인지는 현실적 한문주의의 시선이었다는 점이다. 정인지 등이 고민한 것은 이두를 대체하는 표기 수단으로서의 훈민정음뿐 아니라, 운서의 한자음을 정확하게 정음으로 표기하려는 의도도 있었다. 그 성과의 실천은 다음 장에서 언급할 《동국정운》과 《홍무정운역훈》의 편찬으로 귀결되었다.

이 운서들의 편찬과 번역은 글을 모르는 평민을 위한 어문 정책의 소산이 아니라, 한자와 한문을 아는 양반 계층을 위한 언어 정책적 성과였다. 한자와 한문을 버리고 훈민정음을 표기 서사 규범의 수단으로 삼는 것에 머무르지 않고, 중세의 모든 계층에게 쓸모 있고 다양하게 기능하는 훈민정음이 절실했던 것이다. 따라서 정인지는 한자와 한문, 이두를 버리고 훈민정음으로 무조건 대체하고자 했던 의식의 학자라고 보기는 어렵다. 차자 표기의 폐단을 비판하였음에도 불구하고 당시의 역사적 상황에서 훈민정음의 탄생은 한문, 차자 표기와 함께 세 가지 표기가 병존하는 언어생활을 수용할 수밖에 없는 한계를 안고 있었다.

결국 이 시대의 최만리와 정인지의 언어·문자 의식은 보편적 한문주의와 현실적 한문주의의 길항으로 규정해 볼 수 있다. 중국을 바라보는 태도도 대체로 동일하고, 한문의 기능과 그 쓰임을 부정하지 않았기 때문이다. 다만, 차자 표기인 이두를 바라보는 태도에서는 두 사람이 차이를 보인다. 최만리는 보편적 한문주의 안에서 차자 표기의 유용론을 주장하였다. 차자 표기의 불완전성에 기인한 한계론과 그 폐단을 주장한 정인지는 현실적 한문주의 안에서 운서의 한자음 주음 방식의 대전환을 꾀했고, 한편으로 신문자 창제의 지지자이기도 했다. 지성사대의 맥락을 깨지 않고 실용성과 현실성을 고려하여 한자음 개신의 문제를 고민한 세력이 정인지를 비롯한 집현전 소장학파, 소위 정음음운학파의 지향이었다. 세종은 그들에게 한자음 문제에 대한 실천적 과제를 부여한 셈이다.

4. 15세기 문헌에 드러난 언어 · 문자 의식의 지향

1) 《동국정운》과 '어음(語音)'

　세종의 명을 받아 이루어진 한자음 문제의 실천적 성과는 조선식 운서의 편찬으로 귀결되었다. 그 편찬의 대표적 학자는 신숙주(1417~1475)였다. 그는 《훈민정음 해례본》의 편찬자 중 사람이자 《동국정운(東國正韻)》과 《홍무정운역훈(洪武正韻譯訓)》의 서문을 쓴 대표적인 정음음운학파 학자이다. 다른 어떤 학자보다도 훈민정음과 관련하여 세종의 어문 사업에서 핵심적이고 중추적인 역할을 담당했다. '어음(語音)'이라는 표현은 《동국정운》, 《홍무정운역훈》, 그리고 신숙주의 《보한재집(保閑齋集)》 등의 기록에 몇 차례 등장한다. 우선 그가 쓴 《동국정운》의 서문 내용을 통해 살펴보도록 하자.

　　우리나라의 강산이 자연스럽게 한 구역이 되어 풍습과 기질이 이미 중국과 다르니, 호흡이 어찌 화음(華音)과 서로 합치될 수 있겠는가? 그렇기 때문에 어음(語音)이 중국과 다른 까닭은 당연한 이치다. 이 자음(字音)이 당연히 화음(華音)과 서로 합치될 것 같으나, 호흡이 돌고 구르는 사이에 가볍고 무거움과 열리고 닫힘의 동작이 역시 어음(語音)에 저절로 끌림이 있어서, 이 자음(字音)이 또한 따라서 변하게 된 것이다.[14]

　가령 아음의 경우는 계모에 속하는 글자들이 거의 견모로 발음되니, 이것

14.　《동국정운》(1448) 서문.

은 자모가 변한 것이다. 계모에 속하는 자음도 간혹 효모에 넣으니 이것도 칠음이 변한 것이다. 우리나라 어음(語音)도 그 청탁의 구별이 중국과 다를 바가 없다. 우리 자음(字音)에는 홀로 탁음이 없으니 어찌 이럴 수가 있는가? 어음(語音)은 사성이 매우 분명한데, 자음(字音)에서는 상성과 거성의 구별이 없다.[15]

《동국정운》 서문에서는 위와 같이 네 번 정도 어음(語音)이라는 표현이 나타난다. 앞에서 다루었지만, 최만리의 상소문과 정인지의 서문에서는 어음이 전혀 등장하지 않는다. 최만리는 문자에 주목하여 언문(諺文)을, 정인지는 정음(正音)이라는 표현을 사용할 뿐이다. 다시 말하면 이 두 한문주의자는 미시적인 한자음 문제에 대한 논쟁에서 비켜나 있다. 그에 반하여 중국 한자음을 연구하고 운서를 편찬한 신숙주의 《동국정운》 서문에는 어음이 화음(華音)에 대응하여 등장한다.

"어음(語音)이 중국과 다른 까닭은 당연한 이치다. 이 자음(字音)이 당연히 화음(華音)과 서로 합치될 것 같으나" 같은 표현은 맥락상 '국지어음(國之語音)'의 어음과 연계해 볼 때 조선 한자음의 의미와 문맥상 같은 뜻으로 사용된 것으로 보인다. 운서는 일반 평민들이 보는 텍스트가 아니다. 그것을 번역한다는 것은 중국어 전체를 번역하는 것이 아니라 한자음을 훈민정음으로 표음하는 것이다.

따라서 이 어음들은 문맥상 당시 조선 한자음, 혹은 조선 자음(字

---

15. 《동국정운》(1448) 서문.

音)이다. 그렇다면 어제서문의 '국지어음'과도 연관될 수밖에 없는 것이며, 이 국지어음의 내포적 의미는 당시 조선의 한자음, 동음(東音)이 포함된 것으로 보는 것이 타당하다. 앞에서도 언급한 바와 같이 '박승빈본'《훈민정음》언해본 번역자는 '나랏말씀'이 아니라 '나랏말소리'로 번역하였다. 신숙주나 성삼문 같은 학자들과 마찬가지로 훈민정음의 기능과 관련하여 조선 한자음 표기 문제에 주목한 연구자라는 점을 합리적으로 추정해 볼 수도 있을 것이다.

위의 서문에서 신숙주는 언어는 다양한 조건에 따라 변한다는 인식을 자연스럽게 수용하고 있다. 당시 조선만이 아니라 중국 내에서도 발음이 지역에 따라 심하게 변하고 있음을 신숙주는 인식하고 있었다. 그러한 변화에 대한 인식은 중국과 우리 사이에서도 당연한 것이었다. 중국 한자음이든 조선 한자음이든 한자음의 권위가 무너지고 있는 현실을 그냥 내버려 둘 수 없다는 신숙주의 언어·문자 의식도 드러나고 있다.

또한 그는 반절의 규칙도 모르는 현실을 개탄하며, 한자 및 한자음 교육 현장의 난맥상을 정확히 인지하고 있었다. 위의 문제 의식은 한자음이 혼란해진 당대 조선의 언어 현실에 대한 깨달음이다. 이 문헌이 한자음 교정을 통한 이상적인 한자음을 제정하기 위한 조선 운서였음은 두말할 나위가 없다. 이두와 차자 표기의 불편함에 기인한 우리말 표기를 위한 훈민정음의 기능과 역할에 대한 언급은 이 서문에서 어떤 내용도 찾을 수 없다. 운서의 서문이기 때문에 한자음 문제에 집중한 것은 당연한 것이겠지만, 세종이 정음음운학파 신숙주에게 이 부분에 집중하라는 명을 내린 것으로 보아야 한다.

이에 신(臣) 신숙주와 최항, 성삼문, 박팽년, 이개, 강희안, 이현로, 조변안, 김증에게 명하시길 세속의 습속을 두루 채집하고 전해 오는 문적을 널리 상고하여, 널리 쓰이는 음에 기본을 두고 옛 음운의 반절법에도 맞추어서 자모(字母)의 칠음(七音)과 청탁과 사성 등에 걸쳐 그 본말을 자세히 밝히라고 하시고 올바른 것으로 회복하라고 하셨다. … 이에 사성으로 조절하고 91운과 23자모로 기준을 삼은 다음 임금께서 친히 지으신 훈민정음으로 그 음을 정하였다. 질(質)·물(勿) 둘의 운(韻)은 영(影)으로 내(來)를 보충하는 방식으로 속음을 따르면서 바른 음에 맞게 하니, 옛 습관의 그릇됨이 이에 이르러 모두 고쳐졌다. 글이 완성되어 이름을 하사하시기를《東國正韻(동국정운)》이라 하시고, 신숙주에게 명하시어 서문을 지으라 하셨다. 훈민정음이 제작되면서 만고(萬古)의 한 소리로 털끝만큼도 틀리지 아니하니, 실로 음(音)을 전하는 중심이 되었다.[16]

위의 내용에서 확인할 수 있듯이 《훈민정음 해례본)》의 편찬자들이 그대로 다시 등장한다. 정인지를 제외하고 신숙주를 중심으로 해례에 참여한 자들이 다시 이 운서 편찬 작업을 함께했다. 《동국정운》의 편찬에서 한자음 정리는 세종의 명에 따라서 아래와 같은 몇 가지 방향에 따라 이루어진 것으로 판단된다. 민간에 쓰이는 관습을 널리 채택할 것을 강조했고, 옛날부터 전해 오는 서적을 널리 상고할 것을 명하였다. 또한 한 글자가 여러 개의 음으로 쓰일 때

---

16. 《동국정운》(1448) 서문.

는 가장 널리 쓰이는 것을 기준으로 할 것과 이러한 방침에 따라서 91운 23자모의 체계를 세웠다. 아울러 반절(反切) 대신에 훈민정음으로써 표음할 것을 지시하였다. 특히 ㄷ 입성은 민간의 발음에 따라 ㄹ로 바꾸되, 입성의 자질을 살리기 위하여 'ㆆ'과 같이 '이영보래(以影補來)의 원칙으로 표기하였음을 천명하였다.

우리가 여기서 확인하고 주목할 점은 신숙주를 비롯한 집현전 학자들의 역할에 대한 것이다. 이들에게 훈민정음 연구는 한자음 문제와 밀접하게 연관되어 있었다고 봐야 한다. 양반인 그들에게 훈민정음은 고유한 우리말을 표기할 수 있는 신문자라는 인식을 넘어, 혼란스러운 조선의 한자음을 정리하기 위한 훈민정음의 역할에 대한 고민이 우선이었을 것으로 판단하는 게 더 타당할 것이다. 따라서 세종의 명을 받아서 《동국정운》을 편찬한 목적은 혼란스러운 조선의 한자음을 정리하는 데 있었고, 그 중심에 신숙주가 있었던 것이다. 물론 이상적인 조선의 교정 한자음 표기를 위해 훈민정음은 한자음 발음 기호의 역할을 담당하였다.

2) 《보한재집》과 《사성통고》의 '어음'

신숙주의 《보한재집》 권11 부록 〈행장(行狀)〉의 일부 기록에도 다음과 같이 '어음(語音)'이 등장한다.

> 임금(세종)께서 우리나라 음운(本國音韻)이 화어(중국어)와 비록 다르나, 그

'아설순치후' '청탁' '고하'가 중국과 마찬가지로 다 갖추고 있어야 한다. 그리고 여러 나라가 모두 제 나라 음(國音)을 나타낼 글자를 가지고 있어서 제 언어를 기록하고 있다. 우리나라만이 글자가 없다고 하셔서 언문 자모 28자를 만드시고, 궁중 안에 기관을 설치하여 문신을 선발하여 언문 관련 서적을 편찬할 때, 공이 실제로 임금의 재가를 받들었다. 우리나라 어음(語音)이 잘못되어 정운(正韻)이 제대로 전해지지 않았는데, 때마침 한림학사 황찬이 죄를 지어 요동에 귀양을 와 있었으므로 을축년(세종 27년) 봄에 공에게 중국에 가는 사신을 따라 요동에 가서 황찬을 만나 음운을 물어 보라고 명하시었다. 공이 언자(諺字)로 화음(華音)을 옮겨서 묻는 대로 빨리 깨달아 조금도 틀리지 않으니 황찬이 크게 이를 기이하게 여겼다. 이로부터 요동에 다녀오기 무릇 열세 번이었다.[17]

우리는 여기에 등장하는 세 용어에 주목해 보고자 한다. 신숙주에게서 '본국음운(本國音韻), 국음(國音), 어음(語音)'은 위의 문맥에서 거의 유사한 개념이다. 따라서 그는 '말씀'에 주목하지 않고, '말소리'에 주목한 연구자일 수밖에 없다. 운서 연구 및 편찬자이기 때문이다. 그렇다면 '본국음운'은 우리 한자음을 가리키는 것으로 보아야 한다. '국음'도 소리에 기반을 둔 우리나라의 음이다. 그에게서 어음은 교정해야 할 대상이지만, 국지어음의 어음에 해당한다. 이러한 용어가 이 문맥에서는 '말씀'으로서의 '언어(language), 말' 등으로 일반화되기는 어렵다. 또한 위의 맥락에서 우리는 '정운(正韻)'의 의미도 바른 한자음으로[18] 이해할 수밖에 없다. 거의 유사한 내용이 같은 《보한재집》 부

---

17. 《保閑齋集》 권11 부록 행장(行狀)(晋山 姜希孟 撰).

18. 강신항(1987)에서는 한자음이 잘 전해지지 않았다는 의미로 보고, 이런 이유로 《동

록 비명(碑銘)에도 다음과 같이 등장한다.

> 봄에 사직의 벼슬에 오르고, 일본국 통신사 서장관으로 임명되었다. 변중
> 문이 상사였다. … 9개월 만에 귀국하여 명을 받들어 어제언문(御製諺文)을[19]
> 편찬하였다. … 태허집에서[20] 말하기를 세종께서 처음에 언문을 만드실 때,
> 집현전 여러 학자들이 연서하여 반대하는 글을 올리고, 그 옳지 않음을 말
> 씀을 드리니, 세종께서 신 문충공(숙주) 및 최항 등 여덟 학사에게 그 일을
> 맡아서 《훈민정음》·《동국정운》을 짓도록 명하시니, 우리나라 어음(語音)이
> 비로소 바르게 되었다.[21]

역시 여기의 어음도 국지어음의 어음이며 조선 한자음으로 추정
된다. 신숙주는 세종의 명을 받아 《훈민정음 해례본》과 《동국정운》을
편찬하고 그것을 바르게 잡았다고 언급하고 있다. 《보한재집(保閑齋集
)》의 '송의주역학훈도이(送義州譯學訓導李)'에도 '어음'이 출현하고 있다.[22]
따라서 이 글의 2장에서도 언급한 바와 같이 '수장어음통량의(須將語
音通兩意), 연미오묘의당지(姸微奧妙宜當知)'도 이 같은 맥락에서 접근해야
한다. 이 어음의 '양의'를 필자의 관점에서는 조선 한자음으로서의 어
음과 중국 한자음으로서의 어음, 두 의미로 이해하고자 한다.

또한 최세진이 편찬한 《사성통해(四聲通解)》(1517)의 서문에 따르면

국정운》과 《홍무정운역훈》이 편찬된 것으로 보고 있다.

19. 《훈민정음 해례본》을 가리키는 것으로 판단된다.

20. 이 문집은 최항의 시문집을 가리킨다.

21. 《保閑齋集》권12 연보(陽城 李承召 撰).

22. 須將語音通兩意 姸微奧妙宜當知(《保閑齋集》送義州譯學訓導李).

《사성통고(四聲通攷)》 역시 신숙주 등이 편찬한 운서로 알려져 있다. 안타깝게도 그 문헌은 현재 전하지 않는다. 그 범례만이 《사성통해》 하권에 붙어 있어서 문헌의 편찬 목적과 내용의 일부를 확인할 수 있을 뿐이다. 그 내용적 특징을 한 마디로 말하면 《홍무정운역훈》을 간략하게 엮은 운서라고 할 수 있다. 우리는 범례 7조를 주목할 필요가 있다.

> 대개 우리말의 음은 가볍고 얕으며, 중국말의 음은 무겁고 깊은데, 지금 훈민정음은 우리말의 음을 바탕으로 만든 것이라 만약에 중국음(한음)을 표기하기 위해 사용하려면 반드시 변화를 주어야 제대로 통할 수 있고 장애가 없다.[23]

우리 한자음을 어음으로 표현하고 있지는 않으나, 중국음(漢音)에 대응하는 표현으로 본국지음(本國之音)으로 표현하고 있다. 이 본국지음은 우리 고유어의 음이라기보다는 우리 말소리 중에서 중국 한자음과는 다른 우리의 한자음에 해당한다고 볼 수 있으므로 어음에 가깝다고 말할 수 있겠다.

3) 《홍무정운역훈》과 '어음'

당시 중국 자음(字音)의 표준음에 큰 관심을 가지고 있었던 세종은 중국의 한자음을 학습할 수 있는 최고의 권위서로 《홍무정운(洪

---

23.   《四聲通解》(1517) 서문.

武正韻》을 인정하고, 신숙주, 성삼문 등에게 훈민정음으로 한자음을 표기할 것을 명하였다. 그래서 탄생한 것이《홍무정운역훈(洪武正韻譯訓)》(1455)이다. 원래의 반절로는 표시되지 않았던 당시의 북방음도 아울러 조사하여 이를 속음(俗音)이라고 표기하였다. 이 문헌은 지금의 시각에서 보면 당시 중국 한자음 발음 사전에 해당한다. 신숙주는 성삼문과 함께 바로 당대의 중국 한자음, 화음을 배운 것이고, 《홍무정운》을 번역한 것이다.

> 요동으로 사신으로 가서 중국의 한림학사 황찬에게 음운(音韻)을 물어 보았다. 열세 번 다녀왔다. 소문쇄록에서 말하기를 신 문충공(신숙주)이 성삼문과 함께 요동에서 화음(華音)을 배우고 일 년에 세 번 갔으며 서로 주고받았던 시가 많다. 을해(세조 원년. 곧 단종 3년 1455) 2월에 성삼문과 함께 홍무정운을 번역하고 새기다. [24]

여기에 제시된 서문은 신숙주의 문집인《보한재집》에 실린 것을 인용하였다.《홍무정운역훈》서문에서는 두 번 어음이 출현한다.

> 우리 세종대왕께서 운학에 뜻을 두고 깊이 연구하시어 훈민정음과 같은 약간의 글자를 창제하시니, 사방의 만물의 소리를 전하지 못함이 없으며, 우리 동방의 선비가 비로소 사성과 칠음을 알게 되어 저절로 갖추지 못할 것이 없으며, 특히 자운(字韻)에만 한할 것만이 아니다. 우리가 대대로 중국과 사귀어 왔으나 어음(語音)이 통하지 아니하여 반드시 통역을 의뢰해야 했다.

---

24. 《洪武正韻譯訓》(1455) 서문.

그리하여 먼저 《홍무정운》을 번역할 것을 명하였다. 현 예조참의 신 성삼문, 전농소윤 신 조변안, 지금산 군사 신 김증, 전행 통례문 봉례랑 신 손수산 및 신 신숙주 등으로 하여금 옛것을 교정하게 하고, 수양대군과 계양군이 출납을 맡도록 하고, 모두 친히 임석하여 법식대로 정하여 칠음으로 맞추고, 사성으로 고르고, 청탁으로 고르니, 종횡 경위가 비로소 바르게 되어 결함이 없다. 그러나 어음(語音)이 이미 다르고 와전이 역시 심하여, 신 등에게 중국의 선생이나 학자에게 물어 보라고 명하셨다. 그리하여 왕래가 7~8회에 이르렀고, 물어본 사람이 몇이나 된다. [25]

위에서 언급한 바와 같이 "우리가 대대로 중국과 사귀어 왔으나 어음(語音)이 통하지 아니하여 반드시 통역을 의뢰해야 했다. 그리하여 먼저 《홍무정운》을 번역할 것을 명하였다"와 같은 표현에 등장하는 어음은 훈민정음 어제서문의 '국지어음'의 맥락과 유사하다. 이 어음이 이미 중국과 너무 다르고 그 와전이 심하다는 점을 경계한 세종은 신숙주 등에게 중국의 전문가에게 직접 물어 보라고 명하였다. 이에 신숙주는 중국을 수차례 오가며 중국 자음을 정확히 익혔다는 기록이다. 《홍무정운》을 번역한다는 것은 당시 중국 한자음이 우리 한자음과 다르기 때문에 중국 한자음인 화음(華音)에 대한 음을 훈민정음으로 표기함을 의미한다.

여기서 우리는 이 어음(語音)에도 주목해야 한다. 이 어음은 중국 자음과는 거리가 먼 우리의 한자음이다. 곧 동음(東音)으로 판단된다. 그러나 그 어음은 중국 화음(華)과는 달랐던 음인 동시에 중국

---

25. 《洪武正韻譯訓》(1455) 서문.

한자음의 관점에서는 와전(訛傳)된 것이었다. 원음에 어긋나는 것인 셈이다. 그러나 이 어음을 폐기해야 한다든가 어음을 화음으로 바꾸어야 한다는 점을 강조하고 있지는 않다. 다시 말하면 음의 변화 현실을 수용하고 중국 화음을 《홍무정운역훈》에서 훈민정음으로 정확하게 표기하겠다는 것이다. 《동국정운》의 편찬과는 그 편찬 목적이 다소 다른 것이다. 《동국정운》의 한자음은 중국음에 가까워지는 이상적인 표준음이었기 때문이다.

문종대왕께서 세자로 계실 때부터 성인으로 세종대왕을 보좌하여 성운 관계 사업에 참여하셨고, 왕위를 계승하게 되자, 신 등 및 전 판관 신 노삼, 현 감찰 신 권인, 부사직 신 임원준에게 명하여 거듭 교정을 가하게 하였다. 무릇 홍무운(홍무정운)을 가지고 합하고 나눈 것은 모두 바로잡아 놓았는데, 유독 칠음의 앞뒤가 그 차례가 맞지 않았다. 그러나 감히 경솔하게 변경할 수 없어서, 다만 그전 것을 그대로 두고 자모를 여러 운과 각 글자의 머리에 나누어 분류하였다. 그리고 훈민정음을 사용하여 반절을 대신하고, 그 속음과 두 가지로 사용하는 음을 몰라서는 아니되므로 나누어서 본 글자의 아래 주를 달고, 만약 또 통하기 어려운 것이 있으면, 대략 주석을 가해서 그 보기를 보여주고, 또 세종대왕께서 정해 놓으신 《사성통고》를 따로 첫머리에 붙이고, 다시 범례를 지어서 지침을 만들었다. 삼가 생각하옵건대, 성상(단종)께서 즉위하시자 빨리 인출해서 반포하도록 명하여 널리 전하게 하시고, 신이 일찍이 선왕에게 명을 받았다 해서, 명하여 서문을 지어 전말을 기록하게 하셨다.[26]

---

26. 《洪武正韻譯訓》(1455) 서문.

위의 내용에서 알 수 있는 두 가지는 훈민정음이 반절의 기능을 대신한다는 점과 중국 자음을 화음만 보여주는 것이 아니라 속음도 함께 주음하는 편찬 방식에 대한 언급이다. 이 《홍무정운역훈》의 훈민정음 기능을 통해서 훈민정음의 이칭이 왜 반절(反切)이라고 불릴 수밖에 없었는지 짐작할 수 있다. 더 이상 한자 두 자로 성과 운을 표시하는 양자표음법인 반절법을 이 운서에서는 사용하지 않는다는 의미이다. 다시 말하면 훈민정음은 천하의 성음을 다 적을 수 있다고 했으니, 중국 자음인 화음은 물론 북방음에 해당하는 속음도 적을 수 있는 발음기호의 역할을 훈민정음이 하고 있는 것이다. 훈민정음이 하나의 목적만을 위해 제정되지 않았음을 우리는 이 서문에서 언급한 《홍무정운역훈》의 편찬 방식를 통해 확인할 수 있다.

요컨대, 《동국정운》은 우리의 이상적인 교정 한자음을 표기한 운서이다. 다시 말하면 훈민정음으로 편찬한 조선식 운서이다. 반면에 《홍무정운역훈》은 중국 화음의 발음 사전으로 《동국정운》과는 그 결이 다소 다르다. 따라서 훈민정음이 이 두 운서의 한자음 표기에 대내적 주음 기호와 대외적 주음 기호를 겸해서 사용된 발음기호였다는 점은 분명하다.

4) 《직해동자습》의 언어 · 문자 의식

이 문헌에는 어음에 대한 직접적 언급은 등장하지 않는다. 그러나 성삼문만의 언어·문자 의식의 흔적은 이 《직해동자습(直解童子習)》

에서도[27] 드러난다. 이 문헌은 전문은 전하지 않지만,[28] 성삼문이 쓴 서문이 《동문선(東文選)》에[29] 실려 있다. 따라서 성삼문이 직접 한자음을 훈민정음으로 달고 당시 한어 교과서로 활용된 것으로 보이는 문헌이다. 일부 내용을 보도록 하자.

> 한음(漢音)을 배우는 사람이 몇 다리를 건너서 전수한 것을 그대로 받아들인지가 이미 오래되어서 잘못된 것이 아주 많다. 종(從)으로는 사성의 빠르고 느림이 혼란스럽고, 횡으로는 칠음이 청탁을 상실해 버렸다. 게다가 중국 학자가 옆에 있어서 정정해 주는 일도 없기 때문에, 노숙한 선비나 역관으로 평생을 몸 바쳐도 고루한 데 빠지고 말았다. 세종과 문종께서 이를 염려하시어 이 훈민정음을 지어내셨으니, 세상의 어떠한 소리라도 옮겨 쓰지 못할 것이 없다. 《홍무정운》을 번역하여 중국 화음을 바로잡아 놓았고, 《직해동자습역훈평화》는 실로 화어(중국어)를 배우는 문호가 되었다.[30]

우선 위의 내용에서는 '언어여중국이(言語與中國異)'와 같은 표현이 나온다. '어음여중국이(語音與中國異)' 같은 표현이 아니라는 점에서 이 '언어(言語)'야말로 '어음(語音)'과는 달리 '우리말'이다. 한자음이 우리와 중국이 다른 것은 물론 역관을 두어야 소통이 가능하다는 언급을 통해 우리말과 당시 중국어가 달랐음을 알 수 있다. 아울러 이 문헌이 한어 교과서의 역할을 할 수 있음을 강조하고 있다. 《홍무정운》을 번역

---

27. 서문에 따르면 《直解童子習譯訓評話》였을 것을 추정된다.

28. 문헌이 오늘에 전하지 않기 때문에 편찬 연대는 알 수 없으나, 서문에 비추어 볼 때, 세종 때 시작하여 단종 때 완성된 것으로 추정된다.

29. 1478년에 문신 서거정 등이 왕명으로 역대 시문을 모아 편찬한 시문선집이다.

30. 《直解童子習》 서문.

하여 중국 화음을 바로잡아 놓은 것이 《홍무정운역훈》이고, 이 문헌은 화음(華音)이 아닌 화어(華語)를 배우는 문호(門戶)가 되었다는 언급이 보인다. 이 같은 표현을 통해 이 문헌의 성격을 파악할 수 있다.

> 우리나라가 생긴 지 몇 천 년이 지났으나, 사람들이 날마다 쓰는 우리 말에 칠음(七音)이 있다는 것을 알지 못하였다. 칠음도 모르니 청탁에 있어서는 더 말할 나위조차 없지 않겠는가? 중국말을 배우기가 어렵다고 하는 것은 당연한 일이다. 이 책이 한 번 번역되면 칠음과 사성이 입을 따라서 저절로 분별이 되어 경위가 서로 분명하여 털끝만큼의 차질도 없을 것이니, 곁에서 밝혀 줄 사람이 없다고 근심할 것이 어디 있겠는가? 배우는 자가 먼저 정음 몇 자만 배우고서 다음으로 이 책을 보면, 열흘 정도로 중국말도 통할 수 있고 운학(韻學)도 깨칠 수 있어, 중국을 섬기는 일이 이로써 다 될 것이다.[31]

중국어 학습은 중국 한자의 화음을 익히는 것이 일차적임은 분명하다. 그래서 이 책은 중국 화음을 위해 한자음을 훈민정음으로 달아 놓았으며, 한자의 훈도 각 글자 아래에 써 넣었다. 또한 훈민정음을 몇 자만 학습하고도 이 책을 보면 화어를 쉽게 습득할 수 있음을 강조하고 있다. 특히 운학을 깨치기 쉬워서 이 책을 통해 지성사대의 예를 다할 수 있다는 언급이 눈에 띈다. 성삼문 자신의 현실적 한문주의자의 면모를 확인할 수 있는 대목이다. 이 서문을 통해 성삼문의 화음, 화어 실력을 간접적으로 확인할 수 있다.

---

31. 《直解童子習》서문.

5. 집현전 학자들의 언어 · 문자 의식의 지향과 어문 정책

신숙주와 성삼문은 세종의 뜻을 성실하게 수행한 현실적 한문주의자였다. 그러나 이 두 사람은 한자 권위관에 얽매이지 않았다. 그들은 우리의 음이 중국의 자음과 다른 것은 물론 중국의 음도 변한다는 사실을 알고 있었다. 한자음 정리가 국내외적으로 중요하다는 사실을 인식했다는 점에서 신숙주와 성삼문은 한문주의자였으나, 현실적 한문주의자들이었다. 《훈민정음 해례본》 서문에서 정음음운학파 집현전 학자의 언어 · 문자 의식을 대표적으로 보여준 사람이 정인지라면, 신숙주와 성삼문은 그것을 미시적으로 실천한 연구자였다. 신숙주는 이상적인 조선의 한자음, 중국 화음 전문가로서 연구와 편찬을 주도한 학자였다. 신숙주만큼은 아니었으나 성삼문 역시 조선의 한자음, 중국 화음, 중국 화어에 조예가 깊었던 연구자였다고 평가할 수 있다.

신숙주 등의 집현전 학자들은 정음음운학파로서 한자음에 몰두한 연구자들이었다. 당시 우리말을 어떻게 적을 것인지에 대한 고민보다는 중국 한자음과 조선 한자음의 불일치를 염려하고 직접 중국 사신에게 한자음을 제대로 배운 한자음 전문가였다. 그렇기 때문에 당대의 동아시아 언어 현실을 수용하고 한자음 개신에 노력을 기울인 현실적 한문주의자들이기도 했다. 기본적으로 그들을 중세의 질서 안에서 한문을 버리고 훈민정음을 택하려고 했던 진보적이거나 혁명적 언어 정책의 연구자, 실무자로 보기는 어렵다. 15세기 훈민정음 창제 당시의 집현전 학자들은 한자, 한문에서 한글로의 대체가 아니라, 훈민정음과 한문의 병존을 지향하는 현실적 한문주의자의 길을 걸은 운서 연구자들이었다.

그런 맥락에서 훈민정음 창제 목적의 다른 방향을 훈민정음 창제의 목적이 중층적이라는 관점에서 생각해 보아야 한다. 한자음 정리의 문제와 운서 편찬,《훈민정음》언해본 이본의 첫 장 번역의 상이함이 훈민정음 창제 목적의 중층성을 대변해 주는 방증일 수 있다. 따라서 훈민정음 창제 결과 이루어진 신문자의 다양한 기능을 고려해 본다면 고유어만을 위한 표기니, 한자음만을 위한 표기니 하면서 그 창제 목적을 단순화시키는 것은 역사적 사실에 부합하기 어려운 측면이 있다.

훈민정음 창제 이후,《훈민정음 해례본》에서는 '용자례(用字例)'를 통해 신문자로 고유어 94개를 표기하고 있다.[32]《훈민정음 해례본》의 본문 내용에 집중해 본다면 일차적으로 훈민정음은 고유어 표기를 위해 만들어진 문자로 이해할 수 있다. 당연히 우리말을 표기하는 수단으로서 그것은 본질적인 기능이다. 우리는 이러한 훈민정음 창제의 근본적 목적에 이의를 제기하지는 않는다.

그러나《동국정운》의 편찬과《홍무정운역훈》의 간행은 또 무엇을 의미하는가?《동국정운》은 김민수(1980)의 견해를 빌리자면 최초로 이루어진 한자음 통일안으로서 조선 한자음 자전의 성격을 띠고 있는 운서이다.《홍무정운역훈》역시 중국어의 발음을 표기하기 위한 한어 발음사전이자 당시의 한조(漢朝) 사전이다. 이 경우 표

---

32. 이상혁(2004ㄱ)의 '《훈민정음》의 용자례 분석'을 참고할 것.

음문자로서의 훈민정음은 우리말 표기 수단이라는 표기 체계를 넘어 당시 동아시아 발음기호의 역할을 겸하고 있었다고 볼 수 있는 것이다.

따라서 훈민정음이 백성을 위한 자주적이고 실용적인 신문자로 탄생한 점 말고도, 당시 지배층의 효과적인 한자, 한문의 이해를 위한 전사(轉寫) 체계로서 기능하였다고 보는 것이 합리적인 추론이다. 이에 이 논문에서는 운서 등 다양한 당대 텍스트에 드러난 '어음' 표현의 문맥적 의미에 주목하여, 정음음운학파 집현전 학자들에게 훈민정음의 목적과 기능은 우리말 고유어 표기를 넘어 조선 한자음과 연계되어 있음을 실증적 자료를 통해 고증하였다.

훈민정음 창제의 일차적 목적은 부재한 우리말 표기 체계를 위한 것이다. 그런데 이 우리말이 무엇인가? 고유어로만 되어 있는가? 한자가 유입된 오래전부터 한자 및 한자어의 정착은 관습이자 당시 조선어의 한 양상이었다. 그렇다면 그에 대한 한자음 정리는 필연적인 것이었을 것이다. 양반이 시를 짓고 운을 맞추기 위해서도, 한자 학습서의 뜻과 한자음을 위해서도, 유교 경전의 번역을 위해서도, 그에 대한 정리는 불가피한 것이다.

훈민정음 창제를 집현전 학자와 연계할 때 그들은 역설적으로 한문주의자일 수밖에 없다. 그러나 신문자의 제정을 유해한 일로 치부한 보편적 한문주의자 최만리와는 관점이 달랐던 현실적 한문주의자였다. 집현전 소장학자들은 세종이 창제한 훈민정음의 목적과 기능에 신뢰를 보냈다. 중세의 지성사대, 유교적 질서로부터 온전히 자유로울 수 없는 그들의 내면 세계에서 훈민정음은 조선 한자음 정리의 시대적 과제와 무관하지 않았을 것이다. 그 기능은 창제 목적의 중층적 담론에서 깊이 숙고되어야 할 훈민정음 창제 목적의 한 방향이었다.

6. 맺음말

'국지어음'의 문제 제기를 통해 훈민정음의 창제 목적 및 기능과 연관된 한자음 문제에 주목하고자 하였다. 또한 그러한 한자음 문제에 주목하는 과정에서 언어 현실을 바라보는 보편적 한문주의와 현실적 한문주의의 차이를 확인하였다. 덧붙여 '국지어음'의 '어음'에 주목하여 15세기 운서 등의 여러 문헌 속에 출현하는 '어음'이 '말'이나 '말소리'라는 일반적인 의미를 넘어서, 그 문맥적 의미 속에 한자음에 대한 의미를 담고 있음을 살펴보았다. '어음'이라는 어휘가 내포하는 특정 시대의 의미를 포착하기 위해 당시의 운서 같은 다양한 문헌 속의 표현을 통해 고증하고자 했다.

훈민정음 창제의 일차적 목적은 고유의 문자가 없는 우리가 신문자의 제정을 통해 명실상부한 언문일치의 언어생활을 실현하는 데 있었다고 본다. 그런 맥락에서 보편적 한문주의에 종속된 언어 현실을 냉철하게 성찰하고 우리 풍토에 맞는 우리말을 적을 수 있는 신문자를 창제한 것은 언어문화사적 진보이자 변혁이었다. 그러나 그 실현은 현실적인 언어 권위관에서 벗어나는 것이 아니라, 그 같은 언어 상황을 수용하면서 대응하는 것일 수밖에 없었다. 15세기라는 중세 시대에 한자, 한문, 그리고 그에 기반한 차자 표기를 버리는 방식으로 신문자를 운용할 수는 없었기 때문이다.

중세적 질서 속에 갇혀 있던 학자들은 보편적 한문주의에서만이라도 벗어나려고 하였다. 훈민정음의 표음성에 주목한 그들은 당대의 언어 현실 속에서 그들이 할 수 있는 언어 정책을 실현하는 데 모든 힘을 쏟았다. 그것은 훈민정음이 모든 백성, 특히 평민을 위한 신문자라 할지라도 그 문자의 속성에 주목하여 양반이나 식자층 입장에서 중세 질서에 조응하는 방식으로 훈민정음을 활용하는 것이었다. 그 결과 운서 편찬과 한자음 문제에 집중하는 결과를 낳게 되었다.

따라서 훈민정음의 창제 목적과 기능, 그리고 편찬된 운서의 편찬 양상과 '어음'의 문맥적 의미를 살펴볼 때, 정음음운학파의 또 다른 지향은 전체 '백성'을 위한 것이라기보다는 거스를 수 없는 중세적 언어 상황에 맞물리는 언어 정책 사업일 수밖에 없었다. 그들의 언어·문자 의식은 중세적 질서 속에서 발견되는 한계일 수도 있으나, 새로운 언어 정책적 산물을 일구어낸 진일보한 의식이자 언어 권위관에 대한 본격적인 응전이었다. 신문자의 우리말 표기라는 훈민정음 창제의 본질적 목적과 함께 이들의 또 다른 문자·언어 의식은 중세 어문정책의 내재적 발전 과정에서 성취된 국어학사적 성과라고 할 수 있을 것이다.

참고문헌

강신항(1987), 《훈민정음 연구》, 성균관대출판부.

강신항(1995), 《역주 훈민정음》(증보판), 신구문화사.

김민수(1980), 《신국어학사》, 일조각.

김민수(1957), 《주해훈민정음》, 통문관.

김슬옹(2012), 《조선시대 훈민정음 발달사》, 역락.

렴종률·김영황, 《훈민정음에 대하여》, 김일성종합대학출판사.

이상혁(2004ㄱ), 《훈민정음과 국어연구》, 역락.

이상혁(2004ㄴ), 《조선후기 훈민정음 연구의 역사적 변천》, 역락.

이정호(1986), 《국문영문 해설 역주 훈민정음》, 보진재.

홍기문(1946), 《정음발달사(상하)》, 서울신문사.

강남욱, 〈언문과 정음의 문헌 기록 양상으로 본 새 문자 창제 의의에 대한 재해석〉,
　　《어문연구》 44-4호, 2016, 7-43쪽.

강신항(2004), 〈문정공 최항 선생의 생애와 업적〉, 《어문연구》 제32권 제4호, 427-447쪽.

강신항(2002), 〈신숙주의 음운학〉, 《어문연구》 제30-4호, 349-375쪽.

김슬옹(2006), 〈훈민정음 해례본의 '우리나라와 말글' 명칭 번역 담론〉,
　　《언어과학연구》 39집, 27-54쪽.

김슬옹(2018), 〈성삼문의 훈민정음 관련 공로 의미〉, 《나라사랑》 127집, 149-173쪽.

김주필(2014), 〈최만리 등 집현전 학사들이 올린 갑자상소문의 내용과 의미〉,
　　《진단학보》 122집, 145-174쪽.

김주필(2016), 〈'갑자상소문'과 《훈민정음》의 두 '서문'〉, 《반교어문연구》 제44집, 114-151쪽.

백두현(2016), 〈훈민정음에 내재된 보편적 가치와 그 의미〉, 《한국문학언어학》 67호, 9-38쪽.

안병희(2004), 〈세종의 훈민정음 창제와 그 협력자〉, 《국어학》 제44호, 3-38쪽.

안병희(2002), 〈신숙주의 생애와 학문〉, 《새국어생활》 제12권 제3호, 5-25쪽.

이상혁(2016), 〈홍기문의 훈민정음 번역과 국어학사의 한 경향〉, 《한국어학》 73, 111-134쪽.

이상혁(2019), 〈'정음발달사'(1446)에 제시된 훈민정음해례의 번역과 분석에 대하여〉,
　　《한국어문학국제학술포럼(JKC)》 46집, 37-66쪽.

이상혁(2020), 〈집현전 정음음운학파의 언어·문자 의식에 대하여〉, 《한중인문학연구》 69호,
　　257-284쪽.

이현희(1997), 〈훈민정음〉, 《새국어생활》 제7권 제4호, 237-253쪽.

장윤희(2018), 〈정인지의 생애와 훈민정음〉, 《나라사랑》 127, 189-224쪽.

정광(2002), 〈성삼문의 학문과 조선 전기의 역학〉, 《한국어문교육연구》 30집, 259-291쪽.

정다함(2013), 〈中國(듕귁)과 국지어음(國之語音)의 사이〉, 《비교문학》 60집, 255-280쪽.

정우영(2000), 〈훈민정음언해의 이본과 원본 재구에 관한 연구〉,《불교어문논집》5, 25–58쪽.

정우영(2005), 〈언해본의 성립과 원본 재구〉,《국어국문학》139, 75–113쪽.

조오현(2010), 〈15세기 성운학자 계보 연구〉,《한말연구》제27호, 347–377쪽.

최기호(1983), 〈훈민정음 창제에 관한 연구: 집현전관과 언문반대상소〉,
　《동방학지》36·37, 531–557쪽.

훈민정음의 교육과 확산

훈민정음은 어떻게 가르치고 확산되었을까

백두현(경북대학교 명예교수)

훈민정음의 가장 주목되는 특성은 이 문자의 제자 원리에 보편적 가치가 내재되어 있다는 점이다. 훈민정음에 내재된 보편적 가치는 다음 세 가지로 요약된다. 첫째 이 문자가 가진 민주성(民主性)이다. 세종대왕은 한자를 배우지 못해 문자를 모르는 무식한 백성[愚民]들이 자신의 뜻을 글로 표현할 수 있도록 하기 위해 훈민정음을 만들었다. 훈민정음의 이 특성을 민주성이라 이름 붙일 수 있다.[01] 둘째 이 문자가 가진 음성학적 과학성이다. 훈민정음은 글자의 자형이 음성기관의 움직임과 형상을 본떠 만들어졌다는 점에서 세계 문자에 유례가 없다. 셋째 훈민정음의 제자 원리에 내재된 철학성이다.

---

* 이 글은 백두현(2001) 및 백두현(2007)을 고쳐 쓴 것이다. 일반인을 위해 재작성한 글이라 앞에서 쓴 논문과 중복되는 내용이 있음을 밝혀 둔다.

01. 백성들의 편의를 도모하기 위해 지은 세종의 의도는 현대적 의미의 민주 의식과 다른 것이지만 중세 군주에게 우리가 바랄 수 있는 최선의 것이라 해도 조금도 지나침이 없다(이기문 1974: 12)는 견해에 공감한다.

훈민정음 제자 원리에는 천지인(天地人) 삼재(三才) 사상 및 음양론과 오행 사상이 들어 있다. 한 음절을 초성, 중성, 종성으로 나눈 삼분법 및 중성 기본자(·ㅡㅣ) 제자 원리에 삼재 사상이 깔려 있다. 그리고 중성 기본자를 서로 합성해 나머지 중성자를 만드는 데 음양의 원리가 작용하였다. 초성자 오음 체계에는 오행 사상이 융합되어 있다. 삼재론과 음양오행론은 인간과 자연을 바라보는 세계관이며 자연 철학이기도 하다.

민주성·과학성·철학성이라는 보편적 가치에 바탕을 둔 훈민정음은 한민족의 정체성과 한국 문화의 특성을 가장 뚜렷하게 상징하는 표지(標識)가 되어 있다. 한국인과 한국문화를 특징짓는 가장 뚜렷한 징표가 한국어와 한글인 것이다. 이러한 점에서 훈민정음 창제와 그 보급의 정치·문화사적 의미는 깊고 무겁다. 이런 인식을 바탕으로 하여, 훈민정음 창제 이후에 이 문자의 보급과 교육이 어떻게 이루어졌는지 그 과정을 밝혀 보기로 한다.

1. 세종대왕의 훈민정음 보급 정책

세종대왕이 한글을 만든 목적은 한자를 모르는 백성들이 글로써 자기의 뜻을 표현할 수 있도록 하는 것이다. 이 목적은 세종대왕이 지은 훈민정음 어제 서문에 명백하게 표현되어 있다. "어리석은 백성(=문자를 모르는 백성)이 말하고자 하는 바가 있어도 마침내 그 뜻을 펴지 못하는 자가 많다. 내가 이를 불쌍히 여겨 새로 스물여덟 글자를 만드노니 사람마다 쉽게 배워 일상의 쓰임에 편하게 하라"는 문장이 세종이 밝힌 훈민정음 창제 목적이다. 램지(Ramsey 2010)가 지적했듯이, 지구상의 어떤 문자도 왕이 백성을 위해 만들어 준 것은 없다. 이미 통용되던 주류 문자(漢字)를 젖혀 두고, 백성을 위해 새 문자를 만들어 주었다는 점에서 훈민정음은 인류 문명사의 독보적 존재이다. 백성을 위해 만든 새 문자를 보급하기 위해 세종대왕은 다음과 같은 여러 가지 정책을 시행하였다.

1) 궁중에서

(1) 언문청을 설치하여 한글 문헌을 간행

훈민정음을 완성한 직후인 세종 28년 11월 8일 이전에 언문청이 설치되어 있었다. "태조실록을 내전(內殿)에 들이도록 명하여 이를 <u>언문청(諺文廳)에 비치해 두고</u>[02] 사적(事迹)을 상고해서 용비시(龍飛詩)를 첨입하게 하니"(세종 28년 11월 8일)라는 기사가 있다. 언문청이 이미 설치되어 있음과 언문청에서 《용비어천가》의 시 125개 장을 《태조실록》에 첨가했음을 알 수 있다. 언문청은 정음 관련 문헌을 간행하기 위해 세종이 설치한 기관이다. 《용비어천가》, 《석보상절》, 《월인천강지곡》 등 정음 문헌의 간행을 언문청에서 수행한 것으로 짐작된다. 세종 29년 7월 1일 기사에 언문청 소속 관원들이 서사(書寫)의 공이 있다고 하여, 왕이 상을 내렸다는 내용이 있다. 언문청은 세

---

02.   밑줄 친 부분은 원문 기사에 '遂置諺文廳'라고 되어 있다. 이근우(2016 : 353~355)는 이 구절의 '置'를 '설치하다'가 아니라 '비치하다'의 뜻으로 풀이했다.

종 31년 기사에도 여러 번 나타나고 있어서 언문청이 초창기의 훈민정음 보급에 기여했음을 알 수 있다. 세종, 단종, 세조대의 한글 서적 출판은 언문청에 힘입은 바 큰 것으로 짐작된다.

(2) 조정 대신들이 언문을 배우도록 함

훈민정음 반포 직후의 조정 관료와 유생들은 대부분 언문을 몰랐다. 정음을 배울 기회가 없었기 때문일 수도 있으나, 당시의 관료들은 언문을 배우려는 적극적 노력을 하지 않았던 듯하다. 최만리 등이 올린 언문 반대 상소문에 담긴 언문 경시는 양반층 지식인의 생각을 대변했던 것으로 짐작된다.

그러나 세종은 조정 관리들도 정음을 알아야 한다고 생각했다. 훈민정음을 반포한 지 한 달이 되는 세종 28년(1446) 10월 10일에 대간(臺諫)들이 임금에게 상소문을 올렸다. 상소문 내용에 앞뒤가 맞지 않는 문제가 있다고 생각한 세종은 신하들이 임금을 속인 일이라고 여겼다. 이에 세종이 "대간의 죄를 일일이 들어 언문(諺文)으로 써서, 환관 김득상에게 명하여 의금부와 승정원에 보이게 하였다."[03] 같은 날(1446.10.10)에 집현전의 이계전, 최항, 박팽년, 성삼문, 이개 등 여러 명이 대간에 대한 처벌을 거두어 달라고 아뢰자, 수양대군이 이들에게 임금이 의금부에 유시한 언문서를 내어 보이었다. 이 언문서에는 대간의 죄상이 적혀 있었다. 1446년 10월 13일에도 세종이 언문서 몇 장을 대신들에게 보여 주며 "경 등이 내 뜻을 알지 못하고서 왔으

---

03. 《세종실록》 28년 10월 10일. 이 상소는 세종이 소헌왕후의 명복을 빌기 위해 대자암에서 행한 불사에 관련된 것이어서 세종의 심기를 크게 건드린 것으로 보인다. 10월 13일 실록 기사의 세종과 하연이 나눈 대화에 자세한 내용이 기술되어 있다.

니, 만약 이 글을 자세히 본다면 알 수 있을 것이다"라고 하였다.[04] 왕이 내린 언문 유시를 읽지 못해 그 뜻을 받들지 못하는 신하의 처지가 어찌 될 것인가를 상상해 보면, 세종이 자신의 뜻을 언문으로 써서 신하들에게 보인 의도는 분명하다. 신하들이 언문을 배우도록 압박한 것이다. 이 언문 유시를 쓴 때는 훈민정음의 완성(1446.12)보다 두 달 정도 앞선다. 훈민정음이 어떤 것인지, 어떤 용도로 쓸 수 있는지 그 효용성을 신하들에게 알리려는 것이 세종의 의도였을 것이다.

(3) 세자의 서연에서 훈민정음을 강의

세종 29년 11월 14일조에 이석형이 세자의 서연(書筵)을 충실히 하기 위해 글을 올렸다. 이 상서에 "지금 서연관(書筵官)이 열 사람이고, 언문(諺文)과 의서(醫書)를 제하면 겨우 신 등의 여섯 사람이 윤차로 진강(進講)하옵는데"라는 말이 보인다. 동궁을 가르친 서연 과목에 '언문'이 포함되어 있음을 알려 주는 말이다. 서연은 국가의 가장 중요한 교육제도 중의 하나이다. 이 서연에 '언문' 과목이 설강(設講)된 것은 훈민정음의 학습을 확산시키는 일정한 영향을 미쳤을 것이다. 세자에게 서연에서 훈민정음을 가르쳤다면, 당시 주요 교육 기관이었던 성균관의 유생들도 《훈민정음》이란 책을 이용해 문자를 만든 이치를 배웠음 직하다.

(4) 훈민정음으로 사서를 번역

《논어》, 《맹자》, 《대학》, 《중용》이란 사서(四書)는 유학(儒學) 공부의

---

04. 세종 31년 6월 20일조에도 신하들에게 보이는 글을 언문으로 쓴 것이 거의 20장이 넘었다는 기록이 있다.

기본 서적이었다. 세종대왕은 훈민정음을 창제한 후 사서를 훈민정음으로 번역하는 사업을 시작했다. 직제학 김문이 임금의 명을 받아 사서 번역 일을 하다가 죽었다. 이에 세종대왕은 상주목사로 외직에 나가 있던 김구를 집현전으로 불러들여 훈민정음으로 사서를 번역하게 하였다.[05] 그러나 이 번역 사업은 세종 당대에 이루어내지 못하고 선조 대에 가서 완성된다. 사서를 훈민정음으로 번역케 한 것은 유학을 공부하는 선비들이 훈민정음을 익혀 보다 쉽게 사서의 가르침을 배울 수 있도록 한 조치이다. 여기에는 유학의 사상을 널리 보급하려는 뜻은 물론이고 사서를 공부하는 지식인층에게 훈민정음을 보급하려는 세종의 의도가 담겨 있다.

궁중에서 시행된 네 가지 훈민정음 교육 정책은 세자와 조정의 대신을 비롯한 양반 지식인층을 대상으로 한 것이라는 점에서 공통적 특징을 갖는다.

2) 과거시험에서

(1) 이서 선발 시험에 훈민정음 과목을 부과

세종대왕은 정음 창제 직후에 관청의 실무를 담당한 이서(吏胥) 10여 명에게 이 문자를 익히도록 하였다(세종 26년의 최만리 상소문). 정음 반포(1446.9) 이후에는 이서를 선발할 때 훈민정음을 시험하도록 하였고(1446.12.26), 함길도 및 각 관아의 관리를 선발할 때 정음을 먼저 시험하여 합격한 자에게 다음 시험의 응시 자격을 주라고 명했

---

05. 세종 30년(1448) 3월 28일 기사.

다(1447.4.20). 세종의 이러한 조치는 이서들에게 한글을 가르쳐 관아의 이두 문서를 언문 문서로 대치하기 위함이었다. 그러나 세종의 뜻은 세종 사후에 계승되지 않았고, 관청의 이두문 공문서는 갑오개혁 때까지 계속되었다.

(2) 문과 초장 시험에서 훈민정음을 강설하도록 함

세조 6년(1460)에 예조에서 과거시험의 대표격인 문과의 초장(初場) 시험에 훈민정음 과목을 두자는 계문(啓文)을 임금께 올렸다.[06] 이때의 '훈민정음'은 《훈민정음》 해례본을 가리킨다. 이 책의 내용을 외고 그 뜻을 풀이하는 시험 과목을 문과 시험에 부과한 것은 의미 있는 정책이다. 그러나 이 제도가 얼마나 오래 시행되었는지는 그 뒷날의 기록이 없어서 알 수 없다. 짐작컨대 당시의 한문 숭배의 풍토로 보아 그리 오래 계속되었을 것 같지 않다.

3) 성균관에서

세종 29년에 예조에서 성균관 학생들의 시험 과목에 대한 상서(上書)를 임금께 올렸다.[07] 예조의 이 상서에 성균관 학생들에게 사서(四書)와 아울러 《훈민정음》과 《동국정운》을 시험 과목에 부과하는 내용이 있다. 이 기록은 성균관 학생들이 《훈민정음》 해례본을 교재로 삼아 그 원리를 공부하였고, 이에 대한 시험을 치렀음을 의미한다. 안동에서 발견된 《훈민정음》 해례본은 이 시기에 성균관에 가서

---

06. 세조 6년(1460) 5월 28일 기사.

07. 세종 29년(1447) 9월 17일 기사

공부했던 유생들이 고향에 돌아갈 때 가져간 교재였을 것이다. 그러나 이런 시험 제도가 얼마나 오래 지속되었는지 그 뒷날의 기록이 없어서 알 수 없다. 성균관의 이런 교육 과정은 지방의 향교 등 다른 교육기관에도 영향을 미쳤을 듯하나 관련 증거를 찾을 수 없다.

세종은 중인층에 대한 훈민정음 보급을 위해 이서(吏胥) 선발 시험에 훈민정음 과목을 두었으며, 성균관 학생의 시험과목에 《훈민정음》을 두었다. 세조는 양반 지식층 관리를 선발하는 문과 시험에서 훈민정음의 강설을 부과했다. 이 정책들은 행정 실무를 담당하는 하급 관리와 문과 시험을 치러야 하는 고급 관리들이 훈민정음을 배우도록 한 조처였다. 우리는 훈민정음 교육이 한때는(세종~세조) 국가 정책의 하나로 시행되었음을 확인할 수 있다.[08]

4) 한글 문헌의 편찬과 한글 가사의 창작

(1) 《용비어천가》의 창작과 편찬

세종은 새로 만든 문자를 시험적으로 운용해 보고, 이 문자의 권위를 높이기 위해 국가적 간행 사업에 훈민정음을 활용하였다. 그 대표적인 서적이 《용비어천가》이다. 《용비어천가》는 조선 왕실의 조상(목조, 익조, 도조, 환조, 태조, 태종) 6대의 사적(事跡)을 중국 역대 제왕들의 행적과 고사(故事)에 상응시켜, 한글 시와 한문 산문에 담은 것이다. 125개 장의 한글 시와 이를 한문으로 번역한 한시(漢詩)가 본문으로 되어 있고, 각 장마다 한문으로 사적에 대한 풀이를 주해 형식으

---

08. 한글 학습과 관련된 16세기의 자료와 기록은 발견하지 못하였다.

로 붙였다. 《용비어천가》는 훈민정음 창제 이전인 1442년과[09] 이 문자를 반포한 1446년 사이에 편찬되었고, 간행은 1447년에 이루어졌다.[10] 세종은 정음 창제 이전에 벌써 《용비어천가》의 편찬을 계획하고 있었던 것이다. 1443년 12월에 정음 창제 기사가 나타나는 점을 고려하면, 세종은 정음 창제 작업을 진행하던 도중(1442년 3월)에 정음으로 《용비어천가》 노래를 지으려고 생각했음을 알 수 있다. 새로 만든 훈민정음으로 조선 왕조의 개창에 큰 공을 세운 태조 등의 위업을 찬양한 《용비어천가》를 《훈민정음》 해례본보다 먼저 완성한 것이다. 훈민정음과 왕실의 권위를 서로 결부시킨 출판 사업이라는 점에서 훈민정음을 권위를 높이려는 세종의 뜻을 엿볼 수 있다. 《용비어천가》의 125개 가사를 본문으로 삼아 큰 글자의 정음으로 표기하고, 주석문에는 작은 크기의 한문을 사용한 점은 훈민정음의 위상을 높이려는 세종의 의도에서 나온 것이라 할 수 있다. 여기에는 한문만 존중하는 당시의 식자층이 새 문자 훈민정음을 가벼이 여기지 못하게 하려는 세종의 뜻이 담겨 있는 듯하다.

(2) 한글 불교서 《석보상절》 편찬과 《월인천강지곡》 창작

1446년에 세종대왕의 왕비 소헌왕후가 세상을 떠나자(1446.3.24)

---

09. 《세종실록》에서 '龍飛御天歌'를 검색해 보니 세종 24년(1442) 3월 1일 기사에 처음 나타난다. 이 기사에 태조 이성계가 남원 운봉에서 왜구를 소탕한 위업을 세종이 스스로 말하면서 경상도와 전라도 관찰사에게 이와 관련된 사실을 알고 있는 노인을 찾아내어 사적을 조사하라고 명하였다. 이 기사의 끝에 "이때에 임금이 바야흐로 《용비어천가(龍飛御天歌)》를 짓고자 하여 이러한 전지를 내린 것이었다"라는 사평(史評)이 붙어 있다.

10. 세종 27년(1445) 4월 5일 실록 기사에 권제, 정인지, 안지 등이 《용비어천가》 10권을 올렸다는 내용이 있다. 올리면서 바친 전(箋)에 "옛일을 증거로 하고 노래는 나랏말(國言)을 쓰고, (노래에 연계된) 시(詩)를 지어 그 말을 풀이하였습니다"라고 했다. 《훈민정음》 해례본의 완성(1446.9) 이전에 《용비어천가》를 먼저 완성한(1445.4.5) 것이다.

망자의 명복을 빌기 위해 세종은 아들 수양대군과 문신 김수온으로 하여금 《석보상절》(釋譜詳節)을 편찬하게 했다. 이 책은 부처의 일대기를 이야기 형식의 정음 문장으로 쓴 것이다. 이 책이 완성되자 세종대왕은 친히 부처의 공덕을 칭송한 시가(詩歌) 《월인천강지곡》(月印千江之曲)을 정음으로 짓고 가사에 곡(曲)을 붙여 부르게 했다. 이 두 책은 1447년에 간행된 것으로 추정된다.

조선왕조가 유교를 숭상하기는 했지만 불교는 백성들의 삶에 여전히 큰 영향을 미치고 있었다. 불교의 가르침에서 가장 중요한 부처님의 생애를 정음 문헌에 담아 간행하였고, 세종 스스로 부처님 찬양시를 정음자로 지은 것이다. 이런 책의 간행은 반포 초기의 훈민정음 보급에 상당한 영향을 미쳤을 것이다. 비록 제한된 범위였다 하더라도 정음자로 지은 가사를 백성들이 접하게 됨으로써 새 문자는 점점 널리 알려지게 되었을 듯하다.

2. 한글의 확산과 보급 과정

궁중에서 한글이 확산되어 간 양상을 《조선왕조실록》의 기사를 통해 알아보고, 이어서 지방에서 간행된 한글 문헌을 통해 한글의 지역적 확산 과정을 논한다. 그리고 사회 계층적 관점에서 한글이 상층에서 하층으로 확산되는 양상을 고찰한다.

1) 궁중의 한글 사용 확대

세종대 이후 연산군(재위 1494~1506)까지의 《조선왕조실록》 기사를 통해 궁중 생활에서 한글이 어떻게 활용되었는지 알아보자.

(1) 양녕대군의 한글 편지

《조선왕조실록》에서 세종대 이후, 한글 사용을 알려 주는 최초의 기록은 양녕대군과 관련되어 있다. 문종 1년(1451) 11월 17일 기사에, 양녕대군이 조카 문종에게 언문(諺文)[11] 편지를 썼다는 내용이 있다. 이 편지의 내용은 귀양살이 중인 김경재가 서울로 돌아와 딸을 시집보낼 수 있도록, 양녕대군이 문종에게 청한 것이다. 이것은 남성 왕족 간에 오고간 한글 편지라는 점에 그 의의가 있다. 양녕이 한글로 편지를 쓴 까닭은 정음자를 익히지 못한 사람이 많았던 당시 상황에서 비밀스럽게 이 일을 처리하기 위함이었을 것이다.

(2) 궁녀들의 한글 사용

조선시대에 한글 사용의 주체로서 여성은 중요한 역할을 하였다. 여성이 한글을 사용한 최초의 기록은 단종 1년(1453)에 나타난다. 같은 해 4월 2일에 수강궁의 어느 시녀가 궁중 무관인 별감(別監)과 사통한 사실이 있다고 시녀 묘단이 혜빈에게 한글 문장으로 고자질하였다. 이에 조정에서는 그 글을 승정원에 내려 처결토록 하였다.[12]

---

11. 언문(諺文)은 한글을 가리키는 조선 시대의 일반적 용어였다.

12. 같은 해 4월 14일조에는 관련 당사자를 조사하는 과정에 시녀인 '중비', '자금', '가지', '월계'가 월계의 방에 모여서 언문으로 서신을 써 별감 '부귀'에게 보냈다는 기록이 보인다.

여성이 한글을 사용한 첫 기록이 궁중 시녀와 별감 간의 '사통'(私通)으로 시작된 것이 흥미롭다. 혜빈을 비롯하여 묘단과 중비 등 시녀들까지 한글로 글을 쓸 정도였던 것으로 보아, 당시 궁내의 여성들 중 적지 않은 수가 한글 문해력을 가졌던 것으로 보인다.

이 사건이 일어난 1453년 4월이면 훈민정음이 반포된 지 6년 반정도 되는 때이다. 결코 길다고 할 수 없는 이 기간에 궁중의 시녀들이 이 문자를 배워 편지글을 썼다는 점이 주목된다. 이 사실은 훈민정음이 여성들에게 환영받았으며 또한 여성들이 적극적으로 배웠음을 의미한다. 문자로써 자기의 생각과 감정을 한 번도 표현해 보지 못했던 궁녀들에게 그것을 가능하게 해 준 한글은 고마운 존재였을 것이다. 한자를 모르는 문자 소외 계층이 한글을 통해 문자생활을 누릴 수 있게 된 것은 역사적 의미가 크다. 스스로의 생각을 문자로 표현할 수 있게 되었음은 물론 읽기를 통해 지식과 정보 획득이 가능하게 되었기 때문이다. 세조 14년 5월 12일 기사에 "임금이 사정전에서 8명의 기녀에게 언문 가사를 주어 부르게 하였으니곧 세종이 지은 월인천강지곡이라"고 하였다. 이 기록은 궁내에서 일한 기녀들도 언문을 읽을 수 있었고 가사 내용을 이해했음을 보여 준다. 세조 11년(1465) 9월 4일 기사에는 궁녀 덕중이 귀성군 이준을 연모하는 편지를 언문으로 써서, 환관 최호를 통해 이준에게 전하였다는 내용이 있다. 남녀 간 연모의 정을 한글로 쓴 것은 한글이 섬세하고 미묘한 마음을 표현하는 데 유용하였음을 뜻한다.

궁중에서 행해지는 각종 의례에 한글로 작성한 문서가 있다. 궁궐에 거주하면서 왕후와 비빈을 돕고 의례 행사를 뒷바라지한 내명부의 상궁 등 여관(女官)들도 언문을 사용했다. 의례 문서에 여관의 이름(샹궁 니시)이 적힌 것도 있는데, 이는 한글에 익숙한 궁중 여관을 위해 한글로 작성된 것이다(김봉좌 2011: 174-178). 궁중 여성이 직무상 행하는 일에도 언문 문해력이 필요했던 것이다.

(3) 왕비와 대비의 언문 교서

조선시대의 여성은 정치권력에서 소외되었지만 수렴청정이라는 특수 상황에서 대비가 중요한 정치 행위에 관여하였다. 왕이 어린 나이로 즉위했을 때 대비가 일정 기간 동안 수렴청정을 하였는데, 이런 시기에 대비가 언문서를 통해 국정에 참여하였다. 대비가 내린 문서는 언문으로 작성되었으며 '언문 교서' 또는 '언문서'라 불렸다. 이 언문 교서는 한문으로 번역되어 실록에 실리기도 했다.

내전의 왕비나 대비가 한글을 쓴 기록으로 가장 빠른 것은 세조 4년(1458) 8월 24일 조에 김분과 김린의 옥사(獄事)를 논할 때, 중궁(中宮)이 자신의 의견을 한글로 지어 임금께 올린 일이다. 성종 1년(1470) 3월 9일조에도 "내전에서 나온 언문에 그 당시 경신옹주가 그 어머니에게 불순하던 모양과 세조가 처결한 사유가 실렸다"는 기록이 보인다. 《성종실록》에는 언문 관련 기사가 19건이 나온다. 그 대부분이 윤씨 폐비 문제와 관련하여 중궁과 대비가 자기의 생각을 한글로 적어 올리거나 윤씨의 시녀 및 사가(私家)의 비복(婢僕)이 한글 편지로 모의한 내용에 관한 것이다. 이때 오고간 한글 편지는 뒷날 연산군 때 익명의 언문 투서(연산 10년, 1504년 7월)로 인해 발생한 형옥(刑獄)과 관련되어 많은 사람을 곤경에 몰아넣게 된다. 이밖에도 명종대의 문정대비, 인조대의 인목대비, 영조대의 인원대비, 정조대와 순조대의 정순대비가 언문서로 국정에 관여한 사례가 다수 확인된다.[13]

(4) 연산군대의 언문 투서 사건과 한글 수난

연산군 10년(1504년 7월 20일)에 왕의 폭정을 비난한 익명의 언문 투서 사건이 발생하였다. 사건 발생 당일에 연산군은 "앞으로는 언문을 가르치지도 말고 배우지도 말며, 이미 배운 자도 쓰지 못하게 하며, 모든 언문을 아는 자를 한성의 오부(五部)로 하여금 적발하여 고하게 하되, 알고도 고발하지 않는 자는 이웃 사람을 아울러 죄 주라"는 영을 내렸다. 이때부터 연산군이 폐위되는 1506년 8월 말에 이르기까지[14] 2년 동안에 걸쳐 투서자 검거를 위한 광란적 수사가 진행되었다. 도성의 문을 모두 닫아걸고 범인 색출이 시작되었다. 가장 먼저 잡혀 들어온 이는 의녀 신분인 개금, 덕금, 고온지였다. 이들을 국문하였으나 범인을 찾지 못하자, 가택 수색을 하여 이들이 쓴 한글 편지를 다 압수하여 조사하였고, 남편과 가족까지 잡아가 고문을 가하였다. 의금부 관리들은 언문을 아는 자에게 필적을 제출하게 하여 필체를 대조하였다. 조금이라도 의심이 가는 자나 무고하게 고발된 사람들까지 잡아들여 형장을 받게 하니, 감옥에 억울

---

13. 자세한 내용은 백두현(2003: 172-187)에 정리된 실록의 기사 목록을 참고하기 바란다.

14. 연산군의 폐위와 중종의 즉위는 연산군 12년(1506년) 9월 2일에 이루어졌다.

한 사람들이 가득 차고 죽어 나가는 자가 무수하였다. 이때 잡혀가서 고초를 당한 사람들의 성명이 《조선왕조실록》에 기록되어 있다. '도야지', '돌비'처럼 성이 없는 이름이 있는가 하면, '김인령', '김세훈' 등과 같이 성명 석 자가 번듯한 사람도 있다. 노비 신분의 하층민과 양인 이상 신분을 가진 사람들이 망라되어 있었던 것이다. 1504년에 이 사건이 일어났으니 훈민정음이 반포된 지 58년 되던 해이다. 약 반세기 만에 한글이 서울 도성의 일부 백성들에게 전파되어 사용되었음을 확인할 수 있다.

그러나 연산군 때에도 언문으로 역서(曆書)를 번역한 일(연산 10년 12월 10일), 궁녀의 제문을 번역한 일(연산 11년 9월 15일), 대비의 생일에 올린 글을 언문으로 번역한 일(연산 12년 6월 24일), 언문을 아는 여자를 궁녀로 뽑은 일(연산 12년 5월 29일) 등에서 보듯이 한글이 여전히 활용되고 있었다.

(5) 승려의 한글 사용

《조선왕조실록》에 승려로서 한글 사용의 최초 기록을 남긴 이는 신미(信眉)이다. 불교를 억압한 조선 정부는 세역(稅役)을 지지 않는 승려의 숫자를 줄이기 위해 《금강경》과 《법화경》을 시험하여 강경(講經)에 능하지 못한 자를 환속시키려 했다. 이 말을 들은 승려 신미가 임금 예종에게 한글 편지를 써서 비밀히 아뢰었다.[15] "중으로서 경을 외는 자는 간혹 있으나, 만약에 강경(講經)을 시험하면 천 명이나 만 명 중에 겨우 한둘뿐일 것이니, 원컨대 다만 외는 것만으로 시험하

---

15. 예종 1년 6월 27일 기사.

게 하소서"라고 했다.

명종 14년 11월 9일 기사에는 승려 성청이 금원군 이영과 내통하며 부처에게 복을 빌었고, 성청이 대비의 한글 편지를 위조했다는 사건이 기록되어 있다.[16] 궁중의 보모상궁이라 자칭하는 여인이 임해군 이숙노의 집에 머물던 승려와 정기적으로 사통한 언간 10여 통이 발견되었다는 기사도 보인다(인조 4년 7월 7일). 이런 기록들은 한글에 익숙한 승려들이 한글 편지로 일반인과 소통한 사실을 알려 준다.

(6) 노비의 한글 사용

관아에 소속된 노비 혹은 서울에서 상업에 종사한 노비가 언문을 알고 있었다는 기록이 몇 개 발견된다. 1485년(성종 16년) 7월 17일에 서울 시전의 상인들이 저자를 옮긴 데 불만을 품고 언문으로 판서와 참판을 비웃고 헐뜯는 글을 호조판서 이덕량의 동생 집에 몰래 던진 사건이 일어났다. 이때 체포된 사람 중에 유막지라는 노비 신분의 사람이 언문을 알았다는 내용이 있다. 노비 등 하층민의 언문 사용에 대한 자세한 기술은 한글의 사회적 확산을 논하는 다음 절에서 후술한다.

위와 같은 실록 기사를 통해 다양한 신분의 사람들이 한글을 사용했음을 알 수 있다. 궁중에서는 신분의 귀천을 막론하고 한글이 다양한 용도로 생활에 활용되었다. 특히 궁중의 여성들에게 보다 적극적으로 이용된 것은 한글이 익히기 쉽고 궁중생활에서 한글 문해력이 필요했기 때문이다.

---

16. 성청(性淸)이 대비의 언문 서찰을 위조하여 경상도 관찰사 이감(李戡)에게 보내어 성청이 거주하던 절을 돌봐주게 하고자 하였으나 일이 발각되어 마침내 처형당했다.

2) 한글 사용의 지역적 확대

(1) 서울에서 간행된 한글 문헌

훈민정음의 보급을 살핌에 있어서 우리는 훈민정음으로 번역한 각종 서적의 간행에 특히 주목해야 한다.《훈민정음》,《용비어천가》,《석보상절》,《월인천강지곡》이 세종대에 나오고,《능엄경언해》,《법화경언해》 등 10종에 달하는 언해서가 세조대에 간행되었다. 성종 대에도《두시언해》,《구급간이방언해》,《삼강행실도》 및 불경 언해류가 나왔다. 불경 언해류의 간행은 호불(好佛) 군주가 뒷받침하는 왕실 사업의 성격을 띠고 있었으며, 의서(醫書)와 윤리 교화서(教化書) 등과 함께 언문 보급에 기여했다. 이러한 한글 문헌은 주로 식자층에 속한 사람들이 이용했기 때문에 식자층이 한글을 익히는 계기로 작용했을 것이다.

(2) 지방에서 간행된 한글 문헌

훈민정음이 창제된 후 서울 사람들에게는 이 문자가 비교적 빨리 알려졌겠지만, 지방과 시골의 경우는 더 늦었다. 훈민정음이 지방 거주민에게 전파되는 데는 상당한 시간이 걸린 듯하다. 당시 출판의 형편으로 보아 앞에서 언급한 불교서 등 한글 번역서가 지방에까지 널리 보급되기는 어려웠을 것이다. 전국적인 규모로 훈민정음이 전파된 과정과 그 시기를 정확히 밝히기는 어렵지만, 다음과 같은 사실을 토대로 대강의 시기는 파악할 수 있다.

훈민정음이라는 새 문자의 구체적 형태가 전국적으로 알려지게 된 계기는 성종 3년(1472)에 임금이 내린 한글 포고문일 것이다. 성종은 스스로 근검절약하는 뜻을 백성들에게 널리 알리고자 서울과 모든 도(道)의 여러 고을에 한글 포고문을 반포하였다.[17] 한글 반포 25년이 지난 1472년에 방방곡곡에 나붙은 한글 포고문은 지방민에게 새로운 문자의 존재를 알리는 데 기여했을 것이다. 임진왜란 중인 1593년에 선조가 백성들에게 반포한 한글 유서(諭書)는 16세기 말기에 한글이 백성들에게도 어느 정도 보급되었음을 암시한다.

지방에서 한글 문헌은 1500년 이후부터 간행되기 시작하였다. 16세기에 전라도와 경상도 등 지방에서 간행된 불교 언해서와 윤리 교화서들은 한글 보급이 전국적으로 확대되었음을 보여 준다. 16세기에 간행된 한글 문헌은 그 내용에 따라 다음 세 부류로 나뉜다.

첫째 불교서이다. 지방에서 간행된 최초의 한글 문헌은 경상도 합천 봉서사(현재의 해인사 원당암)에서 1500년에 간행한 《목우자수심결언해》이다. 이 책은 간경도감판(초간본 1467)을 덮새긴 것이다. 이런 한글 서적이 지방에서 간행된 것은 한글을 쓰고 읽을 수 있는 사람(승려 등)이 지방으로 확산되어 간 증거이다. 간경도감이 폐지된 이후 각 지역의 사찰이 불경 간행의 기능을 대신하게 되어, 16세기부터 지방의 여러 사찰에서 불교서 언해본이 나왔다. 《사법어언해》의 중간본은 충청도 고운사(1517), 황해도 심원사(1525), 전라도 송광사(1577) 등 각 지역에서 간행되었다. 그밖에도 많은 불교서가 지방에서 간행되었다.

---

17. 성종 3년 9월 경자(庚子).

둘째는 농사와 풍속 교화 및 질병 치료를 위한 한글 서적의 간행이다. 1518년에 경상도 관찰사 김안국은 《이륜행실도》,《여씨향약언해》,《정속언해》,《잠서언해》,《농서언해》,《벽온방언해》 등을 경상도에서 간행했다. 이는 원간본으로서의 한글 서적이 지방에서 간행된 최초의 사례이다. 또한 《간이벽온방》(1525), 《촌가구급방》(1538), 《분문온역이해방》 등의 의학서가 한글로 번역되어 지방에서도 간행되었다.

셋째는 초학자를 위해 한글 훈을 붙인 한자 자서(字書)의 간행이다. 《훈몽자회》(1527), 《천자문》(1529), 《유합》(1529),[18] 《광주천자문》(1575) 등은 초학자가 한자를 익히는 단계에서 한글을 배웠음을 의미한다. 이런 자서들이 한글 보급에 기여했음은 재론의 여지가 없다. 이 책들은 초학자의 한자 학습에 한글이 유용하게 활용된 증거이며, 어린 아동들이 한글을 익히는 데 도움을 주었을 것이다.

이 세 부류의 한글 문헌들은 지방에 거주하는 백성들에게 한글을 보급하는 데 일정한 영향을 미쳤을 것이다. 지방에서 간행된 한글 문헌은 16세기 초기부터 시작되어 16세기 중엽경에는 더 많이 간행되었다. 16세기 초에 지방 사회에 한글 보급이 점차 확대되기 시작하여 16세기 중엽 이후에는 한글을 쓰고 읽을 수 있는 사람이 전국적으로 늘어났음을 의미한다. 이 점은 후술할 언간(諺簡) 자료를 통해서도 확인된다. 따라서 필자는 16세기 중엽경이 한글 보급의 분수령이며, 지방 사회에도 한글 보급이 일정한 수준으로 진행되었다고 판단한다. 사회 계층적으로는 상층부인 양반가를 중심으로 한글

---

18.   1529년에 나온 《천자문》과 《유합》은 기록으로만 전한다.

보급이 이루어졌을 것이다. 지방의 하층민들도 한글을 어느 정도 알고 있었으나, 배운 시기를 밝혀 말하기는 어렵다.

(3) 윤음의 반포

윤음(綸音)이란 왕이 백성들에게 내리는 글이다. 왕이 관리나 백성들을 상대로 어떤 정책을 호소하거나 위무 경계하려 할 때 윤음을 반포했다. 윤음의 내용은 진휼(賑恤), 위무(慰撫), 계주(戒酒), 척사(斥邪), 양로(養老), 권농(勸農) 등이다. 특히 심한 흉년이나 전염병 등으로 재해가 극심하여 민생이 도탄에 빠졌을 때 민습 수습을 위해 윤음을 반포하였다. 당시의 가장 시급한 사태를 수습하기 위한 수단으로 한글 윤음을 활용한 것이다. 왕이 내린 윤음의 실제 집행은 지방 관아의 관찰사, 군수, 현감 등 지방관들의 몫이었다. 이러한 전달 과정을 거치면서 윤음은 한글의 지역적 확산에 기여했을 것이다. 백성들에게 임금의 뜻을 한글 문장을 통해 널리 펼쳤던 첫 번째 시도는 성종대에 있었다. 성종 3년(1472) 9월 7일 의정부의 건의에 따라, 임금이 절검(節儉)에 힘써 몸소 행하고 이를 이끌겠다는 글을 한글로 번역하여 한성부와 모든 도의 여러 고을에 반포해서 관문(關門)과 장시(場市), 촌락 거리에 걸어두게 하였다. 한글 반포 후 25년이 지난 때에 반포된 성종의 담화문은 방방곡곡에 한글의 실체를 널리 알리는 데 기여했을 것이다. 그러나 이 문서는 현재 전하지 않는다. 왕이 백성들에게 내린 한글 문서로서 한글 본문이 남아 있는 가장 오래된 문서는 임진왜란 도중에 선조가 반포한 한글 유서(諭書)이다. 이 문서

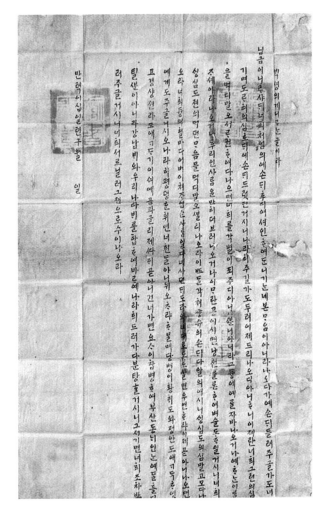

한글 윤음의 성격을 띤 선조의 한글유서

《조선전기국보전: 위대한 문화유산을 찾아서》, 호암미술관, 1996, 123쪽).

의 제목은 '빅셩의게 니르는 글이라'로 되어 있어서 후대의 윤음과 차이가 있다.

왕대 별로 반포한 '윤음 언해'의 건수를 계산해 보니 성종대 1건, 중종대 1건, 선조대 1건,[19] 영조대 2건, 정조대 25건(언해가 없는 3건을 합치면 28건), 고종대 3건으로 모두 33건(언해 없는 것을 포함하면 도합 36건)이었다. 정조가 가장 적극적으로 사민들과 소통하려고 노력했음을 이 수치를 통해서도 알 수 있다.

3) 한글 사용의 사회 계층적 확산

한글 사용의 지역적 확산과 아울러 사회 계층적 확산에 대한 이해도 필요하다.

(1) 사대부가 여성의 경우

한글 창제 이후 이 문자가 일상생활에서 가장 많이 활용된 분야는 편지이다. 한글 편지는 흔히 '언간(諺簡)'이라 불린다. 한문 편지가 거의 대부분 남성의 전유물이었던 사실과 달리, 한글 편지는 남녀가 함께 이용한 문자 생활 수단이었다.[20] 언간은 주로 여성들이 쓴 것으로 생각하는 경향이 있으나, 현전하는 한글 편지의 발신자와 수신자를 검토해 보면 남성이 발신자이고 여성이 수신자인 비율이 상당히 높다.[21]

---

19. 선조 대 이전의 3건은 모두 '윤음'이란 명칭을 달고 있지 않다.

20. 남성과 여성이 두루 쓴 한글 편지는 16세기 중엽 이후부터 많이 나타난다.

21. 백두현(2005)에 의하면 어머니가 딸과 아들에게 보낸 언간이 39.5%로 가장 많다.

현재 실물이 전하고 있는 언간 중에서 비교적 이른 시기의 것을 살펴보면 다음과 같다.[22] 〈나신걸언간〉(신창맹씨묘 출토 언간)은 현전하는 언간 중에서 시기가 가장 이른 것으로, 1490년경에 무관 나신걸(1461~1524)이 쓴 것이다(배영환 2012). 〈순천김씨언간〉은 1560년대에서부터 1580년대에 걸쳐 쓰여졌다. 순천김씨와 그의 딸이 쓴 편지가 대부분이다(조항범 1998: 23). 송강 정철 집안의 언간은 정철의 어머니 죽산 안씨(1495~1573)가 아들에게 쓴 것 3매(1571, 1572), 정철이 부인에게 쓴 것 3매(1571, 1573, 1593), 정철의 부인 유씨가 아들에게 쓴 편지가 1매(연대 미상)이다. 이응태(1556~1586)의 부인이 남편의 죽음을 애도하며 관 속에 넣은 편지는 1586년에 쓴 것이다. 김성일(1538~1593)이 쓴 편지 1매는 김성일이 경상우도 초유사로 산청에서 활동하던 1592년 12월 24일에 안동의 납실에 있던 아내 안동권씨(1538~1623)에게 보낸 것이다. 〈현풍곽씨언간〉은 전체 분량이 176매인데 곽주(1569~1617)가 쓴 것이 106매로 가장 많다. 대부분이 그의 아내 하씨에게 보낸 편지다. 이 편지들은 1602년과 1652년 사이에 쓴 것이다.

현재 전해지는 위의 언간 자료로 볼 때 16세기 후기 지방에 거주하는 양반가의 남성은 물론 부녀자들도 한글 사용에 능통한 사람이 적지 않았음을 알 수 있다.

(2) 중인층의 경우

동서고금을 막론하고 고대 및 중세 사회에서 문자는 통치자와

그리고 아내, 어머니, 며느리가 수신자 역할을 한 비율은 40.5%이다. 이 수치는 언간의 수수 관계에서 어머니와 아내로서의 여성이 가장 중요한 역할을 했음을 보여 준다.

22. 여성의 역할에 초점을 두고 간략히 서술하였다.

그에 봉사하는 식자층의 전유물이었다. 그러나 한글의 경우는 다르다. 피지배층인 하층민이 한글로 직접 쓴 기록이 실록 기사 등에 나타나 있어서 하층민이 한글 사용에서 배제된 것은 아님을 알 수 있다. 양반층 이하 하층민의 한글 사용에 관한 기록을 살펴보면서 한글의 계층적 확산 과정을 검토해 본다.

중인층의 한글 사용 사례는 해남윤씨 문서에서도 찾을 수 있다. 윤선도는 봉림대군과 인평대군의 사부였다. 윤선도가 병이 났을 때 대군이 사부에게 물품을 보내었는데, '장무'(掌務) 직책의 '니튱신'(이충신)이 1665년에 한글로 쓴 송기(送記)가 해남윤씨가 문서에 남아 있다 (남풍현 1996: 29). '장무'는 중인 또는 무관이 담당한 직책이므로 이 자료는 중인층의 한글 사용 사례가 된다.

중인층에 속한 서리나 아전도 한글 편지를 썼다. 병조에 소속된 서리 서응상이 대비전의 나인들과 주고받은 언문 편지 한 통이 국청에 내려져 수사의 대상이 되었다.[23] 서리가 쓴 편지의 실물은 희귀하다. 백두현(2015)에서 예천군의 경주인(京主人)으로 서울에 파견되어 근무하던 이서(吏胥) 이인채가 예천군의 상전에게 보낸 언간을 소개한 바 있다. 판소리 가사를 집대성한 신재효(1812~1884)의 신분 역시 고창군의 향리였다. 행정 실무를 담당한 향리층은 상위 계층은 아니었지만 한문과 이두문 그리고 언문까지 구사한 다중 문자 사용자였다. 경아전의 서리와 외아전(지방 관아)의 향리들은 모두 신재효와 같은 수준이었을 듯하다.

---

23. 광해 6년 1월 7일 기사.

(3) 노비 등 하층민의 경우

《조선왕조실록》 기사에 노비가 언문서를 쓴 기록이 드물게 나타난다. 성종 21년(1490) 11월 13일 기사는 정진, 정회, 정수 3형제가 이복모 누이인 수춘군의 아내를 사주해서 거짓 소장을 올린 사건을 조사한 결과가 실려 있다. 수춘군의 아내가 올린 소장은 정회가 소유한 종의 남편(婢夫) 정의손이 대필한 위조문서였다. "수춘군의 아내가 언문 서장(書狀)의 내용을 나에게 보여 주었으므로, 그것을 가지고 내가 진서(眞書)로 번역하여 금부에 글을 바쳤고, 추납(推納)한 장초(狀草)는 곧 진서(眞書)로 기초(起草)한 것을 가지고 언문으로 번역한 것입니다"[24]라고 정의손은 말하였다. 정의손은 신분이 종의 남편임에도 불구하고 진서(漢文)와 언문을 모두 쓸 수 있는 인물이다. 정의손의 출계가 실록 기사에 나와 있지 않으나, 정황으로 보아 정진 등 3형제의 아버지인 정자제가 비녀(婢女)를 사통하여 낳은 자식인 듯하다. 그렇지 않고서야 비부(婢夫)인 정의손이 한문과 언문에 능통할 수 없었을 것이다. 노비 신분이 문자를 배우게 된 동기를 미루어 짐작케 한다.

연산군대의 언문 투서 사건에 연루되어 검거된 사람 중에는 노비로 짐작되는 이름이 여럿 있다. 서울 거주 노비 중에 언문 문해자가 있었음을 보여 준다. 앞에서 언급한 유막지는 서울 시전 거리에서 상업에 종사한 노비 신분으로 언문을 잘 알고 있었던 사람이다. 《중종실록》에는 승려가 관노비와 한글 편지를 주고받은 사건도 나타나 있다. 은수라는 승려가 죄를 지어 문초를 받았는데 "서울 사는

---

24. 성종 21년 11월 13일 기사.

내수사의 노비 윤만천이 언문으로 된 편지를 나에게 보내왔는데, 그 내용 중에 여러 차례 짚신을 보내 주어 대단히 감사하니 한 번 와서 서로 만났으면 한다고 하였습니다"[25]라는 내용이 있다. 내수사의 노비 윤만천이 승려 은수에게 한글 편지를 써 보냈음을 알려주는 기록이다. 경아전 관노 윤만천이 언문 편지를 썼다는 것이다. 성과 이름자를 반듯이 갖춘 점으로 보아 윤만천의 원출(原出) 가계는 노비가 아닐 수도 있다. 관청 일 혹은 상업에 종사한 관노(官奴)와 사노(私奴)는 직무상의 필요에 의해 언문을 배웠던 것이다. 사노 유막지와 관노 윤만천의 경우는 하층민이 언문 문해력을 갖게 된 배경을 알려준다.

노비의 한글 사용을 암시하는 실물 증거도 남아 있다. 양반이 노비 등 하층민에게 준 문서를 통해 간접적으로 하층민의 한글 문해 능력을 엿볼 수 있다. 해남윤씨가에 소장된 한글 배지(牌旨) 3매가 《고문서집성》(3권)에 수록되어 있다. 한글 문서를 노비에게 준 사실을 근거로 그 노비의 한글 문해 능력을 단정할 수는 없다. 하지만 전답 매매문서의 중요성과 한글 습득의 용이함으로 볼 때 그 가능성은 충분히 있다. 충청도 회덕 은진송씨가의 한글 문서 중에는 송규렴(1630~1709)이 그의 노복 '긔튝이'에게 보낸 한글 편지가 있다. 이 자료는 노복의 한글 해득 능력을 암시하지만 누군가 읽어 주었을 가능성도 있다.

하층민의 한글 사용 가능성을 뒷받침해 주는 다른 자료도 있다. 한글 필사본 《재조번방지》(再造藩邦志)에는 전라도에서 재인(才人)으로

---

25. 중종 34년 5월 21일 기사.

활동하던 인물이 일본군 장수가 되어 정유재란 때 조선에 들어와 투항할 기회를 찾다가 뜻을 이루지 못하자, 옛 고향을 찾아 그 주춧돌에 언문으로 자신의 회포를 적었다는 이야기가 있다. 임진왜란 당시 천민 계층에 속한 재인이 한글을 해득하고 있었다는 이야기이다. 이 책에는 왜적의 동정을 탐지하기 위해 '니신퇑'이란 자를 적진에 보내어 정보를 탐지하고 이를 한글로 적은 문서 이야기도 실려 있다(권5, 1장). '니신퇑'이란 자는 일개 병사였을 것이다. 하층민에 속한 이런 사람들이 한글을 읽고 쓸 수 있었다는 것은 한글 보급이 양반층에 국한된 것이 아니라 16세기 말에는 하층민에게로 확산되었음을 보여 준다. 17세기 초기의 〈현풍곽씨언간〉에도 양반인 곽주가 노복 '곽샹이'에게 병든 말을 치료하도록 지시하는 편지가 있다. 이런 자료들은 노복 중의 일부가 한글 해득이 가능했음을 암시한다.

(4) 승려들이 쓴 한글 편지와 대중을 위한 불교 포교서의 간행

승려들도 한글 편지를 썼다. 《조선왕조실록》에는 궁중 여성과 승려가 언간을 주고받았다는 기록이 여러 곳에 보인다. 궁중 나인의 언문 서간이 먼 절간까지 전해지고 있는 사실을 홍문관 부제학 김귀영이 상소문에서 언급한 것이 있고(명종 20년 10월 10일). 광해군 때의 보모상궁이 임해군 이숙노의 집에 머물던 승려와 정기적으로 사통하며 언간 편지 10여 통을 주고받았다는 기록(인조 4년 7월 7일)도 있다.[26] 궁중 여성과 승려 간의 교신이 한글 편지를 통해 이루어졌던 것이다.

그런데 궁중 나인과 승려 간에 오간 한글 편지는 그 실물이 전하지 않는다. 승려가 쓴 한글 편지로 현재 실물이 전하고 있는 것은 설훈이란 화승(畫僧)이 스승에게 보낸 글이다. 화승 설훈의 한글 편지는 충청도 서산 문수사 청련암의 〈지장보살도〉의 복장에서 나왔다. 탱화 제작에 소요된 금가루와 명주를 구하는 사연이 내용 중에 들어 있고, 편지 끝에 '甲午二月初五日 弟子雪訓 伏地'(갑오년 이월 초오일에 제자 설훈이 엎드려 사룁니다)라고 편지를 쓴 연월일을 기록해 놓았다. 이 탱화의 제작 연대가 1774년이므로 편지 말미에 나오는 '甲午'는 1774년에 해당한다. 이 편지가 발견됨으로써 승려의 한글 편지 실물이 확인된 셈이다.

사찰에서 대중을 독자층으로 하여 간행한 한글본 불교 포교서 《염불보권문》도 한글 사용의 확대라는 점에서 주목할 만하다. 《염불보권문》은 18세기 벽두부터 18세기 말기까지 전국의 여러 지역에서 여섯 번이나 간행되었다. 예천 용문사판(1704), 대구 동화사판(1764), 황해도 은율 흥률사판(1765), 평안도 영변 용문사판(1765), 합천 해인사판(1776), 전라도 무장 선운사판(1787)이 그것이다. 이 책의 한글 문장에는 간행 지역의 방언이 반영되어 있다. 이 책의 초간본이 1704년에 경북 예천이라는 벽지에서 간행되어 시골의 하층민 중에 한글 문해자가 있었음을 암시한다.

---

26. 백두현(2004)에 실린 부록 참고.

3. 한글 드디어 나랏글이 되다

한글이 비록 1446년에 반포되었지만 국사의 기록, 관청의 행정 문서 작성 문자로는 쓰이지 못하였다. 한문은 여전히 가장 권위를 가진 국가 기록 문자였다. 세종과 세조대의 한글 존중 정신이 점차 쇠퇴하면서 언문은 주로 여성이 쓰는 문자라는 인식이 굳어지고, 남자는 한문을 써야 한다는 관념이 더욱 고착되었다.

한글이 국가의 공용문자가 된 것은 1894년 갑오개혁 때이다. 1894년(고종 31년) 11월 21일의 칙령 제1호 공문식(公文式)이 공포됨에 따라 한글은 국가의 공용문자로서의 법적 지위를 부여받았다. 이 칙령 제1호는 한글을 국문으로 삼는다는 법을 공포한 문서이다. 이 칙령의 반포는 제2의 한글 창제라 할 만한 역사적 사건이며, 한국인의 문자 생활을 근본적으로 바꾸는 출발점이 되었다. 말 그대로 한국인의 언어 문자 생활에 '혁명'이 일어난 것이다.

1894년에 언문을 국가의 문자, 즉 국문으로 삼을 수 있었던 것은 훈민정음 창제 이후 이 문자를 꾸준히 사용해 온 역사적 전통이 있었기 때문이다. 갑오개혁과 함께 언문을 국가 문자로 삼을 수 있었던 것은 이 문자를 버리지 않고 생활 속에서 사용해 온 전통에 힘입은 것이다. 국가가 한글을 공용문자로 정하고 법령으로 공포했다고 하더라도 언문 사용의 역사적 기반이 없었다면 이 법령의 실천은 매우 어려웠을 것이다. 19세기 말 나라의 독립과 함께 한글이 문자 생활의 주역으로 될 수 있었던 것은 칙령과 공문식을 시행하더라도

1894년 11월 21일 칙령 제1호 공문식.

큰 문제가 없을 정도로 방방곡곡에 한글이 널리 보급되어 사용되고 있었기 때문이다.

갑오개혁 즈음에 언문을 공용문자로 사용하는 데 가장 큰 문제가 되었던 것은 표기법의 혼란이었다. 개화기 이래의 국어국문의 정리 운동은 이 혼란을 극복하려는 데 초점이 맞추어져 있었다. 이러한 취지로 지석영은 〈신정국문〉(1905)을 제안하였고, 이것이 계기가 되어 국문연구소가 설치되어(1907) 여기서 〈국문연구의정안〉(1909)이 만들어졌다.

조선시대 내내 가정에서 사사롭게 이루어지던 언문 교육이 20세기 초기에는 국가의 교육제도로 들어오고, 문맹퇴치를 위한 사회운동에 힘입어 한글 문해력 인구 비율이 급증하였다. 미군정청이 1946년 9월에 조사한 한국인의 한글 문해율은 58%였다. 민주공화국으로 출범한 대한민국 정부는 '작대기식 투표 일소'라는 구호 아래 범국민적으로 한글 교육 정책을 실천하여 선거에 의한 민주주의 제도의 정착을 위해 노력하였다. 1950~60년대에 국가에서 시행한 한글 교육 정책에 의해 전 국민의 9할 이상이 한글 문해력을 가지게 되었다. 재건 국민운동본부의 조사에서 1961년의 한글 문맹률은 8.1%이고, 1962년의 문맹률은 9.5%이다(이희수 외 2002: 48). 1962년경에 한국인의 90% 이상이 한글 문해력을 갖게 된 것이다. 이때에 이르러 비로소 한글은 우리나라 문자생활의 명실상부한 주역으로 자리 잡은 것이다. 한글이 대한민국 국민 대부분이 사용하는 '국민 문자'가 된 것은 1960년부터 계산하면 이제 60년 정도 된 셈이다.

4. 무엇으로 한글을 가르쳤나: 한글 교육 자료

여기서는 한글 보급과 교육에 기여한 교육 자료에 대해 살펴보기로 한다. 16세기 중엽에 이르러 한글 보급이 지역적으로나 사회적으로 크게 확대된 계기는 무엇일까? 우리는 그 답을 한글 학습 자료에서 찾을 수 있다. 훈민정음 창제 이후에 나온 한글 학습 자료를 간략히 정리하면 다음과 같다.

첫째는 《훈민정음》 해례본의 앞머리에 실린 어제 서문과 예의편이다. 해례본은 한문 능력을 가진 사람에게 쓸모 있는 책이라는 한계가 있지만, 당시의 한문 지식인이 훈민정음을 터득하는 데 기여했을 것이다. 특히 〈예의〉의 내용은 간결하면서도 한글의 정곡을 담은

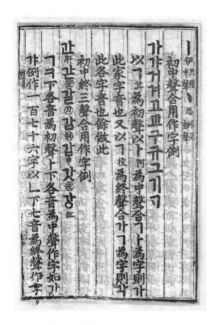

《훈몽자회》범례의 자모배열표.

것이어서 훈민정음 자모를 익히는 학습서로 유용했을 것이다. 앞에서 보았듯이 문과 초장의 시험 과목에 훈민정음을 부과한 것이나, 성균관 강좌 과목에 훈민정음을 넣음으로써 한문 능력을 지닌 지식인 남성이 한글을 배울 수 있었고, 여기에서는 《훈민정음》 해례본이 이용되었을 것이다.

둘째는 《월인석보》(1459) 권두에 붙은 훈민정음 언해이다. 이 훈민정음 언해는 해례본의 어제 서문과 예의편을 번역한 것이며, 《월인석보》의 저본(底本)인 《석보상절》(1447) 권두에도 실렸을 것이다(안병희 1985: 798). 해례본과 달리 이 책은 한문을 모르는 부녀자들이 한글을 익히는 데 도움을 주었을 듯하다.

셋째는 《훈몽자회》(1527) 범례에 실린 구절(諺文字母 俗所謂反切二十七字)이다. 특히 《훈몽자회》에는 "변방의 시골 사람들이 언문을 해득하지 못하는 자가 많아 언문자모를 아울러 붙인다"라고 명기되어 있다. 이 기록은 한글 보급의 역사에서 중요한 의의를 가진다. 언문

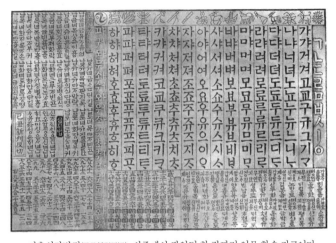

기축신간반절(己丑新刊反切). 시중에서 팔았던 한 장짜리 언문 학습 자료이다.

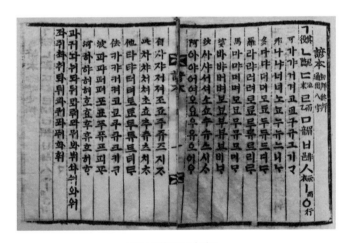

《일용작법》(1869)의 언본.

　　한글 창제와 민본정치

을 먼저 배우고 한자를 익히도록 배려한 최세진의 〈언문자모〉는 한글 보급에 결정적으로 기여한 것으로 판단된다.[27] 이 〈언문자모〉를 간략하게 만든 것이 곧 〈언본〉 혹은 '반절'이라고 불리는 한글 자모 음절표이다.

넷째는 진언집류에 붙은 〈언본〉(諺本)이다. '언본'이란 이름을 달고 나온 가장 연대가 빠른 것은 1569년(선조 2년) 안심사 중간판 《진언집》에 실린 것이다(안병희 1985: 801).[28] 이 책은 중간본이므로 초간본에 실린 〈언본〉의 연대는 더 소급될 것이다.[29] 불교서에 실린 〈언본〉은 간결하면서도 가장 효율성이 높은 한글 학습 자료로서 승려와 민간인들에게 한글을 보급하는 역할을 하였다.[30] 이 언본은 《훈몽자회》의 〈언문자모〉를 간략하게 한 것이다. 이어서 《일용작법》(1869)의 권두에 실린 것처럼, 초성자와 중성자를 결합한 '가나다라'의 자모 음절을 세로로 배열한 표 형식의 〈언본〉이 공간(公刊)되었다.

다섯째는 방각본으로 한 장의 목판에 새겨진 음절표이다. 음절표란 한글 자모를 가로 세로로 배열하여 자모의 상호 결합 사례를 간단히 보이고, 이를 외워 한글 글자 운용법을 익히도록 만든 것이다. 방각본 음절표 중에 '기축신간반절'(己丑新刊反切)이란 간기를 가진 것이

---

27. 《훈몽자회》는 초간본이 나온 후 여러 지방에서 간행되어 여러 이본들이 존재한다. 수차례에 걸친 이러한 간행은 한글을 널리 보급시키는 데 크게 기여했다.

28. 디지털한글박물관에 안심사판 《진언집》의 이미지가 공개되어 있으나 필자가 확인해 보니 여기에는 언본이 실려 있지 않았다.

29. 안심사판 《진언집》에 실린 언본은 신흥사 복각판 《진언집》(1658)에 그대로 실리고, 만연사에서 중간한 《진언집》(1777)에는 약간 수정된 내용으로 실렸다. 또한 이 언본은 《비밀교집》(1784) 권두에 '언반절'이란 명칭으로 바뀌어 실렸다(안병희 1985: 801).

30. 이 외에도 《재물보》(才物譜, 1798)의 언서(諺書), 《일용작법》(日用作法, 1869)의 언본(諺本) 등이 있다. 후자는 《진언집》의 언본과 거의 같은 것이다.

있다. 이 기축년은 1889년이라고 한다.[31] 이 음절표는 《일용작법》에 실린 〈언본〉이 약간 변용되어 판매용으로 인쇄된 것이라 판단된다.

여섯째는 1896년 학부(學部)에서 간행한 교과서 《신정심상소학》 권1의 첫머리에 수록된 음절표이다. 이 음절표는 한글을 가르치기 위해 국가가 공식적으로 간행한 최초의 한글 교육 자료이다. 이것이 갖는 역사적 의미는 크다.[32] 이 책의 음절표를 통해 한글 학습이

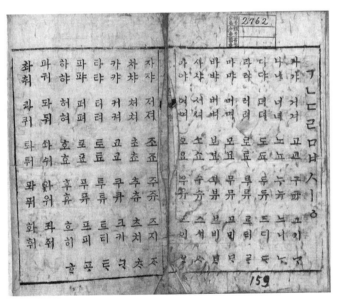

《신정심상소학》의 음절표.

31. M. Courant, *Bibliographie Coreenne*, Vol.1, 1894, pp.1-6.
　　前間恭作, 《古鮮冊譜》 권 3, 1957, 1616쪽. 안병희(1985: 796)에서 재인용함.

32. 《신정심상소학》(新訂尋常小學) 이후의 각종 한글 서적에는 언본 혹은 반절표의 전통을 이은 다양한 형식의 한글 학습 자모표가 등장한다. 이런 자료를 모두 수집하여 연구할 필요가 있다.

국가가 시행하는 공교육 체제에 정식으로 편입되었기 때문이다. 조선의 양반 권력층은 1896년에 이르러 비로소 한글 교육 자료를 공간했다.

5. 누가 한글을 가르쳤나

1) 양반가 여성이 집안 아이들을 가르친 증거: 현풍곽씨언간

한글 교육을 누가 행했는지를 구체적으로 알려주는 자료는 극히 드물다. 민간에서 아이들에게 한글 교육을 시킨 구체적 기록이 〈현풍곽씨언간〉에 나온다. 곽주가 외갓집에 가 있는 아이들에게 한글을 가르쳐 달라고 장모에게 청하는 다음과 같은 사연이 있다.

> ㅈ식ㄷ론 여러히 갓ᄉ오니 우연이 쇼란히 너기읍시거냐 ᄒ읍노이다. … 아ᄋ ᄌ식 둘란 게 갓습ᄂ 제 언문 ᄀ른쳐 보내읍쇼셔. 슈고롭ᄉ오만 언문 ᄀ른치읍쇼셔. ᄒ읍기 젓ᄉ와 ᄒ읍다가 알외읍노이다.
>
> -곽씨언간 2

자식들이 여럿 갔으니 얼마나 요란히 여기실까 하고 염려하옵니다. … 아우의 자식 둘이 거기에 가 있을 때에 언문을 가르쳐 보내시옵소서. 수고로우시겠으나 언문을 가르치옵소서. (이 말씀을) 드리기 송구스러워 하다가 아뢰옵니다.

곽주가 장모에게 보낸 편지((1612년 5월 15일).

이밖에 곽주가 부인 하씨에게 보낸 편지 중에도 아이들이 한글을 빨리 배워 편지를 쓰도록 하라는 내용이 있다. 이 편지들을 통해 양반가 아버지들이 아이들의 한글 교육에 상당한 관심을 가졌던 점, 그리고 부녀자들이 이 교육을 담당했던 사실을 알 수 있다. 한글 교육이 가정에서 사사롭게 이루어졌고, 그 주체가 여성이라는 점이 특히 주목된다. 국가의 공식적 한글 교육이 전혀 없었던 상황에서 할머니 혹은 어머니가 집안에서 아이들에게 한글을 가르쳤음을 위의 편지에서 확인할 수 있다.

2) 서당에서 한글을 가르쳤을까?

조선시대의 서당에서 정음을 가르쳤을 것이라고 보는 학자들이 여럿 있다. 정순우(2012: 313–326)는 서당의 교재 목록을 제시하고 한글을 썼음직한 《천자문》, 《유합》, 《훈몽자회》, 《정몽유어》 등 19종을 들었다. 그러나 서당에서 한글의 자모자 쓰는 법을 가르쳤다는 증거는 아직 찾지 못하고 있다. 〈현풍곽씨언간〉의 사례에서 보았듯이 양반가 아이들은 집안의 할머니나 어머니로부터 '언문'을 배운 후에 서당으로 나아갔을 것이다. 서당에서는 한글을 이미 깨친 아이들에게 《천자문》 등의 한자 초학서를 가르쳤다고 봄이 온당하다. 평민 등 하층민의 자제가 출입한 서당에서는 한글을 미리 배우지 못하고 서당에 온 아동들에게 한글을 가르쳤을 것이다.[33]

3) 국가가 한글 교육의 주체가 된 것은 갑오개혁 이후

조선의 양반층이 쓴 한글 학습 자료는 《훈몽자회》(1527)의 〈언문자모〉가 나온 이후에 찾을 수 없다. 〈언문자모〉는 한문이어서 하층민이 읽을 수 없다. 한글 학습에 가장 효과적인 자모자 음절표는 불교서 《일용작법》에 처음 실렸다. 〈정축신간반절〉(1877) 등 낱장으로 판매된 음절표는 19세기 말기에 한글 학습 수요가 늘면서 자생적으로 출판된 것이다. 국가 차원에서 양반 지배층의 손으로 낸 음절표는 앞에서 본 〈신정심상소학〉(1896)에 실린 것이 최초이다.

---

33. 서당은 19세기 말기부터 점차 늘어나 일제강점기에 크게 증가한 것으로 알려져 있다.

조선의 양반 지배층은 한문이든 언문이든 문자를 그들의 전유물이 되어야 한다고 생각했다. 세종임금이 백성을 위해 만든 정음을 양반층은 양반 집안에서 여성들과 아이들이 사사롭게 쓰는 문자로 가두어 버렸다. 한문이든 언문이든 문자를 독점하는 것이 지배 권력을 유지하는 데 중요한 일임을 양반층은 잘 알고 있었던 것이다. 하층민들이 글자를 깨우치게 되면 이들이 지식을 얻게 되고 이로써 세상을 보는 눈이 달라질까 두려워했을 것이다. 이런 까닭에 하층민들이 언문을 배울 수 있는 사회적 기회를 만들지 않았을 뿐 아니라, 하층민들이 쉽게 언문을 깨우칠 수 있는 자모 음절표와 같은 학습자료를 공간된 서적에 넣지 않았다. 양반 지식인들은 일본 학인에게 표 형식의 〈언문〉을 작성해 주었지만,[34] 백성을 위한 언문 학습 자료를 인쇄하여 널리 보급하지는 않았다.

조선의 양반 지배층이 세종의 뜻을 저버리고 한글을 하층민에게 가르치지 않았다는 증거는 한두 가지가 아니다. 1897년에 우리나라 최초의 국어 문법서 《국문정리》를 지은 이봉운은 이 책의 서문에서, "각국 사람은 본국 글을 숭상하여 학교를 설립하고 학습하여 국정과 민사를 못할 일이 없이 하여 나라는 부유하고 백성은 강하건마는 조선사람은 남의 나라 글만 숭상하고 본국 글은 전혀 이치를 알지 못하니 절통하구나. 세종임금께서 언문을 만드셨건마는 그 후로 국문을 가르치는 학교와 선생이 없어서 글의 이치와 쓰는 규범을 가르치고 배우지 못하였다"[35]라고 증언하였다. 19세기 말기의 지식인이었던

---

34.   1720년에 일본 황도서림에서 간행한 《화한창화집》(和韓唱和集)과 《객관최찬집》(客館璀粲集)에 한글 음절표, 그리고 이와 비슷한 형식이 수록되어 있다(안병희 1985: 804).

35.   이봉운이 쓴 문장의 맞춤법은 필자가 현대국어에 맞도록 고쳤다.

이봉운은 세종임금이 한글을 만들었지만 쓰는 법을 가르치는 학교와 선생이 전혀 없었음을 한탄한 것이다. 이봉운은 조선이란 나라에서 한글 교육을 시행하지 않은 점을 최초로 비판한 지식인이었다.

6. 마무리

한국어와 한글이 국가의 언어와 문자로 제 기능을 하게 된 것은 갑오개혁(1894) 이후부터이다. 갑오개혁 당시에 언문을 국문으로 승격시키고 국가의 공용문자로 삼을 수 있었던 것은, 훈민정음 창제 이후 19세기 말기에 이르기까지 한글 보급이 상당한 수준으로 이루어져 있었기 때문이다. 한글 보급이 미미한 상태에서 이런 문자 개혁은 불가능했거나 설령 시행했더라도 실패로 끝났을 가능성이 높다. 갑오개혁 이후의 문자 개혁이 성공적으로 정착할 수 있었던 것은 15세기 이후 19세기 말기에 이르기까지 백성들의 생활 속에서 한글이 꾸준히 학습되고 사용되어 온 전통이 있었기 때문이다.

한글이 '국문'(=나랏글)이 되었지만 명실상부하게 우리말을 적는 문자로서 제 기능을 하게 된 것은 해방(1945년) 이후부터이다. 일제 강점기 때는 일본어가 '국어'가 되었고, 우리말과 한글은 '조선어'와 '조선문'으로 격하되었다. 한글이 한국인의 문자로서 실질적 주인 역할을 하게 된 것은 해방 이후의 일이며, 1945년 이후에야 한글은 교육과 문화, 국가 행정의 모든 측면에서 '국가문자'가 되었다.

1945년부터 2010년에 이르는 기간 동안 한국은 산업화와 민주화를 동시에 추구하여 상당한 수준의 국가적 성취를 일구어냈다. 이 60년 기간은 우리 민족사에서 엄청난 발전과 변화와 혁신의 시대였다. 서구 학문과 문명의 도입, 서구의 종교와 사상의 유입 등 서구화의 흐름이 변화의 기본 바탕이었다. 한국인이 일구어낸 성취의 원천은 교육에 있고, 이 교육을 실천함에 있어서 한말(=한국어)과 한글이 중요한 매체 역할을 하였다. 한글로 쓴 각급 학교 교과서가 교육과 학습의 실천 매체였다.

민주화와 산업화를 지향하는 교육을 실천함에 있어서 한글이란 매체가 작용한 힘은 결코 과소평가될 수 없다. 언문일치가 제대로 정착한 최근 60년 동안에 우리 민족이 이루어낸 경제·문화·학술의 성취는 과거 한반도의 역사에서 전혀 찾아볼 수 없는 것이다. 민주화·근대화 60년의 과정에서 한말과 한글은 신정보를 담아내고, 새로운 지식을 창출함으로써 문화와 학술을 발전시키는 중요 동력이 되었다. 세종이 백성을 위해 만든 훈민정음의 창제 목적이 20세기에 와서 비로소 실현된 것이다.

참고문헌

김봉좌(2011), 〈조선시대 유교의례 관련 한글문헌 연구〉(대학원 박사학위 논문), 한국학중앙연구원.
김봉좌(2013), 〈조선 후기 傳令의 한글 번역과 대민 유포〉, 《한국문화》 61,

서울대학교 규장각한국학연구원, 279–299쪽.

김봉좌(2015), 〈왕실 한글 필사본의 전승 현황과 가치〉, 《국어사연구》 20, 국어사학회,
　39–64쪽.

김슬옹(2005), 《조선시대 언문의 제도적 사용 연구》, 한국문화사.

김슬옹(2012), 《조선시대의 훈민정음 발달사》, 역락.

남풍현(1996), 〈언어와 문자〉, 《조선시대 생활사》, 한국고문서학회, 역사비평사.

노마 히데키(2011), 《한글의 탄생: '문자'라는 기적》, 돌베개.

박창원(1998), 〈한국인의 문자생활사〉, 《동양학》 28, 단국대학교 동양학연구소, 57–88쪽.

배영환(2012), 〈현존 最古의 한글편지 '신창맹씨묘출토언간'에 대한 국어학적인 연구〉,
　《국어사연구》 15, 국어사학회, 211–239쪽.

백두현(1992), 《재조번방지》의 서지·국어학적 연구, 《성곡논총》 23, 성곡학술문화재단,
　1831–1877쪽.

백두현(2001), 〈조선시대의 한글 보급과 실용에 관한 연구〉, 《진단학보》 92, 진단학회,
　193–218쪽.

백두현(2007), 〈한글을 중심으로 본 조선시대 사람들의 문자생활〉, 《서강인문론총》 22,
　서강대학교 인문과학연구소, 157–203쪽.

백두현(2015), 〈소통의 관점에서 본 조선시대의 한글 편지〉, 《한글편지, 시대를 읽다》(국립한글
　박물관 기획특별전), 138–149쪽.

백두현(2016), 〈훈민정음에 내재된 보편적 가치와 역사적 의미〉, 《어문론총》 57,
　한국문학언어학회, 115–156쪽.

백두현(2019), 《현풍곽씨언간주해》(증보판), 역락.

송철의(2008), 〈반절표의 변천과 전통시대 한글 교육〉, 《세계 속의 한글》(홍종선 외), 박이정,
　165–194쪽.

송호근(2011), 《인민의 탄생》, 민음사.

시정곤(2007), 〈훈민정음의 보급과 교육에 대하여〉, 우리어문연구 28호, 우리어문학회,
　33–65쪽.

안병희(1985), 〈훈민정음 사용에 관한 역사적 연구: 창제로부터 19세기까지〉,
　《동방학지》 46·47·48, 연세대 동방학연구소, 793–821쪽.

안병희(1992), 〈훈민정음 사용의 역사〉, 《국어사연구》, 문학과지성사, 227–255쪽.

이근우(2016), 〈언문청의 창제 시기와 정음청의 위치〉, 《인문사회과학연구》 17-1,
　부경대학교 인문사회과학연구소, 349–374쪽.

이기문(1970), 《개화기의 國文 硏究》, 일조각.

이기문(1974), 〈훈민정음 창제에 관련된 몇 문제〉, 《국어학》 2호, 국어학회, 1–15쪽.

이상혁(2004), 《조선후기 훈민정음 연구의 역사적 변천》, 역락.

이희수·이지혜·안도희·변종임·박상옥·이현석(2002),
　《한국 성인의 비문해 실태 조사 연구》, 한국교육개발원.

정순우(2012), 《서당의 사회사: 서당으로 읽는 조선 교육의 흐름》, 태학사.

정우영(2015), 〈훈민정음·해례본과 언해본의 판본·서지, 복원 연구의 회고와 전망〉,
　《훈민정음 연구의 성과와 전망 I》, 국립한글박물관, 14-63쪽.

정주리·시정곤(2011), 《조선언문실록》, 고즈윈.

조항범(1998), 《주해 순천김씨묘 출토 간찰》, 태학사.

최현배(1981), 《고친 한글갈》, 정음문화사.

홍기문(1946), 《정음발달사》(上·下), 서울신문사.

홍윤표(2013), 《한글 이야기》, 태학사.

홍종선 외(2008), 《세계 속의 한글》, 박이정.

Ledyard, G. R.(1965), The Korean Language Reform of 1446: The Origin,
　Background and Early History of the Korean Alphabet,
　Ph.D.dissertation, University of California, Berkeley.

Ramsey, R.(2010), The Korean Writing System in the World of the 21th Century,
　Scripta 2: 1-13.

한글의 지방 보급과 백성의 참여

한글 보급의 동인과 그 의미를 중심으로

최경봉(원광대학교 국어국문학과 교수)

1. 머리말

이 글에서는 한글 창제 이후 한글의 보급 양상을 검토하면서, 한글이 전국적으로 빠르게 보급될 수 있었던 동인과 보급이 이루어질 수 있었던 사회적 기반에 대해 논의할 것이다. 그리고 이러한 논의를 토대로 전근대 사회에서 한글의 전국적 보급이 지닌 시대적 의미를 재조명해 보고자 한다.

한글의 보급과 관련한 초기의 논의에서는 한글의 실용성과 편리성을 강조하였다. 이러한 논의에서는 한글의 빠른 확산과 보급을 한글의 문자적 우수성에 따른 자연스러운 결과로 보았다. 이런 점에서 문자외적 사실에 초점을 맞춰 한글 보급의 역사를 조명한 안병희(1985)를 주목할 필요가 있다. 안병희는 한글 교육, 한글 사용과 관련된 법규 등을 고찰함으로써 한글 사용의 실제를 검토하였다. 안병희를 이어 한글 보급 문제를 논의한 연구로는 백두현(2001), 김슬옹(2005, 2012), 시정곤(2011) 등을 들 수 있다. 이들의 논의를 통해 한글이 확산되는 과정, 한글 사용의 제도화 과정, 한글 교육의 기반 등이 구체화될 수 있었다.

이러한 논의는 자연스럽게 한글 보급의 동인과 그것의 시대적 의미를 조명하는 논의로 이어졌는데, 시대적 의미를 판단하는 논의의 틀에 견인되어 한글 보급의 맥락을 간과하는 문제가 드러나기도 했다. 한글 사용의 확장을 근대화의 한 징표로 설명하거나 실학자를 중심으로 한 한글 연구에서 근대적 성격을 조명하는 논의가 그러한 예이다. 그렇다면 한글 보급의 동인과 시대적 의미를 구체적인 한글 보급 맥락과 관련지어 재논의할 필요가 있을 것이다.

이 글에서는 한글의 전국적 보급이 유교 국가 건설과 중세적 질서의 구축이라는 과제와 긴밀히 연계되어 있으며, 이러한 시대적 상황과 관련지어 조선시대 한글 보급 정책의 특성을 이해할 필요가 있음을 강조할 것이다. 이는 중세적 질서의 틀 내에서 이루어진 전근대 시대의 한글 보급과 근대 이후의 한글 보급을 다른 차원에서 봐야 한다는 관점이다. 결국 한글 창제 이후 진행된 한글 보급의 근대적 의미는 중화문명으로 대표되는 중세적 질서의 해체 과정에서 한문을 대신할 문자의 사용 기반을 마련했다는 데에서 찾을 수 있는 것이다. 이 글에서는 이처럼 중세적 질서를 강화하는 수단이면서 동시에 탈중세의 기반이 되는 한글의 양면성에 주목하면서 전근대 시대 한글 보급의 특성을 설명할 것이다.

2. 한글 보급의 동인과 사회적 기반

1) 유교 국가 건설이라는 과제와 한글의 전국적 보급

한글이 창제된 직후 한글은 상당히 빠른 속도로 민간에 보급된 것으로 보인다. 한글이 반포된 지 불과 3년 후인 1449년 정승을 비난하는 한글 익명서가 등장하고, 또 1453년에는 궁녀와 별감이 한글 연애편지를 주고받은 사건이 터졌다는 사실은 한글을 아는 사람의 수가 적지 않았음을 말해 준다. 더욱이 16세기 이후에는 서울을 넘어 지방에서까지 한글 서적이 간행된다. 이 같은 현상을 볼 때 한글 창제 후 반세기가 넘지 않은 시점에 이미 전국적으로 한글 사용자층이 두껍게 형성되었음을 짐작할 수 있다.

그렇다면 한글은 왜 이렇게 빠르게 보급될 수 있었는가? 한글이 배우기 쉬운 문자라는 점도 이유의 하나였을 것이다. 하지만 아무리 쉬운 문자여도 교육과 학습의 동기가 분명하지 않은 이상 빠른 속도의 보급은 불가능하다는 점에서, 한글의 보급 맥락을 살필 필요가 있다. 이 글에서는 한글의 보급 속도를 설명함에 있어, 한글을 통해 성리학적 가치관을 백성들에게 교육시키고자 했던 세종의 의도와 조선왕조가 성리학을 국가 이념으로 자리매김하고자 하는 정책을 일관되게 추진했음에 주목한다.

그런데 문제는 국가적으로 한글의 활용 방안을 적극 모색했음에도 불구하고 한글을 공식 문자로 인정하지 않았다는 점을 어떻게 설명할 수 있느냐이다. 안병희(1985)에서 상세하게 논의한 바 있듯이, 한글 문서는 공문서의 양식을 예시한 《경국대전》의 '용문자식(用文字式)'에서 다루어지지 않았고, 수교(受敎)와 전지(傳旨)로 반포된 법령에서는 한글로 된 문서의 효력을 인정하지 않는다는 점을 명시하기까지 했다. 그렇다면 이처럼 한글을 공식적인 문자로 인정하지 않으면서도 이를 유교사상 전파의 도구로 활용한 한글 보급 정책의 양면성을 설명할 필요가 있다.

한글 보급 정책에 나타난 양면성은 결국 중화문명에 기반을 둔 중세질서의 유지를 위한 정책의 특수성에서 비롯한 것으로 봐야 할 것이다. 즉, 성리학적 이념 사회를 구축하는 동시에 '동문동궤(同文同軌)'라는 중화문명의 질서를 유지하고자 했던 조선왕조의 목표가 양면적인 한글 보급 정책으로 나타난 것이다. 이러한 양면성은 한글을 공식 문서로 인정하지 않은 《경국대전》에서 언문을 통한 백성 교화의 방법을 구체적으로 밝힌 데에서 확인할 수 있다.

삼강행실을 언문으로 번역하여 서울과 지방의 사족(士族)의 가장(家長), 부로(父老) 혹은 교수(敎授), 훈도(訓導) 등으로 하여금 부녀자, 어린이들을 가르쳐 이해하게 하고, 만약 대의에 능통하고 몸가짐과 행실이 뛰어난 자가 있으면

서울은 한성부가 지방은 관찰사가 왕에게 보고하여 상을 준다.

-《경국대전》권3 〈예전〉 장려편

위의 인용은《삼강행실》을 훈민정음으로 번역하여 부녀자와 어린이들에게 가르쳐 이해시키고, 이를 통해 선행하는 자가 있으면 왕에게 보고하라는 내용이다. 조선왕조가 백성의 교화를 국가의 주요 정책으로 삼았으며, 여기에서 한글의 역할을 분명하게 제시했음을 확인할 수 있다. 유교 국가를 건설하려는 조선에서, 유교적 가치관의 확산을 뜻하는 '교화'는 국가적 정체성을 유지하고 사회적 규범을 완성하는 문제였다.《조선왕조실록》에 한글을 통한 백성의 교화 방안이 자주 등장한 것은 이러한 맥락에서 이해할 수 있다.[01] 특히《성종실록》의 기사에는 교화를 위해 한글 교서를 함께 내렸다는 기록이 나오는데, 이는 조선왕조에서 한글의 역할을 어떻게 설정하고 있는지를 보여주는 사례이다.

청컨대 전교서(典校署)로 하여금 전지(傳旨)를 사인(寫印)토록 하여 한성부와 모든 도의 여러 고을에 이를 반포해서 관문(官門)과 방시(坊市)·촌락(村落)·여항(閭巷)에 걸어두도록 하여 위로는 크고 작은 조신(朝臣)으로부터 아래로는 궁벽한 곳에 사는 작은 백성들에 이르기까지 성상께서 백성을 인도하는 지극

01.　김슬옹(2005: 64)에서는 실록에 나타난 언해와 관련된 기사 내용을 보여주는데, 이를 보면 총 273건의 내용 중 교화에 해당하는 기사가 218건으로 전체의 80%에 달하고 있음을 알 수 있다.

교화	실용	문학	불교	어학
218 (80%)	43 (16%)	6 (0.2%)	4 (0.1%)	2 (0.07%)

한 뜻을 알지 아니함이 없게 하여, 각각 깨닫고 살피는 마음을 품어서 스스로 곤궁한 짓을 남기지 말게 할 것입니다. 이와 같이 하여도 오히려 뉘우쳐 고치지 않는 자가 있으면, 이는 스스로 허물을 불러들이는 것이니, 이를 형벌에 처하여 용서하여 주지 않는 것이 어떻겠습니까?" 하니, 임금이 한글〔諺字〕로 번역하고 인출(印出)을 해서 중외(中外)에 반포하여 부인(婦人)과 소자(小子)들까지도 두루 알지 아니함이 없도록 하라고 명하였다.

–《성종실록》권22

위의 기사는 한문 교서를 한글로 번역하게 하여 전국의 모든 백성이 읽고 이해할 수 있도록 하라는 내용이다. 여기에서 주목할 점은 교서를 한글로 번역하여 반포함으로써 전국의 백성들을 교화할 수 있다고 생각했다는 사실이다. 이를 보면 한글 반포 후 26년이 지난 시점에 한글 보급이 전국적으로 이루어졌다고 짐작할 수 있다. 이는 유교적 가치관을 담은 한글 서적의 보급과 같은 교화 정책이 본격화하기 이전에 한글 보급이 먼저 이루어졌음을 추정할 수 있는 근거가 된다.

이런 점에 주목하여 보면, 한글에 대한 간단한 설명인 '언문자모'를 실은 《훈몽자회》의 간행 이전부터 간단한 한글 학습 자료, 즉 '반절표'가 한글 학습에 활용되었을 것이라는 추정[02](안병희, 1985)은 설득력이 있다. 《월인석보》에 '훈민정음 예의'가 덧붙여진 것이나 《훈몽자회》에 '언문자모'가 덧붙여진 것을 보면, 한글창제 이후 한글을 읽고 쓰는 방식을 설명한 간편한 학습 자료가 다양한 형식으로 존재

---

02.   안병희(1985)에서는 반절표의 역사가 한글 창제 직후에 한글의 학습을 위하여 만들어진 것으로부터 비롯된다고 보고 있다.

했음을 짐작할 수 있다. 그렇다면 '반절표'와 같은 학습 자료를 통해 한글 보급이 이루어졌고, 이를 기반으로 교화를 위한 다양한 정책이 추진될 수 있었다고 봐야 할 것이다.

교화를 위한 언해서가 본격적으로 보급되기 시작한 16세기에 들어서는 교화의 방법이 좀 더 정교해지고 있음을 알 수 있다.

> 그러나 《삼강행실》에 실려 있는 것은, 거의가 변고와 위급한 때를 당했을 때의 특수한 몇 사람의 격월(激越)한 행실이지, 일상생활 가운데에서 행하는 도리는 아닙니다. 그러므로 누구에게나 그것을 요구할 수는 없는 것이지만, 《소학》은 곧 일상생활에 절실한 것인데도 일반 서민과 글 모르는 부녀들은 독습(讀習)하기가 어렵게 되었습니다. 바라옵건대 여러 책 가운데에서 일용(日用)에 가장 절실한 것, 이를테면 《소학》이라든가 《열녀전》, 《여계(女誡)》, 《여측(女則)》과 같은 것을 한글로 번역하여 인반(印頒)하게 하소서. 그리하여 위로는 궁액(宮掖)으로부터 조정 경사(朝廷卿士)의 집에 미치고 아래로는 여염의 소민(小民)들에 이르기까지 모르는 사람 없이 다 강습하게 해서, 일국의 집들이 모두 바르게 되게 하소서.
>
> ─《중종실록》 권28

위의 기사는 특수한 일을 다룬 《삼강행실》보다는 일상사를 다룬 《소학》, 《열녀전》, 《여계》, 《여측》 등을 언문으로 번역, 반포하여 교화하는 것이 필요하다는 내용이다. 이는 백성들의 교화 정책이 정교하게 추진되고 있음을 보여주는 대목이다. 실제 조선 후기로 갈수록 교화정책은 정교하고 일관되게 추진된다. 이는 《삼강행실도》 언해본이 나온 뒤 《속삼강행실도》 언해본이 나오고, 이를 증보하여 《동국신속삼강행실도》 언해본이 나오고, 삼강행실에서 다루지 않은 이륜을 가르치기 위해 《이륜행실도》를, 그리고 이를 통합하여 《오륜행실도》 언해본을 간행한 데에서 확인할 수 있다. 특히 임진왜란을 겪은 후 사회질서를 바로잡기 위해 《동국신속삼강행실도》를 간행하였다는 점은 조선시대 교화정책의 목표를 분명히 보여준다. 조선 후기에 들어서는 유학 서적의 언해서를 보급하는 데에서 한 걸음 더 나아가 교화의 목적에 따라 다양한 방안이 모색된다.

내가 매우 두려워하는 것은 예언의 서적에 있지 않고 다만 교화가 시행되지 않고 풍속이 안정되지 않아 갖가지 이상한 일이 본도에서 발생할까 염려하는 데에 있는 것이다. 안필복과 안치복에게 이 전교로 일깨운 다음에 갇혀 있는 그의 가족도 모두 방면하라. ⋯ 여름에 내린 유시를 경이 과연 일일이 선포하였는가? 그들도 충성하고 싶은 양심을 갖추고 있으므로 이것을 들으면 반드시 완고히 잘못을 고치지 않는 사람이 없을 것이다. 비밀히 유시한 글 한 통과 문인방을 법에 따라 결안(結案)한 것을 한문과 언문으로 베껴 써서 방면한 죄수들에게 주도록 하라. 그리고 또한 직접 수령들에게 주의시켜 반드시 조정의 뜻을 선포하여 유신(維新)의 효과를 다하기에 힘쓰도록 하라.

－《정조실록》 권14

정조는 황해도에서 일어난 《정감록》 관련 사건에서, 불온한 예

언서를 소지한 죄보다도 교화가 시행되지 않았음을 더 걱정하였다. 그래서 죄인을 방면하되 그 죄목과 훈계 내용을 한글로 번역하여 깨우치게 하라는 명령을 내린다. 이는 한글을 활용하여 유교적 가치관을 적극적으로 방어하기 시작했다는 점에서 주목할 만한 사건이다. 이러한 대응은 서학에 대한 대응에서도 나타난다.

> 오늘날 세속에는 이른바 서학(西學)이란 것이 진실로 하나의 큰 변괴입니다. 근년에 성상의 전교에 분명히 게시하였고 처분이 엄정하셨으나, 시일이 조금 오래되자 그 단서가 점점 성하여 서울에서부터 먼 시골에 이르기까지 돌려가며 서로 속이고 유혹하여 어리석은 농부와 무지한 촌부(村夫)까지도 그 책을 언문으로 베껴 신명(神明)처럼 받들면서 죽는다 해도 후회하지 않으니, 이렇게 계속된다면 요망한 학설로 인한 종당의 화가 어느 지경에 이를지 모르겠습니다.
>
> –《정조실록》 권26

이 글은 한글로 된 천주교 교리서가 전국적으로 유포되는 상황[03]에서 서학의 확산을 막을 방책을 궁리해야 한다는 내용의 상소문이다. 이 상소의 핵심 주장은 유교 질서에 대한 위협에 적극 대응해야 한다는 것이다. 이에 대한 대응으로 '척사윤음(斥邪綸音)'이 나오게 된다. '척사윤음'에는 유학의 가르침과 도학(道學)을 숭상한 사례를 언

03.　1801년에 정약종의 《주교요지(主教要旨)》가 나왔을 때, 주문모 신부는 한글로 된 이 책이 특히 무식한 부녀자와 아이들에게 어떤 다른 것보다 가치 있다고 생각하여 이를 인준 간행하였고, 이후 한글로 된 천주교 교리서가 증가하게 된다. 1864년에는 서울에 있는 두 곳의 목판 인쇄소에서 4책의 교리서를 간행하게 되는데, 공식적인 출판소가 세워질 만큼 19세기 후반에 이르러서는 한글 교리서의 수요가 폭증했다.

급하며, 사악한 서양의 종교에 현혹되지 말고 성인의 가르침을 지키며 살라는 당부의 말이 담겨 있다. 특히 1839년(현종 5)의 '척사윤음'은 한 권의 책으로 만들어져 전국에 배포되는데, 한문 원본에 한글 번역본을 덧붙인 체제로 제작되었다. 이런 점을 보면 조선왕조가 19세기 후반까지 유학의 이념을 고수하며 이를 통해 중세 질서를 견고히 유지했던 것은 한글을 활용한 교화 정책이 결정적 이유가 되었다고 볼 수 있다.

지금까지의 논의를 종합하면 조선왕조에서는 온 백성을 아울러 성리학적 이념 사회의 구축을 도모하면서도 '동문동궤'라는 중화 문명의 질서를 유지하려 했음을 알 수 있다. 이 때문에 한글을 공식 문자로 인정하지 않으면서도 백성들의 교화에 한글을 적극적으로 활용하는 양면적인 한글 정책을 추진했다. 결국 한글은 유교 국가의 기반을 마련하는 과정에서 활용되었을 뿐만 아니라, 유교 국가의 정체성이 위협 받는 상황에서 그 위기를 타개하기 위한 수단으로 활용되었던 것이다.

2) 한글 보급의 사회적 기반

앞에서 교화와 관련한 《경국대전》의 내용을 검토한 바 있다. "삼강행실을 언문으로 번역하여 서울과 지방의 사족(士族)의 가장(家長), 부로(父老) 혹은 교수(敎授), 훈도(訓導) 등으로 하여금 부녀자, 어린이들을 가르쳐 이해하게 하고"라는 구절을 보면, 백성의 교화는 향촌의 어른인 사대부와 향교에서 학생들을 가르치던 교수(敎授)와 훈도(訓導)에 의해 이루어졌음을 알 수 있다. 백성들의 교화가 지방 교육 기관과 향촌의 자치 조직을 통해 이루어졌던 것이다. 특히 조선시대에 향약(鄕約)처럼 권선징악과 상부상조를 목적으로 한 향촌의 자치 규약이 전국적으로 실시되었던 것을 감안하면, 향촌에서의 교화는 체계적으로 이루어졌을 가능성이 높다.

그런데 향교가 16세 이상의 학생을 대상으로 하던 중등 교육기관이었음을 감안하면, 한글 교육과 보급의 사회적 기반으로 특별히 주목해야 할 것은 전근대 시대의 초등교육을 담당했던 서당이다. 서당은 문중이나 마을에서 자제들의 교육을 위해 인근의 학자를 훈장으로 초빙하여 설치하기도 했으며, 식자가 직접 서당을 열어 마을의 자제를 가르치기도 했다. 이처럼 서당은 마을의 민간 교육기관으로 시작되었으며, 조정에서도 서당의 실태에 관심을 가지고 있었다.

경기관찰사 이철견에게 하서(下書)하기를, "이제 들으니, 전 서부령(西部令) 유인달이 광주(廣州)에 살면서 별도로 서당을 세워 교회(敎誨)를 게을리하지 않아 향중(鄕中)의 자제가 서로 모여 수업하여 생원·진사가 그 문하에서 많이 나왔다 하는데, 사실인가? 경은 그 허실을 친히 물어서 아뢰어라" 하였다.

−《성종실록》권15

위에 거론된 서당은 내용상 16세기 말부터 일반화된 기초 교육기관으로서의 '서당'과는 성격이 다른 것으로 보인다. 그러나 밑줄

친 부분을 보면, 지방에서는 향교 이외에도 개인적으로 소규모 교육기관을 만들고 이를 통해 향촌의 자제들을 교육, 교화하는 것이 자연스러운 일이었음을 알 수 있다. 그렇다면 이 당시 서당을 운영했던 이들은 '사족(士族)의 가장(家長)'이거나 '부로(父老)'로서 향촌의 교화를 담당했을 가능성이 높다.

16세기 말부터는 서당이 기초 교육기관으로 자리 잡게 되면서 백성의 교화에서도 중요한 역할을 하게 된다. 서당에서 가르치는 주교재가 《동몽선습》, 《소학》 등과 같은 유학의 기본 소양서였으니 이는 자연스러운 일이었을 것이다. 그런데 한글 보급과 관련하여 주목할 것은 서당에서 한글로 음과 훈을 기록한 《천자문》이나 《훈몽자회》 등 기초 한자 학습서를 가르쳤다는 사실이다. 그렇다면 앞서 거론했듯이 한자 교육을 본격화하기 전에 한글을 읽고 쓰는 교육이 선행되었고 볼 수 있다. 최세진의 《훈몽자회》(1527)에서 당시의 정황을 엿볼 수 있다.

변두리나 시골에 사는 사람들 중에는 반드시 언문을 이해하지 못하는 사람이 많을 것이다. 그렇기 때문에 지금 '언문자모'를 함께 기록하여 그들로 하여금 언문을 먼저 익히게 하고 다음에 훈몽자회를 익히면 깨닫고 가르치는 유익함이 있을 것이다. 문자를 통하지 못하는 사람도 언문을 먼저 배우고 문자를 안다면 비록 스승으로부터 교수 받은 것이 없다 할지라도 또한 앞으로 문자를 이해할 수 있는 사람이 될 것이다.

최세진은 한글을 먼저 배우고 이를 통해 한자를 학습하면 더 효과적이기 때문에,《훈몽자회》의 범례 끝에 '언문자모'를 첨부했음을 강조하고 있다. 비록 한자 학습을 위한 선행 학습의 의미로 한글을 가르치기는 했지만, 서당에서 한글을 가르쳤다는 것은 한글 보급과 확산에서 주목할 만한 일이다. 특히《훈몽자회》에 포함된 '언문자모'가 한글 학습의 기초 자료로 활용된 것을 보면, 당시 한자 학습이 주로 이루어졌던 서당은 한글 보급의 중요한 기관이었음을 짐작할 수 있을 것이다.

실제 조선 후기에는 서당이 증가하여 각 고을마다 아무리 적게 잡아도 약 30여 개가 넘는 서당이 있었던 것으로 추정된다. 특히 반촌뿐만 아니라 민촌에도 서당이 세워져 평민과 천민의 자제도 교육을 받았던 것은 주목할 필요가 있다.[04] 조선 후기에 작성된 토지 매매 문서 등을 보면 평민이나 천민이 작성한 문서들이 상당히 눈에 띄는데 이는 바로 서당에서의 교육이 일반화한 결과[05]라고 할 수 있다. 개화기에 조선을 여행한 서양인들이 조선의 문자 보급 상황을 높게 평가한 것을 보면, 한글의 보급과 관련하여 서당의 역할이 지대했음을 짐작할 수 있다.

언문은 지식인들 사이에는 쓰이지 않고 무시당했다. 그러나 나는 강 주변에

04.　18세기에는 소규모 자산으로도 운영이 가능한 서당계(契)가 고안됨으로써 경제적 어려움이 있는 평민층들도 서당을 직접 운영할 수 있게 되었는데(정순우 1985; 고동환 2006), 이는 일반 백성들이 문자를 해득할 수 있는 기회를 넓힐 수 있는 기반이 되었다.

05.　서당 교육이 일반화된 것은《천자문》과 같이 한글로 음과 훈을 기록한 기초 한자 학습서의 수요가 급증한 데서도 확인할 수 있는데, 조선 후기에《천자문》은 지방에서 방각본으로 간행되어 대량으로 보급되었다.

살고 있는 하층민들이 그들 자신의 글씨체를 읽고 쓰고 하는 것을 관찰할 수 있었다.

-이사벨라 비숍,《조선과 그 이웃나라들》, 86쪽

조선인들은 읽기 좋게 쓰인 필체를 아주 높이 평가하며, 상당수의 국민이 글자를 쓸 줄 아는데, 이는 예를 들어 이탈리아보다 훨씬 높은 비율이다.

-에른스트폰헤세 바르텍,《조선, 1984년 여름》, 212쪽

이러한 점들을 종합하면, 평민과 천민의 자제까지도 교육 대상으로 삼았던 서당은 기초 한자 교육의 일환으로 한글을 가르치는 동시에《동몽선습》,《소학》등 유학의 기본 소양서를 교육하면서, 한글을 보급하고 유교적 가치관을 전파하는 중요한 기반이 되었다고 할 수 있다. 서당이 향촌의 기초 교육기관으로 확고히 자리를 잡았음은 서당을 통한 기초 교육의 전통이 일제강점기까지 이어진 데에서도 확인할 수 있다.《조선총독부통계연보》(1918)의 '조선인교육기관일람'에는 당시 서당이 전국적으로 25,831개가 있었고, 생도 수가 259,513명이었다고 기술되어 있다.

시대의 변화에 따라 서당의 성격도 변하였지만, 향촌의 기초 교육기관으로서의 위상은 흔들리지 않았다. 1930년대부터 나타나기 시작한 개량 서당은 전통적인 한문 서당과 달리 정규 교과목으로 조선어, 한문, 일본어, 산술 등을 채택하면서, 향촌 내에서 보통학교 교육을 대체하는 기능을 담당했다. 이 때문에 조선총독부는 1918년

서당 규칙을 제정해 서당 설립을 통제하고 교육 과정에 관여하면서, 서당을 식민지 교육정책을 수행하기 위한 교육기관으로 이용하려 했다. 그러나 서당의 운영 주체가 조선인 훈장이었고 교육 통제가 심했던 정규 학교에 비해 상대적으로 자율성이 부여되었기 때문에, 서당에서는 조선어 중심의 민족교육이 이루어진 경우가 많았다. 이는 1930년대 들어 서당에 대한 통제와 탄압이 이루어지는 이유가 되기도 했다.

3. 한글 사용층의 확대와 그 의미

1) 전국적인 한글 문헌 간행의 의미

16세기 이후 지방에서 각종 한글 문헌이 간행된 사실은 한글이 전국적으로 보급되어 일상화되었음을 말해 준다. 지방에서 한글 문헌이 간행되기 위해서는 그만큼 한글 문헌의 수요층이 안정적으로 확보되어야 했기 때문이다. 이런 점에서 16세기에 지방에서 간행된 한글 문헌의 성격을 파악함으로써 한글 사용층의 확대가 갖는 의미를 살펴보는 것은 의미가 있을 것이다.

백두현(2001)에서는 한글 보급과 관련하여 16세기에 지방에서 간행된 한글 문헌을 그 성격상 세 부류로 유형화하였다. 첫째는 초학자를 위해 한글로 음과 훈을 붙인 자서(字書)[06]이고, 둘째는 농사와 풍

---

06. 《훈몽자회》(1527), 《천자문》(1529), 《유합》(1529) 등이 있다.

속교화 및 질병치료를 위한 한글 서적[07]이고, 셋째는 불교 관련 한글 서적[08]이다. 여기에서 주목할 점은 한글로 번역된 서적의 성격이다.

한글로 음과 훈을 붙인 자서는 한자 교육의 기본서였지만, 더불어 한글 학습의 계기를 제공했다는 점에서 의미가 있다. 특히 자서의 대표적 문헌인 《훈몽자회》(1527)에 포함된 '언문자모'는 한자 학습에 선행하여 한글 쓰기를 체계적으로 가르쳤음을 말해 주는 자료라 할 수 있다. 둘째와 셋째 유형의 한글 서적은 한글 보급과 활용이 단선적으로 이루어진 것이 아님을 보여주는 것으로 주목할 필요가 있다. 즉 같은 한글 서적이라 하더라도 이를 한글 보급의 일환으로 뭉뚱그려 볼 수 없다는 것이다.

유교 관련 한글 서적은 서적의 성격과 수요자층에 따라 다른 접근이 필요하다. 유교 관련 한글 서적의 경우 풍속교화를 목적으로 한 서적은 백성의 교화라는 정책적 목표에 따라 간행과 보급이 이루어졌다. 《번역소학》,《여훈(女訓)》,《삼강행실도》,《이륜행실도》,《여씨향약언해》,《정속언해》 등이 그러한 성격의 서적이다.

그러나 사서삼경 언해는 유학의 대표적 경전에 대한 표준 해석을 제시한다는 목적에 따라 간행되었다. 백성의 교화라는 정책적 목표와는 다른 차원에서 이루어졌다. 사서의 언해는 1448년에 세종의 명으로 시작되었으나 1588년에야 완성되었다. 이처럼 긴 시간이 필요했던 것은 구결과 해석에서 학자들의 이견이 드러났고, 이를 조정하

---

07. 《번역소학》(1518),《여훈》(1532),《이륜행실도》(1539),《삼강행실도》(1554, 1581) 등의 교화서와 《간이벽온방》(1525),《촌가구급방》(1538),《분문온역이해방》 등의 의학서가 있다.

08. 《목우자수심결언해》(1500),《부모은중경언해》(1553),《육자선정언해》(1560),《진언집》(1569),《선가귀감언해》(1569),《초발심자경문언해》(1577) 등이 있다.

여 표준안을 도출해야 했기 때문이다. 이황, 이이 등 걸출한 성리학자를 거쳐서야 언해본이 나올 수 있었다는 것은 이 언해 작업이 백성의 교화가 아닌 유학의 학문적 기반을 닦는 사업이었음을 말해준다. 따라서 사서언해를 "사서의 독서층을 확대하여 인민들에게 유교적 윤리와 가치관을 부식하기 위함이었다. 사서의 한문을 언문으로 번역하면 사족층 아녀자는 물론 언문을 아는 양민 중의 일부가 성현의 가르침에 쉽게 접할 수 있기 때문이다"(백두현, 2009: 266)라고 평가하는 것은 언해 작업이 곧 백성의 교화라는 등식에 견인된 결과로 볼 수 있다.

다만 사서삼경의 언해서가 지방에서까지 방각본으로 간행된 것은 한글 서적의 보급이라는 차원에서 중요한 의미를 띤다고 할 수 있다. 그럼에도 불구하고 사서삼경 언해서의 확산은 국가의 한글 보급 정책과는 다른 차원으로 볼 필요가 있다. 다음 실록의 기사는 사서삼경 언해서의 확산이 과거시험을 목표로 하는 양반층의 수요에 따른 것임을 보여준다.

남구만이 말하기를, 식년 문과(式年文科)는 3년마다 33명을 뽑는데, 단지 구송(口誦)만 취하니, 문의(文義)는 전혀 해득하지 못합니다. 그래서 외딴 시골의 거친 사람은 혹은 언문(諺文)을 어려서부터 습독하다가 과거에 오르게 되면, 서찰(書札)의 수응(酬應)도 하지 못하기 때문에, 바야흐로 지금 문관(文官)이 사람의 수는 비록 많다고 하더라도 삼사(三司)의 관직에는 매양 사람이 없음을 근심하고 있으며, 경외(京外)의 시관(試官)도 간혹 구차스럽게 채우니, 경장

(更張)이 없을 수 없습니다.

-《숙종실록》 권15

위의 실록 기사는 유학 경전을 언해서와 더불어 학습한 사람들이 과거에 합격해서도 서찰을 받아 이해하는 데 어려움을 겪는다는 문제를 지적하며 과거시험의 개선을 요청하는 내용이다. 이를 보면 과거를 준비하던 대다수의 사대부들이 사서삼경 언해서를 참고하면서 공부하였음을 알 수 있다.

이처럼 언해서 간행의 목표를 구분하여 보는 것은 불교 관련 한글 서적의 성격을 파악하는 데에도 필요하다. 불경 언해서들은 조선 초기 간경도감에서 출간되었지만, 16세기 이후에는 지방에서 널리 간행되었다. 지방에서 간행된 서적은 불교 서적 중 일반 백성의 관심과 수요를 감안한 것임을 알 수 있다. 부모의 은혜가 한없이 크고 깊음을 말하고 은혜 갚음과 죄를 없애는 방법을 가르치고 있는 《부모은중경언해》, 승려 입문 과정의 필수 교재인 《초발심자경문언해》, 칠대의 조화로 우주의 만물이 형성되며 그것이 곧 불성임을 가르치는 《칠대만법》 등은 대중성을 띠는 내용으로, 간경도감에서 간행된 《능엄경언해》(1462)나 《법화경언해》(1463), 《금강경언해》(1464) 등 정통 불교 경전과는 성격이 다르다. 다음 실록의 기록을 통해 간경도감에서 불교 경전의 언해가 이루어진 맥락과 그러한 불경 언해서의 수요층을 가늠할 수 있을 것이다.

중 신미가, 임금이 중들에게 《금강경》과 《법화경》을 강하여 시험해서 능하지 못한 자는 모두 환속시키려고 한다는 말을 듣고, 언문으로 글을 써서 비밀히 아뢰기를, 중으로 경을 외는 자는 간혹 있으나, 만약에 강경(講經)을 하면 천 명이나 만 명 중에 겨우 한둘뿐일 것이니, 원컨대 다만 외는 것만으로 시험하게 하소서."

-《예종실록》 권6

위의 기사에서 주목할 부분은 승려들이 강경을 하기가 어렵다는 신미의 말이다. 이를 통해 불경 언해가 이루어지게 된 맥락을 짐작할 수 있다. 불경 언해서들은 일반 백성들을 위한 것이라기보다는 승려 교육 등에 활용하기 위한 것이었을 가능성이 높다.

실용서의 경우에도 그 서적의 성격에 따라 한글의 활용 방식이 달라지게 된다. 《간이벽온방》, 《촌가구급방》, 《분문온역이해방》, 《신간구황촬요》 등의 의학서는 일반 백성이 직접 읽을 수 있고 직접 활용할 수 있는 수준의 내용으로, 전국적으로 간행 보급되었다. 이를 보면 한글 의학서의 간행 목적은 궁벽진 지방에 사는 백성일지라도 스스로 약재를 구해 처방할 수 있도록 하는 데 있다고 할 수 있다. 허준이 《언해두창집요》와 《언해태산집요》를 간행하였음에도 당대의 의학 지식을 집대성한 《동의보감》을 언해하지 않은 것을 보면, 서적의 성격에 따라 언해의 필요성을 판단했음을 확인할 수 있다.

이는 농업 서적의 간행 양상에서도 확인된다. 조선에서 농업은 기간산업이었으므로, 농업 발전을 위해서는 조선의 환경에 맞는 농법을 수록한 서적이 절실히 필요했다. 이러한 필요에 따라 《농상집요》, 《사시찬요》, 《농사직설》 등이 간행되었다. 하지만 이는 한문으로 된 것이었고, 이에 대한 언해본은 나오지 않았다. 김슬옹(2012: 387)에서는 이처럼 농서들이 언해되지 않은 이유를 농사짓는 사람들이 직접 보기보다는 수령이나 아전, 양반들이 관리 감독하고 지시하는 기능을 염두에 두었기 때문으로 보았다. 그런데 18세기 초에 등장한 《농가월령가》는 한글로 된 월령체 장편가사로 되어 있다. 농사기술의 전수는 한문을 통해 진행하고, 농사를 짓는 농부들이 알아야 할 간단한 내용은 한글로 전파했다고 볼 수 있다. 실용서의 경우에도 한글과 한문의 역할이 분명하게 구분되어 있었던 것이다. 이 때문에 한글의 사용이 확장되었음에도 불구하고 전 사회적인 지식의 유통은 제한적일 수밖에 없었다.

그런데 17세기 중후반에 한글 소설의 간행이 성행하면서 세책(貰冊)과 방각(坊刻)이라는 새로운 유통 방식이 등장한다. 이는 본격적인 상업 출판이 시작되었다는 점에서 주목할 만한 현상으로 볼 수 있다. 특히 18세기 들어 세책은 사회적 문제로까지 비화한다. 한글 소설의 유통이 중세적 질서에 균열을 내는 역할을 한 것으로 볼 수 있는 대목이다.

근세에 여자들이 서로 다투어 능사로 삼는 것이 오직 패설(소설)을 숭상하는 일이다. 패설은 날로 달로 증가하여 그 종수가 이미 백 종 천 종이 될 정도로 엄청나게 되었다. 세책집[僧家]에서는 이를 깨끗이 필사하여, 빌려 보는 자가 있으면 그 값을 받아서 이익으로 삼는다. 부녀들은 식견이 없어, 혹 비녀나 팔찌를 팔고, 혹은 동전을 빚내어, 서로 다투어 빌려다가 긴 날을 소일하고자 하니, 음식이나 술을 어떻게 만드는지, 그리고 자신의 베 짜는 임무에 대해서도 모르게 되었다. 그런데 부인은 홀로 습속의 변화를 탐탁지 않게 여기고 여공(女工)의 여가에 틈틈이 읽고 외운 것이라고는 오직 여성교훈서였으니 가히 규중의 모범이 된다고 할 것이다.

―채제공, 〈여사서서(女四書序)〉

위의 글은 채제공이 자신의 죽은 아내가 필사한 《여사서》에 대해 쓴 글로, 자신의 아내가 패설(소설)만을 숭상하는 세상 여인네와는 달리 여성 교훈서만을 탐독했음을 칭송하는 내용이다. 이 글은 글쓴이의 의도와는 달리 당시 한글 소설이 얼마나 유행하였는지를 보여주는 기록으로 자주 언급되어 왔다. 그런데 이처럼 백성들이 재미있게 읽을 수 있는 한글 소설의 유행은 조선 사회만의 특징은 아니었다. 당시 일본과 중국에서도 대중들의 눈높이에 맞는 흥미진진한 구어체 소설이 대유행이었다. 이들은 일정 부분 기성체제를 비판하고 풍자하는 내용이었다는 점에서 사회 변화의 한 징표로 거론되기도 한다.

그런데 조선 사회에서 여성들에게 인기 있던 소설은 명나라를 배경으로 충효 사상을 강조한 《완월회맹연》, 오랑캐인 몽골족의 원나라를 물리치고 천하를 되찾으려는 영웅들의 이야기를 엮은 《태원지》, 청나라 조정을 무대로 삼부자의 충성을 다룬 소설 《징세비

태록》, 소씨 가문의 삼대에 걸친 가문 소설인 《문장풍류삼대록》 등이었다.[09] 이는 당시 유행하던 한글 소설의 내용이 대체로 수신 또는 여성 교화와 관련되는 것이었음을 말해 준다. 이민희(2017)에서는 이들 소설이 이처럼 중세적 질서를 벗어나지 않는 것이었기 때문에 소설류에 대한 사대부들의 부정적 시각에도 불구하고 허용된 것으로 보았다. 유교적 질서가 강고히 유지되는 조선 사회에서 중세적 질서에 균열을 낼 만한 내용의 서적들은 공개적으로 유통될 수 없었다. 그렇다면 이러한 사실에 기반하여 전근대 시기 한글 보급의 시대적 의미를 파악하는 태도가 필요할 것이다.

2) 한글 보급의 근대적 의미

조선 후기 한글 사용의 확장은 실학자들의 한글 연구와 더불어 근대 의식이 형성되는 징표로 평가되어 왔다. 정병설(2008: 160)에서는 출판을 통한 한글의 확산을 "조선도 한글·출판을 통해서 초기 대중전달사회에 진입했고 또 완전한 형태는 아니라 하더라도 근대적 민족 공동체에 한발 가까이 접근한 것으로 보인다. 결국 이것은 한글·출판을 통해 한반도가 하나의 정보공동체로 묶인 데 따른 것"이라고 평가한 바 있다. 이러한 견해는 실학자의 한글 연구를 근대 의식의 발현으로 보는 평가와 연결되는 것이다.

실학자들의 한글 연구를 김민수(1980: 156)에서는 "본질적으로 근대적 현실성과 민족적 주체성을 지향함에 큰 특징이 있었다"고 평

---

09.   한국학중앙연구원 장서각(2016: 254)에 당시 유행하던 한글 소설들이 제시되어 있다.

가하였다. 이러한 설명의 연장선에서 김지홍(2013: 214)은 "소중화 의식을 벗어 버리고, 나를 중심으로 능동적으로 세계를 재구성하는 근대 의식의 싹이 '언문지'에 들어 있음"을, 김양진(2009)은 정동유의 한자음 연구에 '자국주의 경향'이 내재되어 있음을, 이상혁(2015)은 실학자들의 한글 의식이 '적극적이고 긍정적이며 가치지향적'[10]임을 강조하였다. 이처럼 조선 후기 한글 보급과 실학 시대 한글 연구를 근대성에 대한 논의 틀로 평가하는 상황에서는, 한글 서적의 출판을 근대적 민족공동체와 정보공동체에 접근하는 요인으로, 실학자들의 의식을 한문보다는 한글로 소통하는 사회를 지향하는 의식의 발현으로 해석하는 건 자연스러운 귀결이었다.

그런데 앞에서 살펴본 바와 같이 전국적으로 간행 보급된 한글 서적 가운데 교화서는 철저하게 중세 질서를 유지하는 역할을 수행하였다. 실용서의 언해는 일반인들이 접근 가능한 수준의 것으로 제한되었고, 유교와 불교 경전의 언해는 중세 질서를 유지하는 지배계층의 참고서로서 기능하였다. 민간에서 유통되는 소설까지도 중세적 질서에 균열을 낼 만한 내용은 유통될 수 없었다. 이러한 점은 한글이 지식 정보를 유통하는 수단으로서 완전한 역할을 하지는 못했음을 말해 준다. 따라서 한글로 된 지식 정보가 증가하였더라도 이는 지식 정보의 중세적 유통 질서를 깨뜨리는 차원으로 나아갈 수 없는 한계를 지니고 있었다. 결국 전근대 시대 한글의 용도는 중세 질서를 유지하기 위한 교화의 수단이나 기초적인 생활을 영위하는 데 필요한 수단 정도의 의미를 띠고 있었다고 할 수 있다. 이런

---

10. 이상혁(2015)에서 언급한 '적극적', '긍정적', '가치지향적' 등의 용어는 맥락상 '근대 지향적'으로 해석할 수 있다.

점에서 19세기말 서양인의 조선 관찰기는 당시 한글의 역할을 잘 보여준다고 할 수 있다.

> 조선인들은 읽기 좋게 쓰인 필체를 아주 높이 평가하며, 상당수의 국민이 글자를 쓸 줄 아는데, 이는 예를 들어 이탈리아보다 훨씬 높은 비율이다. 조선 백성의 대부분은 남자나 여자나 할 것 없이 이 정도의 지식을 배우는 것이 교육의 전부다. 이들의 단순한 삶에서 생기는 일반적인 필요를 위해서는 이 정도로 충분한 것이다. 왜냐하면 (조선의 문자로) 편지를 쓰는 것과, 조선에서 편찬되거나 인쇄되고 있는 역사서나 소설책을 읽는 데는 이 정도의 교육만 받으면 가능하기 때문이다."
>
> ─에른스트폰헤세 바르텍,《조선, 1894년 여름》, 212쪽

이러한 평가의 근거가 분명히 제시된 것은 아니지만, 이 관찰기는 한글 창제 이후 한글의 역할과 위상이 19세기 후반까지 변하지 않고 지속되고 있음을 보여준다. 이탈리아보다 문해자가 훨씬 많았다고 평가 받은 조선의 한계는 결국 정보 유통 수단으로서 한글의 한계에서 비롯된 것이다. 이처럼 한글 서적의 성격을 통해 한글 보급의 의미를 파악해 보면, 한글 사용의 확장을 근대화의 징표로 단정하기는 어렵다. 이런 점은 실학자들의 한글 연구에 대한 평가에도 동일하게 적용될 수 있다. 최경봉(2018)에서 지적한 바 있듯이 한글 의식의 근대성에 대한 판단은 한글을 사용한다는 사실 자체가 아니라 한글 사용의 목적과 지향에 따라 결정된다고 봐야 할 것이다.

실학자들은 한글이 보편적 음운체계에 근접하거나 이를 가장 명료하게 드러낼 수 있는 최적화된 수단이라는 점을 강조하였다. 기존 연구에서는 실학자들이 한자와 대비하여 표음문자로서 한글의 우수성을 강조하는 대목에서 근대적 어문 의식으로의 확장 가능성을 봤다. 즉 한자보다 한글의 우수성을 부각하는 문제의식을 탈중화적 의식의 맹아로 해석한 것이다. 그런데 실학자들이 한글의 우수성을 이렇게 강조했던 가장 큰 이유는 한글이 한자음을 가장 정밀하게 표기할 수 있는 문자이고, 한자음은 음소문자인 한글로 기록했을 때에만 영원히 그 음을 보존할 수 있다는 사실을 발견했기 때문이다.

문제는 실학자들의 한글 의식이 근대성에 대한 논의 틀에서 강조하는 주체적 세계관의 발로라고 단정할 수 있는 근거는 특별히 드러나지 않는다는 점이다. 한글의 문자적 특성에 대한 이해가 의식의 주체성을 담보하는 것은 아니고, 실학자들이 인식한 한글의 우수성과 편리성 그리고 확장 가능성에 대해서는 이미 《훈민정음》에서도 분명히 제시된 바 있기 때문이다. 실학의 근대성을 강조했던 김민수(1980: 158-159)에서 "실학은 근대지향의 민족적 성향이 강하지만, 그것은 어디까지나 봉건사상의 범주 속에서의 개신이었다. 그러므로 그것이 19세기의 근대사상에 직결되지 못하였으나, 문화사상 하나의 문예부흥이었다"고 한 데에서 근대성 논의의 혼란상을 엿볼 수 있다.

이러한 혼선이 불가피함에도 불구하고 기존 논의에서 실학자들의 한글 연구와 한글 의식을 근대적이라고 판단한 것은 이것이 근대 이후 '한글을 민족국가 정체성의 상징이자 국민 통합과 교육의 수단이라 보는 의식'으로 구체화되었다고 봤기 때문이다. 이러한 취지가 받아들여지기 위해서는 최소한 실학자들의 한글 담론에서 탈중화적 의식과 한글 규범화를 향한 목표 의식의 단초를 찾아야 할 것이다. 이런 측면에서 이규상의 한글 담론은 중요한 근거가 될 수 있다. 이상혁(1998: 73)에서는 이규상이 문자 통용과 관련하여 보기 드문 근대 지향적 의식을 가지고 있다고 평한 바 있고, 이러한 평가는 이상혁(2015)에서도 여전히 유지되고 있다. 이규상의 한글 의식을 한글의 우수성에 대한 인식을 넘어 한글의 위상에 대한 의식의 혁신으로 보는 것이다.

각국의 언서는 음에 속하는 반면에 예부터 만들어져 전해 오는 한문은 양에 속한다고 할 수 있다. 각국의 과문 또한 음에 속하지만 옛사람들의 의리문은 양에 속한다. 그런 이유로 최근에 언문과 과문은 도처에서 신장하는데 반해 고자, 고문은 도처에서 점차 위축되고 있다. 동방의 한 지역을 두고 매일 그 소장의 형세를 관찰해 보건대 오래지 않아 '언문'이 이 지역 내에서 공행문자가 될 것 같다. 지금 더러 언문으로 사용되는 공문서가 있는데 졸지에 쓰기 어려운 공이문자(공문서 작성에 사용되는 이두문)의 경우 간간이 언문으로 써 급한 형편에 대처하는 수가 없지 않다고 한다. 이것이 그 조짐이다. 물물사사 각각의 물과 일 어느 하나도 음이 이기지 않는 것이 없다.[11]

－이규상, 《세계설(世界說)》

---

11.   이상혁(1998: 74)에서의 번역문 재인용.

위의 인용 내용만을 근거로 한다면 이규상은 분명 언문이 '공행문자'의 역할을 할 것임을 예측했다고 할 수 있다. 임형택(1997: 372)에서는 공행문자의 역할을 한다는 것의 의미를 중국 중심의 동문주의에서 벗어나 민족국가 본위의 어문으로 전환되는 것으로 보았고, 이상혁(1998: 75)에서는 이런 해석의 연장선에서 공행문자가 공용문자이고 "공용문자라는 것은 그 언어 공동체의 준거가 될 수 있는 문자"라 하면서 이규상의 한글 의식을 근대 지향적으로 봤다.

그런데 이러한 평가는 '언문'을 음으로 '한문'을 양으로 보는 이규상의 견해를 전후 맥락을 고려하지 않고 해석한 결과라고 할 수 있다. 이규상의 글이 맥락상 동문주의(同文主義)의 붕괴를 우려하는 것이란 사실을 주목하지 않았던 것이다. 그러나 김동준(2009)에서는 이민족의 야만성을 '음'으로 보고, 한족 중심의 중화주의를 '양'으로 보는 연장선에서 '언문'을 '음'으로 보고, 한문을 '양'으로 본다는 점을 주목해야 한다는 점을 지적한 바 있다. 위의 인용문에 바로 이어지는 내용에서 이규상의 생각이 좀 더 분명하게 드러난다.

> 그런즉 일치일란(一治一亂)도 그 사이에 있는 것이니, 비록 소강(小康)의 다스림이 있게 된다고 해도 역시 송나라와 명나라가 여러 오랑캐의 사이에 끼어든 형국으로 퇴락했다는 것이다. 그런즉 대세계는 마침내 함께 난(亂)으로 귀결될 것이다.[12]
>
> — 이규상, 《세계설(世界說)》

---

12. 김동준(2009)에서의 번역문 인용.

위의 인용문에는 한족이 아닌 이민족이 중국을 지배하는 상황을 퇴락한 상황으로 보는 이규상의 판단이 나타난다. 이를 앞에서의 인용문과 연결지어 보면, 맥락상 이규상은 언문이라는 음이 한문이라는 양을 이기는 것 또한 퇴락으로 봤다고 할 수 있다. 결국 최경봉(2018)에서 강조했듯이 이규상은 중화주의를 옹호하면서 한족 중심의 중화주의를 강조하는 퇴행적 인식을 보이고 있는 것이다. 다만 언문이 한문을 밀어내는 시대를 음이 양을 이기는 것으로 부정적으로 봤음에도 불구하고, 결과적으로 그러한 시대가 왔다는 점에서 이규상의 예언이 맞았다고 볼 수는 있다. 그러나 그의 한글 의식은 한족 중심의 중화주의라는 중세적 가치관에 기반한 것으로 봐야 할 것이다.

이런 점에서 "18세기에 명·청을 모두 상대화한 바탕 위에 독자적으로 조선의 자국의식을 갖추는 형태의 탈중화 움직임은 나타나지 않았다"는 계승범(2012: 90)의 견해는 당시 한글 의식의 성격을 판단하는 데 시사하는 바가 크다. 이런 관점에서 보면, 이규상의 탄식에 가까운 예언은 19세기 말 갑오개혁 당시 개혁에 저항하여 사직을 요청한 학부대신 신기선의 탄식을 연상시킨다.

학부대신 신기선 씨가 상소하였는데 머리 깎고 양복 입는 것은 야만이 되는 시초요, 국문을 쓰고 청국 글을 폐하는 것은 옳지 않고 외국 태양력을 쓰고 청국 황제가 주신 정삭을 폐하는 것은 도리가 아니오, 정부에 규칙이 있어 내각 대신이 국사를 의논하여 일을 작정하는 것은 임금의 권리를 빼앗는 것이요, 백성에게 권리를 주는 것이니 이것은 모두 이왕 정부에 있던 역적들이

한 일이라, 학부대신을 하였으되 행공하기가 어려운 것이 정부, 학교, 학도들이 머리를 깎고 양복을 입은 까닭이요, 국문을 쓰는 일은 사람을 변하여 짐승을 만드는 것이요, 종사를 망하고 청국 글을 폐하는 일이니, 이런 때에 벼슬하기가 어려우니 갈아 주시기를 바란다고 말씀하였더라.

-《독립신문》 1896.6.4(현대어 표기로 전환)

신기선의 상소를 앞서 거론한 이규상의 논설에 대입하면, 그들은 한글의 국문화를 언문이라는 음이 한문이라는 양을 이기는 난(亂)으로 봤다는 점에서 공통적이라고 할 수 있다. 다만 이규상의 중화주의가 한족 중심의 것이었다면, 신기선의 중화주의는 청나라를 중화 질서의 중심으로 본 것이 다를 뿐이다. 여기서 주목할 점은 한글의 위상 강화, 즉 한글의 국문화는 한문의 폐지와 연동되고, 한글의 국문화에 저항하는 보수주의자들의 반발은 곧 한문의 폐지에 따른 중세질서의 해체에 대한 반발이라는 사실이다. 그렇다면 한글 의식의 근대성을 판단하기 위해서는 한글과 한문에 대한 인식을 더불어 확인할 필요가 있을 것이다.

이상의 내용을 종합하면, 한글과 한문의 대립을 전제하지 않는 실학자들의 한글 의식은 중세적 문자관을 벗어나지 못한 것으로, 한글과 한문 서적의 사회적 역할이 구분된 상황에서 한글 서적이 유통된 것은 중세적 지식의 유통 질서가 유지된 것으로 봐야 한다. 한글에 대한 관심과 한글의 우수성에 대한 인식을 '탈중화 의식'으로 비약하여 이해하거나, 한글 보급의 확장을 근대 이후의 한글 보급과 같은 성격으로 뭉뚱그려 설명하는 것을 경계해야 하는 것은 이 때문이다. 결국 한글 보급이 전국적으로 이루어진 조건은 이후 근대적 지식과 정보의 유통을 원활하게 하는 기반이 되었다는 점에서 그 시대적 의미를 찾을 수 있다. 실학자들의 한글 연구도 근대 초기 '국문의 연원과 자체(字體) 및 발음의 연혁'[13]을 연구하는 기반이 되었다는 점에서 그 시대적 의미를 찾을 수 있을 것이다.

참고문헌

계승범(2012), 〈조선의 18세기와 탈중화 문제〉, 《역사학보》 213.

고동환(2006), 〈조선후기 도시경제의 성장과 지식세계의 확대〉, 《실학의 재조명》(한림대 한림과학원 한국학연구소 제3회 학술심포지움 자료집).

김동준(2009), 〈이규상의 '세계설(世界說)' 다시 읽기〉, 《문헌과 해석》 46.

김슬옹(2005), 《조선시대 언문의 제도적 사용 연구》, 한국문화사.

김슬옹(2012), 《조선시대의 훈민정음 발달사》, 역락.

김양진(2009), 〈18세기 후반의 국어학과 정동유의 '주영편(晝永編)'〉, 《대동문화연구》 68.

김지홍(2013), 〈'언문지'의 텍스트 분석〉, 《진단학보》 118.

백두현(2001), 〈조선시대의 한글 보급과 실용에 관한 연구〉, 《진단학보》 92.

백두현(2009), 〈훈민정음을 활용한 조선시대의 인민 통치〉, 《진단학보》 108.

시정곤(2007), 〈훈민정음의 보급과 교육에 대하여〉, 《우리어문연구》 28.

안병희(1985), 〈훈민정음 사용에 관한 역사적 연구: 창제로부터 19세기까지〉, 《동방학지》 48.

이민희(2017), 〈조선후기 서적 통제, 그 아슬한 의식의 충돌과 타협〉, 《한국한문학회》 68.

이상혁(2015), 〈조선후기 언어·문자 연구와 지식 교류: 조선후기 훈민정음의 유통과 담론의 양상〉, 《한국실학연구》 29.

정병설(2005), 〈조선후기 한글소설의 성장과 유통: 세책과 방각을 중심으로〉, 《진단학보》 100.

정병설(2008), 〈조선후기 한글 출판 성행의 매체사적 의미〉, 《진단학보》 106.

---

13. 이는 1907년 설립된 국문연구소의 연구 논제 10가지 중 하나였다.

정순우(1985),《18세기 서당연구》(한국학대학원 박사논문).

정주리·시정곤(2011),《조선언문실록》, 고즈윈.

최경봉(2016),《근대 국어학의 논리와 계보》, 일조각.

최경봉(2018),〈근대적 한글 의식의 형성 맥락과 특수성〉,《인문학연구》 36.

최경봉·시정곤·박영준(2008),《한글에 대해 알아야 할 모든 것》, 책과함께.

한국학중앙연구원 장서각(2016),《한글, 소통과 배려의 문자》, 한국학중앙연구원출판부.

한글 사랑과 조선의 독립

일제의 민족말살정책과
어문민족주의의 발양

국어(학)운동을 중심으로

박걸순(충북대학교 사학과 교수)

1. 머리말

한일관계가 최악의 상황이다. 이런 상황을 반영하듯 지난 광복절을 전후하여 일본의 혐한 풍조가 기승을 부렸다. 이 중 가장 압권은 한 우익 인사가 방송에서 "일본이 한글을 통일시켜 지금의 한글이 되었다"고 망발한 것이다.[01] 이는 20년 전 우익단체 '새로운 역사교과서를 만드는 모임' 대표의 허구적 주장을 재탕한 데 지나지 않으나,[02] 식민지근대화론이 경제적 차원을 넘어 세계적 민족문화인 한글까지 엄습하는 현상을 보여준다.

일제는 한국을 강점한 다음 프랑스형 식민지 지배 방식인 동화주의를 모방하여 사회경제적 수탈을 자행함은 물론 직접 지배 방식

---

01. JTBC 뉴스(2019.8.13).

02. 西尾幹二,《國民の歷史》, 産經新聞社, 1999, 708쪽.

을 택하였다.[03] 그들은 열강의 보편적 식민지 지배 형태인 정치적 억압과 경제적 수탈에만 머물지 않았다. 제국주의 역사에서 그 유례를 찾을 수 없는 피지배민족의 존재를 부정하는 한민족 말살을 식민지 지배의 궁극적이고 최종적인 목표로 설정하였던 것이다. 따라서 일제의 한국에 대한 식민지 지배는 간접 지배 방식을 택하거나 피지배 민족의 구성과 문화를 보전하고자 했던 다른 열강의 지배 방식과는 근본적으로 구별되는 특수한 방식이었고 가장 잔혹한 형태였다. 일제의 민족말살정책은 어문과 역사 분야가 주요 대상이 되고 생활 일반에까지 두루 미쳤다.

일제의 조선교육령을 기준으로 국어(학)운동을 시기구분하는 것은 일제의 민족말살정책에 대응한 성격임을 분명히 하는 것이다.[04] 일제의 탄압 속에서도 국문 연구 학회가 조직되어 1천여 편 이상의 연구 업적을 산출하였다. 특히 1930년대에 활기[05]를 띠는 것은 국학 민족주의 발양의 시대적 상황을 알려준다. 일제 말기 조선인의 일본어 해득률이 22%[06]에 불과한 사실을 두고, 민족말살정책을 부정하는 논리로 악용하기도 한다.[07] 이는 어문 수호를 민족보전의 골간으로 인식하고 독립운동의 한 방법론으로 펼친 결과임은 두말할 필요가 없다.

03.   신용하, 〈日帝의 민족말살정책과 民族問題〉, 《제2회 韓國學國際學術會議論文集》, 인하 대학교 한국학연구소, 1995, 44-45쪽.

04.   박병채, 〈日帝下의 國語運動 硏究〉, 《日帝下의 文化運動史》, 민중서관, 1973, 447쪽.

05.   박병채, 〈1930年代의 國語學 振興運動〉, 《民族文化硏究》 제12호, 고려대학교 민족문화 연구소, 1977, 7쪽.

06.   박경식, 《日本帝國主義의 朝鮮支配》, 청아출판사, 1986, 386쪽.

07.   萩原彦三, 《日本統治下の朝鮮における朝鮮語教育》, 友邦協會, 1966, 1쪽.

따라서 국학 연구자는 단순한 학자가 아니라 독립운동가였다. 어문에서 주시경과 최현배, 역사에서 신채호, 안재홍, 문일평, 정인보가 그렇고, 권덕규는 두 분야에 걸쳐 있다. 일제강점기 국학자들의 학문적 영역이 다변적이었던 것은 학문 발달의 미숙함보다는 민족문화 수호라는 시대적 명제에 부응했기 때문이다.[08]

이 글은 일제의 민족말살정책과 어문민족주의의 대응을 국어(학)운동을 중심으로 살펴보고자 한다. 먼저 독립운동의 정신적 기축이 된 국학민족주의를 검토하고, 일제의 민족말살정책과 어문민족주의의 발현으로서 국어(학)운동의 구체적 양상을 살펴보기로 한다.

2. 한국독립운동과 국학민족주의

일제의 한민족 말살정책은 민족 구성의 전 요소에 걸친 총체적인 것이었다. 일제의 한민족 말살정책은 경술국치 이전부터 자행되었다. 특히 1905년에 시데하라(幣原坦)가 학부 학정 참여관으로 부임한 이후 일제의 교육 침략은 더욱 노골화하였다. 시데하라는 형식상 한국 정부에 고용된 형태였으나, 사실상 교육 행정의 전권을 장악하였다. 그는 한국사 수업시간을 폐지하고 전 교과서를 일본어로 편찬하고자 하였다. 일제는 식민지 교육 부식을 위해 1908년 9월 교과서 검정규정, 1909년 2월 출판법 등 식민지 악법을 잇달아 공포하여 교

---

08. 박걸순, 《국학운동》(한국독립운동의 역사 34), 한국독립운동사편찬위원회, 2009, 3-14쪽. 본서는 일제하 국학민족주의의 발현으로 전개된 국학운동(국어학, 국문학, 사학)을 검토한 것인데, 본고는 이 가운데 국어(학)운동을 요약 정리한 것이다.

과서를 강제하고 탄압하였다.

당시 교과서 중 일제 탄압의 주대상이 되었던 것은 물론 국어와 국사였다.[09] 즉 민족 구성의 기본 요소인 언어와 역사를 식민지 강점 이전부터 말살하려 한 것이다. 일제는 수십만 권의 도서를 불사르는 만행도 서슴지 않았다. 이 같은 일제의 만행은 분서갱유를 저지른 진시황의 폭정보다 더욱 심한 것으로서, 한민족의 공분을 자아냈다.[10]

일제의 한민족 말살정책은 경술국치 직후 본격화하였다. 일제는 국어와 국사에 대한 탄압정책을 지속하되, 1930년대 이후 신사참배와 창씨개명까지 강제하였다. 즉 일제는 내면적인 민족정신의 말살을 선행한 후 민족의 외형적 실체까지 말살하고자 하는 단계적이고 높은 술수의 한민족 말살정책을 획책하였던 것이다.

1911년 8월에 공포된 이른바 조선교육령은 일제의 초기 한민족 말살정책이 잘 드러나 있다. 조선교육령 제2조는 '교육은 교육에 관한 칙어에 기초한 충량한 국민을 육성하는 것을 본의로 한다'고 하였고, 제5조는 '보통교육은 보통의 지식기능을 전수하고 특히 국민다운 성격을 함양하고 국어를 보급하는 것을 목적으로 한다'는 것이 골자로 되어 있다. 이 조선교육령은 한민족의 민지를 낮게 만들기 위해 수업연한의 단축을 꾀하였다. 따라서 교육의 주체가 한민족이 아니며, '적극성은 조금도 없이 소극성만 내포한 제도로서 우리에게는 가치 없는 문서에 불과한 것'이었다.[11]

---

09. 박걸순,《韓國近代史學史硏究》, 국학자료원, 1998, 49~50쪽.

10. 大韓自强會,《大韓自强會月報》제5호, 1907.11, 14쪽.

11. 이만규,《朝鮮教育史(下)》, 서울신문사, 1949, 186~187쪽.

이는 보통학교의 교과목에서 더욱 분명히 드러난다. 보통학교의 중점 교과목은 독(讀), 서(書), 산(算)이었고, 필수과목은 수신, 조선어, 한문, 일어, 산술 등이었다. 일제가 조선어를 필수과목으로 한 것은 객관적으로는 일본어가 보급되지 못하였고, 주관적으로는 인심을 수습하는 데 필요했기 때문이었다. 한편 역사와 지리를 빼고 일본어와 조선어 속에서 이를 가르치게 하였다. 그렇게 한 까닭으로 수업연한이 적다는 구실을 들었으나, 사실은 일본역사만 가르치고 한국역사를 뺄 경우 한민족의 반발을 우려한 때문이었다.

일제의 보통학교 교육방침은 학무국장 세키야의 지시로 요약된다. 그는 보통학교 교육은 민도의 실제에 맞고 시세의 요구에 응해야 하는 것이고, 요는 실용에 맞는 인물을 만드는 데 있다고 하였다. 따라서 상급학교 진학을 장려하는 것은 옳지 않다는 것이다. 또한 조선인은 정치의 폐단으로 공론공리(空論空理)를 산(算)하고 실업을 낮게 여겨 근면의 풍조가 없다며, 이는 조선의 현상에서 꼭 개량하여야 할 것이라고 강조하였다.[12] 즉, 한국인을 우민화하여 식민지 통치에 순응케 하고 노예화한다는 것이 일제의 식민지 교육방침이었던 것이다.

일제는 교육제도를 통한 민족말살정책과 함께 민간에 대한 강제도 더욱 강화하였다. 일제는 한국어 사용을 금지하고 일본어 사용을 강제하였다. 또한 단순히 우리 민족의 역사책을 소지하였다는 죄로 구타를 자행하였다. 이런 사례는 일제의 한민족 말살의 폭압적 수단을 단적으로 보여주는 것이다.

---

12. 이만규,《朝鮮教育史(下)》, 192쪽. 이는 학무국장 세키야가 1911년 8월 보통학교 교감 강습회 석상에서 내린 지시이다.

이런 상황 속에서 한민족의 위기의식이 높아지게 되었다. 그리하여 1920년대 후반부터는 신문과 잡지 등에 조선어문과 조선사 등 민족문화에 대한 내용이 민족보전의 차원에서 주요 주제로 등장하게 되었다. 이처럼 민족문화가 재인식된 것은 일제의 민족말살정책, 특히 문화정치란 미명하에 자행되던 민족말살정책에 대한 민족적 대응이라 할 수 있다. 조선학운동은 이 같은 시대적 배경에서 등장한 학술운동이요, 문화운동이었다. 즉 일제의 한민족 말살정책으로 인해 민족의 어문과 역사가 탄압당하고 왜곡되는 상황에서 민족의 정체성이 상실되는 것에 대한 위기의식의 발로였던 것으로 이해된다. 당시 '조선학'의 개념을 둘러싼 논의 가운데 조선어문과 조선사가 골자를 이루고 있는 것은 이러한 사실을 뒷받침해 준다.

한말 국학의 연구는 근대로의 이행과 자주권의 수호를 위한 방법론으로서 역사성과 시대성을 띠는 독특한 성격을 지닌다. 그렇기 때문에 국학 연구는 이념적으로 민족주의적 색채를 강하게 드러내고 있다. 한말 이래 국학이 주목되었고, 그 전통을 계승하여 일제를 극복하기 위한 운동 방법론으로서 국학의 연구가 활발하게 전개되었다. 그렇기 때문에 이를 국학민족주의라 지칭할 수 있을 것이다.

국학은 국어학, 국문학, 국사학의 영역을 포함하는 개념이다. 그러나 국학의 개념은 시대에 따라 용어를 달리하였고, 학문적 영역도 약간 달랐다. 조선 후기에는 동국(東國)이라는 개념이 중국에 대한 지역적 차이를 부각시키고 민족적, 문화적 정체성을 선명히 하는 용어로 사용되었다. 물론 조선 전기부터 《동국사략》 등 '동국'을 칭하는 사서가 다수 편찬되었으나, 그 자체만 가지고 민족적, 문화적 인식이 전제된 개념으로 볼 수는 없다. 그러나 《동국여지승람》처럼 중국과 대등하다고 여긴 자주적 역사인식의 바탕 아래 동국을 칭한 경우가 생겨나기 시작하였다.

'동국' 또는 '해동(海東)'을 자주적 역사인식의 관점에서 책이름 등에 본격적으로 사용한 것은 실학자들에 의해서였다. 18세기 후반 안정복의 《동사강목》과 한치윤의 《해동역사》는 조선 후기의 자주적 역사인식을 대표하는 역사서라고 할 수 있다. 이와 비슷한 시기에 저술된 이종휘의 《동사(東史)》는 이후 만주를 중심으로 한 대종교의 역사인식에 지대한 영향을 끼쳤다. 단재가 이종휘를 조선 후기의 역사가 중 가장 주체적인 역사가로 평가한 이유이기도 하다.

역사책 이름에 '동국'을 칭하는 것은 한말 계몽사학에서도 계속되었다. 물론 '조선', '대한', '본국' 등이 비슷한 개념으로 혼용되기도 하였으나, 《동국역대사략》(1899, 학부), 《보통교과동국역사》(1899, 학부), 《신정동국역사》(1906, 원영의·유근), 《중등교과동국사략》(1906, 현채) 등에서 동국이 서명으로서 계속 사용되고 있음을 알 수 있다.[13] 이는 1895년 3월 10일, 내각아문이 각 도에 내린 훈시에서 본국사와 본국문을 먼저 가르칠 것과, 명·청을 존숭하지 말고 우리의 개국기원을 사용할 것을 지시하는 등 대중국 종속으로부터 탈피하려는 시대적 사조와도 관련이 있는 것으로 보인다.[14]

그런데 이를 전후하여 '대동(大東)'이라는 이름이 등장하여 주목

---

13. 박걸순, 《韓國近代史學史研究》, 47쪽의 〈표1〉 한말의 국사교과서 일람표 참조.

14. 《고종실록》, 1895년 3월 25일. 이 훈시는 중국에 대한 역사적 주체성과 문화적 독립 의지는 강력히 천명하였으나, 일본이 우리의 자주독립을 돕는 형편을 일깨우라(제87조)고 하는 등 일제의 본질과 실체에 어두운 면을 여실히 드러내고 있다.

된다. 이는 단순히 중국에 대한 종속에서의 탈피가 아니라 보다 강렬하게 민족이 전제된 이데올로기적 성격을 지닌다. 책이름에 '대동'이 등장하는 것은 헌종대 홍경모가 저술한 《대동장고(大東掌攷)》가 최초로 보인다. 그 후 근대교육의 실시와 함께 《대동역사》(1905, 최경환), 《보통교과대동역사략》(1906, 국민교육회), 《대동역사》(1906, 정교), 《초등대동역사》(1909, 박정동) 등 '대동'을 칭하는 교과서가 다수 등장하였다.

황의돈의 저술로서 북간도 명동학교의 교재로 사용하였다고 전하는 《대동청사》(1909)는 민족주의 사가가 저술한 최초의 통사로서 대동을 칭하였다. 한편 그가 1911년부터 1912년까지 재임했던 대성학교의 역사 교재로 저술한 《대조선사》라는 역사서가 전한다.[15] 이는 신채호 등 초기 민족주의 사학자들이 지녔던 이른바 '대조선주의'나 대종교의 '동북아시아 중심사관'과 궤를 같이하는 것이라 할 수 있다.[16]

이로 미루어 '대동'은 조선시대의 '동국'에서 한말 민족주의적 인식이 확대됨에 따라 붙여진 이름으로서, 민족사를 확대와 팽창의 개념에서 해석하고자 한 역사인식의 변화를 보여준다. 이 같은 역사인식의 사유는 망국 이후, 특히 만주에 대한 인식의 추이에 따라 더욱 강화되는 경향을 보인다. 《대동사》와 《대동시사》를 저술한 유인식은 '동사' 앞에 '대'자를 붙인 것은 국체의 존중함을 표한 것이라고 설명함으로써 강렬한 국가의식의 표현임을 강조한 바 있다.[17]

---

15.   본서는 필사본으로 안창호의 강의록이라고도 전하나, 대성학교의 역사교재였고, 564쪽에 달하는 방대한 저술로 황의돈의 여타 저술과 유사성이 인정되어 황의돈의 저술로 보는 것이 타당할 듯하다.

16.   한영우, 〈民族主義史學의 成立과 展開〉, 《朝鮮後期史學史硏究》, 일조각, 1994, 10-11쪽.

17.   박걸순, 〈東山 柳寅植의 歷史認識〉, 《韓國史學史學報》 2, 2000, 69쪽.

동국-대동을 이어 학문적 개념으로서 조선학이 자리 잡은 것은 일제강점기 때였다. 1934년에 전개된 조선학운동은 국학민족주의를 토대로 전개된 것이지만, 이를 정확히 이해하기 위해서는 1930년대의 민족운동계를 이해하여야 한다.

1930년대에 접어들면서 민족운동계는 중대한 전기를 맞이하게 된다. 일제는 경제공황을 맞아 1931년 9월 만주를 침공하여 괴뢰 만주국을 수립하는 등 침략전쟁을 확대하였다. 또한 한민족의 독립운동에 대한 탄압을 강화하며 동화와 민족말살정책을 더욱 노골화하는 등 독립운동의 객관적 정세가 급격히 변화하였다. 한편 국내의 민족운동계는 신간회 해소 이후 민족주의와 사회주의 노선이 대립하는 양상을 보인다.

이 같은 상황에서 국내의 독립운동은 1920년대 대중운동의 역량을 계승하며 1929~1932년 사이에 급격하게 고조되는 양상을 보인다. 그 전위계층은 혁명적 농민조합과 노동조합을 중심으로 한 농민·노동자와, 광주학생운동 이후 더욱 조직화 양상을 보이는 학생들이었다. 적어도 이 시기에 국한한다면 독립운동의 외연이 확장되고 참여계층이 확대되었으며, 이념과 사상적 기반이 확충된 점에서 '발전적'이라는 평가가 가능하다.

1930년대는 정신사적 관점에서 볼 때 일제에 대한 반발로 민족의식의 폭과 심도가 한층 확대 심화된 시기였다. 특히 1930년대 전반기에 문화와 학계가 정비 발전되고 있다는 점은 이 시기의 가장 특징적 양상으로 파악된다.[18] 그 가운데 국어학, 국문학, 역사학은

18.　1930년대의 국학 발전에 대하여는 고려대학교 민족문화연구소,《民族文化硏究》제 12호(1930년대의 國學振興運動 특집호), 1977 참조.

'국학민족주의'에 기초한 문화운동의 핵심 분야라 할 수 있다.[19]

문화운동은 일제에 대한 저항성과 독립운동에 대한 기여 여부를 기준으로 할 때 평가가 상반될 수 있다.[20] 신채호는 문화운동을 '일제의 강도정치에 기생하려는 주의를 지닌 자', '우리의 적'으로 규정하였다. 나아가 일제에 대한 저항이 전제되지 않은 문화발전은 도리어 조선의 불행이라고까지 말하였다.[21] 그가 우려한 것은 민족운동의 성격을 지니지 않고 단순히 기회주의적 실력양성운동의 성격만 지닌 문화운동일 경우, 자의적이든 그렇지 않든 일제의 민족말살 계략에 빠질 위험이 있다고 보았기 때문일 것이다.

서당이나 야학에서 우리의 말과 글이나 역사를 가르치지 않고 단순히 계몽 차원에서 산술을 가르치거나, 심지어 식민지 생활의 편의를 도모하기 위해 일본어를 가르쳤다면, 이는 실력양성운동일 수는 있으나 민족운동은 될 수 없는 것이다. 일제가 1920년에 《조선어사전》을 편찬하고, 일본인 관리들을 대상으로 조선어 장려 정책을 펼치며 조선어 교육 교재를 개발하고 조선어 장려시험을 실시하였다고 하여 민족운동사 속의 문화운동으로 논의할 수 없는 것과 같은 이치이다.

이 시기의 문화운동은 한민족 말살을 획책한 일제 식민통치에 대항하여 민족보전을 추구한 것이었다. 또한 정치투쟁이 좌절되자 그 한계를 경험한 독립운동계가 문화투쟁으로 노선을 전환하는 시

19.　이만열,《韓國近代歷史學의 理解》, 문학과지성사, 1981, 48–51쪽.

20.　조동걸,〈1930·40년대의 국학과 민족주의〉,《人文科學硏究》창간호, 동덕여자대학교 인문과학연구소, 1995. 126쪽.

21.　신채호,〈조선혁명선언〉,《단재신채호전집》제8권, 2008, 894쪽.

점임을 감안할 때, 독립운동의 일환이었음은 재론의 여지가 없다. 그 대표적인 사례는 안재홍에서 찾을 수 있다. 그는 신간회의 해소를 반대하였고, 해소 직후 새로운 '전 민중적 표현단체와 결사체의 조직'을 주장하였다. 하지만 결국 정치투쟁에 절망하고 역사 연구로 민족운동의 방향을 선회해 조선학운동을 주도하였던 것이다.

조선학운동은 이 같은 문화운동의 차원에서 주창된 것이다. 그러나 조선학운동은 운동사가 아니라 학술사적으로 접근하고 조명되어야 할 '조선 연구의 기운'이었다. 다산 서거 99주기 기념강연회에서 정인보와 안재홍이 '조선학'을 주창하자, 곧 동아일보 기자가 백남운, 안재홍, 현상윤 등을 탐방하여 '조선학'의 개념 등을 대담한 기사를 연속 게재한 데에서 당시 관심의 일단을 읽을 수 있다.[22]

그러나 조선학운동은 운동의 실체적 양상이 드러나지 않을 뿐만 아니라, 문화운동의 역사적 평가에 소극적이었던 학계의 경향으로 인해 독립운동사에서 간과되거나 매우 간략하게 논급되고 있는 실정이다.

조선학운동에 대하여는 정인보와 문일평의 예를 들며, 1930년대 민족적인 것에 대한 발굴 의욕에 의한 정신적 소산의 제시였다는 홍이섭의 선구적 평가가 있었다.[23] 이후 천관우는 조선학운동의 실학과의 관련성에 주목하며, 민족주의 사학의 중요한 성과로서 내연적, 심층적 민족운동의 한 표현이라고 적극적으로 해석하였다.[24] 이는 조선학운동을 민족운동과 민족주의 사학의 범주로 설정한 최초

22. 《동아일보》 1934년 9월 11-13일자 〈朝鮮硏究의 機運에 際하야〉.

23. 홍이섭, 《韓國史의 方法》, 탐구당, 1968, 315-318쪽, 335-337쪽.

24. 천관우, 〈韓國學의 方向〉, 《韓國史의 再發見》, 일조각, 1974, 52-53쪽.

의 평가라 여겨진다. 이후 조선학운동은 1980년대 후반부터 본격적으로 주목되었다. 한영우는 조선학운동을 식민주의 동화정책에 대한 학문적 대응논리뿐 아니라 도식적 유물사관과 국제주의적 공산주의에 대한 경계심도 아울러 고려한 학문 체계라고 해석하였다. 한편 그는 조선학운동을 신간회운동을 합리화하는 학문 활동이라고도 하였다.[25]

한편 조선학운동을 후기 민족주의 역사학의 한계로 이해하는 경향도 있다. 1930년대의 부르주아 민족주의는 이념적 한계와 관념론적 문화사관이 본질적으로 내포하는 계급적, 실천적 한계가 있었는데, 조선학운동을 그런 한계 속에서 추구된 실천적 모색이라고 보는 것이다. 그리고 그 배경으로 1920년대 후반부터 비타협적 민족주의 진영의 정치적 입지가 적어지면서 후기 민족주의 사학자들이 민족운동의 활로를 문화운동에서 찾아나가려 했던 상황을 주목하였다. 물론 이 견해도 조선학운동이 일제의 민족말살에 대한 문화적 대응이자, 민중 세력에 뿌리 내리고 있는 사회주의운동과 마르크스주의 역사학에 대응한 자구책으로 보는 것은 기존의 견해와 같다.[26] 조선학운동을 1930년대 초반기에 민족주의와 국제주의가 대치하던 상황 속에서 일어난 민족 문제 논쟁의 현상으로 이해하는 견해도 있다.[27]

일제강점기 국학자들의 학문적 영역은 다변적이었다. 대부분의

---

25. 한영우, 《韓國民族主義歷史學》, 27쪽, 205-210쪽.

26. 한국역사연구회 편, 《한국사강의》, 1989, 27-28 및 《한국역사》, 역사비평사, 1992, 443쪽.

27. 지수걸, 〈1930년대 초반의 조선 민족주의와 마르크스레닌주의〉, 《人文科學研究》 창간호, 동덕여자대학교 인문과학연구소, 1995, 162-68쪽.

학자들은 국어학과 국문학은 물론 국사학의 영역을 넘나들었다. 권덕규, 안확, 문일평, 계봉우 등은 그 대표적 인물이라 하겠다. 신채호, 정인보, 안재홍 등도 예외는 아니며, 심지어 유물론사가인 백남운도 사회경제사의 해석에서 어의를 중시하였다. 유인식이 통사인 《대동사》를 저술하는 한편, 문학사라 할 수 있는 《대동시사》를 저술한 것은 역사나 시나 모두가 민족정신과 국수國粹를 발양시켜 줄 수 있을 것이라 믿었기 때문이다. 그렇기 때문에 군이 학문적 영역을 엄격히 구별할 필요도 없었을 것이다. 진단학회가 국학 연구를 표방하였을 때, 여기에 다양한 부류의 학자가 참여한 것도 그러한 경향을 보여주는 것이다.

이처럼 국학자의 학문적 영역이 모호하고 다변적이었던 것은 당시 학문이 독립적 체계를 갖지 못한 단계였기 때문일 수 있다. 하지만 그보다는 민족보전이라는 국학민족주의의 요구에 부응하기 위한 것으로 보는 것이 타당할 듯하다. 따라서 일제강점기 국학운동은 지나치게 학문적 잣대로만 따져서는 곤란하다.

국학민족주의에 포함되어 있는 어문민족주의와 역사민족주의는 운동성과 실천성을 지닌 강렬한 민족주의를 표방하고 있다. 따라서 국학자들은 학자이면서 독립운동가였다. 최남선처럼 학자의 길만을 고집하다가 훼절한 인사가 적지 않으나, 많은 국학자들은 지행합일이 요구되는 시대적 의무와 민족적 요구에 부응하고자 하였다. 그들은 혹독한 상황에서 한글맞춤법을 제정하고, 국어사전을 만들었으며, 한글 보급운동을 펼쳤다. 또한 문학사와 소설사 등을 정리하고, 저항문학을 발달시켰으며, 출판법과 신문지법 등 식민지 악법을 폐지하기 위한 투쟁에도 나섰다. 국내외에서는 계속하여 역사 연구와 독립투쟁이 병행되어 나갔다. 요컨대 일제강점기 어문과 역사민족주의를 통해 민족을 보전하고자 한 국학운동이 지닌 특징과 한계는 그 상대적 조건인 일제의 민족말살정책과 관련하여 이해하고 해석하여야 할 것이다.

3. 일제의 어문말살과 조선어정책의 성격

일제의 일본어 장려는 곧 조선어의 추방이었다. 그러나 조선어 말살을 통한 황국신민화정책을 부정하는 견해도 식민지근대화론을 옹호하려는 일본인을 중심으로 지속적으로 제기되어 왔다. 그 같은 견해 가운데는 일본 학자들의 조선어 연구에 의해 '조선의 언문'이 '현대적인 조선어'로 발전하게 되었다는 억지주장도 있다. 또한 일본어 해득률이 저조했던 것을 가지고 조선총독부의 언어정책이 조선어말살정책이 아니었다고 강변하기도 한다.[28]

문제는 이 같은 인식이 식민지 치하라는 정치적 형태를 고려하지 않거나, 일제의 한민족 말살정책이라는 문화적 특수성을 전제하지 않고 있다는 것이다. 그런 한편으로 어문의 근대화 과정을 단선적인 발전사로 규정하려는 편협한 시각과 같은 궤도 위에 서 있다. 이러한 인식구조는 어문의 근대화는 표준화라는 명제의 일반화에만

---

28. 萩原彦三,《日本統治下の朝鮮における朝鮮語教育》, 友邦協會, 1966, 1쪽.

고착되는 경향을 보인다. 예컨대 "… '한글'이란 바로 조선의 근대화된 문자라는 의미이기도 했으며, … 한글운동을 수행한 주체가 최초의 한글 번역 성경을 낸 벽안의 선교사이기도 하고, 식민 지배의 기구인 총독부이기도 했다는 사실은 한글의 발전사에서 크게 문제가 될 것이 없었다. … 조선총독부는 한글운동 과정에서 항상 적대자로 인식된 것은 아니었다. 오히려 언문 철자법의 개정, 거기에 근거한 각급 학교 교과서의 개정 등 총독부의 전면적인 행정력은 조선 어문 통일을 정당화하는 실제적인 권위의 근거로 참조되었다"는 견해가 그 중의 하나이다.[29] 이러한 견해는 우리의 어문이 식민지시기에 표준화되고 한국인의 노력과 함께 총독부와 교회의 역할을 강조하는 논리로 발전하였다.[30]

일제의 언어 정책이나 한민족의 한글 수호운동을 언어민족주의에 경도되어 논의하는 것은 객관적 평가를 저해하기 때문에 바람직하지는 않다. 그러나 역사적 배경과 과정이 전제되지 않은 채 어문의 표준화를 어문의 근대화로 해석하려는 견해에 대해 "… 탈민족주의적 관점에서 혹은 탈근대적 관점에서 일제강점기의 민족어운동을 평가하는 시도는 이처럼 근대 어문 정리운동의 역사, 일본의 식민지 언어 정책의 성격, 식민체제에 저항하는 민족어운동 세력의 저항의식에 대한 평가를 생략한 채 자기 논리에만 부합하는 단편적 사실을 과도하게 부각시킨다는 점에서 또 다른 우상화로 귀결될 가능성

---

29. 이혜령, 〈한글운동과 근대 미디어〉, 《해방 전후사의 재인식 1》, 세상, 2006, 558-560쪽.

30. 교과서포럼, 《대안교과서 한국근·현대사》, 기파랑, 2008, 107쪽.

이 높다"[31]는 우려에 유의할 필요가 있다.

일제강점기 일제의 언어정책과 이에 대한 한인의 활동을 '지배와 저항'으로 단선화시켜 도식적으로 파악하는 것은 언어규범화의 문맥을 성공적으로 밝힐 수 없다.[32] 그러나 지배자에 의한 피지배민족 언어의 표준화 또는 규범화는 어떻게 이해하여야 할까? 즉 일제에 의한 조선어의 근대화, 표준화, 규범화는 무엇을 위한 것이었을까? 이를 근대의 담론으로만 개념화하는 것이 역사적 진실에 부합하는 설정인가? 그 속에 내재된 제국주의적 정치역학은 어떤 의미인가?

1920년대 후반부터 1930년대 전반기까지의 표준화와 규범화 경향을 논의하려 할 때에 지배와 피지배자 사이의 상호 규정 관계를 무시할 수는 없다. 물론 이 시기 일제의 언어 정책이 조선어말살과는 일정한 거리가 있기는 하나, 분명히 지배와 피지배의 식민지 정치적 역학 관계 속에서만 이해가 가능할 것이다. 이는 언문철자법 조사회에 참석한 학무국 사무취급 마쓰우라(松浦鎭次郎)의 인사말에서도 명확해진다. 그는 '언어란 국민문화의 진보에 따라 변천하는 것이고, 이를 표현하는 철자도 이에 수반하여 개량하지 않으면 안 된다'고 전제하고 언문철자법의 통일은 언문의 보급과 발달을 위해서나 조선 문화의 진전을 위해서도 실로 긴요한 일이라고 강조하였다.[33]

---

31. 최경봉, 〈일제강점기 조선어학회 활동의 역사적 의미〉, 《민족문학사연구》 31, 민족문학사학회, 2006, 411-412쪽.

32. 미쓰이 다카시, 〈植民地下 朝鮮에서의 言語支配〉, 《韓日民族問題研究》 4, 한일민족문제학회, 2003, 209쪽.

33. 《朝鮮》 1929년 7월호, 130-131쪽.

그러나 이 같은 마쓰우라의 논리는 조선인 연구자들의 언어 내셔널리즘에 동조함으로써 조선인 연구자들을 자기가 주도한 철자법 심의의 자리로 동원하기 위한 수단이며, 다른 시각으로 보면 지배자 측의 목적을 관철하기 위한 배려 아닌 배려라 할 수 있다.[34]

일제의 어문정책 가운데 1911년 편찬에 착수하여 1920년에 완성한 《조선어사전》은 여러 의미를 지니는 것이다. 일제는 한국을 강점하고 곧 총독부 취조국을 두고 조선 전토에 걸쳐 각지의 관습을 조사하고 전적을 섭렵하여 제도와 관습의 연원을 연구하기 위해 18개의 연구항목을 정하였다. 그 가운데 맨 마지막 항목이 '조선어사전의 편찬'이었다.[35] 결국 조선어사전의 편찬은 일제의 조선 통치를 위한 기초자료로서 '한일대역사전'의 성격을 지니는 것이라 할 수 있다.

일제는 '무릇 문명국에서 있어서는 무엇보다도 국어사전의 편찬이 당연한 일이나 조선에는 아직 고유의 국어(諺文) 사전이라 칭할 것이 없어 조선의 사물을 연구하는 데 불편함이 크다'는 것을 조선어사전 편찬의 명분으로 내세웠다.[36] 이에 의하면 당초 조선어사전은 방문(邦文, 日本語)을 읽을 수 있는 자와 선문(鮮文, 朝鮮文)을 읽을 수 있는 자 모두를 위한 것으로 기획되었음을 알 수 있다. 그러나 이 계획은 출판될 당시 조선인을 위해서 조선어사전을 작성할 필요가 크지 않다는 의견에 따라 한일대역사전으로만 편찬되었다. 이는 그들이 조선어사전 편찬의 명분으로 내걸었던 '문명국에서 국어사전'

---

34. 미쓰이 다카시, 〈植民地下 朝鮮에서의 言語支配〉, 《韓日民族問題研究》 4, 한일민족문제학회, 2003, 224쪽.

35. 朝鮮總督府 中樞院, 《朝鮮舊慣制度調査事業槪要》, 1938, 21-31쪽.

36. 朝鮮總督府 中樞院, 《朝鮮舊慣制度調査事業槪要》, 29-29쪽.

운운한 것이 얼마나 허구적인 것이었던가를 매우 잘 보여주는 대목이다. 또한 조선어사전을 '조선인의 저술'이라며 '조선어보통사전'에 배열시킨 오구라 신페이의 해제는 잘못된 것임을 알 수 있다.[37]

조선어사전 편찬에 조선인이 참여한 것은 사실이다. 즉 초창기에 박이양, 현은, 송영대, 김돈희 등이 자료수집 위원(후에 촉탁으로 개칭)으로 참가하였고, 조선사서 심사위원으로 어윤적이 위촉되었다. 또한 초고를 작성할 때 박이양, 현은, 송영대 외에 김명연과 현얼 등 5인이 집무위원으로 참가하였고, 편찬의 마지막 단계에서 원고를 심사하기 위한 16인 심사위원 중 이완응, 현헌, 어윤적, 정병조, 정만조, 박종열, 현은, 김한목, 윤희구, 한영원 등 10명이 참가하였다. 이들은 대부분 관직에 있던 자들로 '조선구관제도조사사업'에 직간접으로 참가한 경험이 있거나, 총독부에서 조선어 교육이나 일본 관계의 업무에 종사하던 사람이었다.

조선인이 저술과 편찬에 참여하였다고 하여 조선인을 위한 언어정책으로 호도해서는 안된다. 중요한 것은 조선어사전의 편찬 목적과 활용의 주체를 따지는 일이다. 조선어사전의 편찬이 일본인 관리들에게 조선의 구관과 제도를 쉽게 이해시켜 효율적인 식민지 통치가 가능하도록 하는 수단이었음은 재언을 요하지 않는다. 일본인 관리들이 이 사전을 통해 조선어를 익힌 결과 문서 검열 등을 통해 독립운동을 탄압하고 사상 통제를 가하였다면 이는 학술 차원을 훨씬 벗어난 것이다.

일제는 일본인 관리들을 대상으로 조선어 장려 정책을 펼쳤다.

---

37. 小倉進平은《朝鮮語學史》에서《朝鮮語辭典》의 해제를 하며 조선인의 저술임을 강조하였다. 또한 조선어, 일본어 대역사전 중에서 가장 완전한 것이라고 평가한 바 있다.

조선어 교육 교재를 개발하고 조선어장려시험을 실시하기도 하였다. 조선 통치의 효율을 높이기 위한 방안으로, 통역관, 조선총독부 관리, 교육계 직원, 경찰, 부군 서기 등을 대상으로 하였다. 좀 더 현실적이고 구체적으로는 일제강점기 초기 조선인 중 일본어를 구사할 줄 아는 사람이 전체 인구의 0.6%밖에 되지 않았던 현실에 기인한 것이라 할 수 있다. 일본어 해득자가 급증한 1930년대 후반부터 이 시험을 '조선어 시험'으로 환원하였을 뿐만 아니라, 한민족 말살 정책에 박차를 가하여 어문 말살을 획책한 데에서도 그 의도를 여실히 알 수 있다.[38]

4. 어문민족주의의 발양과 국어(학)운동

1) 한글맞춤법 제정운동

조선어학회는 1930년 12월 한글맞춤법통일안의 제정에 착수하여 수차 회의를 거듭한 끝에 1933년 10월 29일 역사적인 '한글마춤법통일안'을 공표하기에 이르렀다. 그런데 주목하여야 할 사실은 한글 표기법의 통일을 먼저 시행한 것은 조선총독부였다는 사실이다. 조선총독부는 1912년 '보통학교용 언문철자법'을 공표하였고, 1930년에는 '언문철자법'을 공표하였다. 그 총설의 내용은 다음과 같다.

38.　허재영, 〈일제 강점기 조선어 장려 정책과 한국어 교육〉, 《한말연구》 제20호, 한말연구학회, 2007, 293~312쪽.

⑴ 조선어독본에 채용할 언문철자법은 각 학교를 통하야 차를 전일(全一)케 할 사.

⑵ 용어는 현대 경기어(京畿語)로 표준함.

⑶ 언문철자법은 순수한 조선어이거나 한자음을 불문하고 발음대로 표기함을 원칙으로 함. 단, 필요에 의하여 약간의 예외를 설(設)함.[39]

이 개정철자법은 1920년대 중반에 이른바 철자파동을 거치며 완성되었다. 즉 구파인 표음주의자와 신파인 형태주의자가 철자법을 둘러싸고 극렬하게 대립하였던 것이다. 그런데 조선어학회가 발표한 '한글마춤법통일안'의 총론도 언문철자법의 총설과 대체로 비슷하다.[40]

조선어학회의 '한글마춤법통일안'은 당시 운동 주체들에게도 '한글운동의 제일선'으로 인식되었다.[41] 또한 《동아일보》와 《조선일보》 등도 조선어학회의 '한글마춤법통일안'을 적극 지지하였다. 이 신문들은 조선어학회가 공표한 '한글마춤법통일안'을 특별부록으로 제작하여 독자들에게 배포하는 한편, 기사와 사설 등을 통해 조선어학회와 새 맞춤법에 대해 적극적인 지지를 보였다. 《조선일보》는 맞춤법통일안을 통한 조선어보급의 중요성을 강조하는 기사와 함께, 이극로와의 대담 기사를 내보냈다.[42] 《동아일보》는 〈철자법 통일, 조선문 발달의 기초조건〉이라는 찬성 사설을 게재하였다.[43]

---

39. 〈한글綴字法改正案〉, 《新民》 56호, 1930년 2월호.

40. 조선어학회, 《한글마춤법통일안》, 한성도서, 1933, 1쪽.

41. 이윤재, 〈母語運動의 槪觀〉, 《동아일보》 1933년 10월 29일자.

42. 《조선일보》 1932년 10월 28일자.

43. 《동아일보》 1932년 10월 28일자.

그러나 조선어학회의 '한글마춤법통일안'에 대해 반대 의견을 제시해 오던 박승빈을 중심으로 하는 정음파는 이 안의 공표 이후 더욱 격렬한 반대운동을 진행하였다.[44] 어문표준화의 대의에 공감하고 그 운동이 필요하다는 생각은 당시 널리 퍼져 있었으나, 반대 의견 또한 만만치 않았다. 반대 이유는 통일안이 어려우니 재래에 써 오던 방식대로 해야 한다는 것으로, '조선문기사정리기성회'는 〈한글식철자법반대성명서〉를 발표하기도 하였다.[45]

이 논쟁은 1934년 7월 9일 문필가 78명이 '조선문예가 일동' 명의로 발표한 〈한글 철자법 시비에 대한 성명서〉로 사실상 종결되었다. 이 성명서는 당시 문단을 주름잡고 있던 김동인, 양주동, 이태준, 채만식, 정지용, 이광수, 이은상 등이 망라되어 조선어학회의 맞춤법 통일안을 찬성하는 지지 성명서였다. 이 성명서에는 철자법 논쟁을 보는 문인들의 인식이 여과 없이 드러나 있다. 즉 조선어학회의 회원들을 '사계의 권위'라고 하였으나, 반대운동자들은 '일직 학계에서 들어보지 못한 야간총생의 학자'라고 표현한 것은 양자가 학문적으로 비견되지 않는다는 사실을 강조한 것이었다. 이 성명서 말미에는 조선문예가 일동의 성명을 요약하여 입장을 표명한 '성명3칙(聲名三則)'과 이 성명에 동참한 문인들의 명단이 첨부되었다.[46]

이로써 한글맞춤법통일안에 대한 논란은 일단락되었다. 이제 국어운동은 조선어와 조선문학의 발전에 관심을 쏟게 되었다.

---

44. 1932년 11월 7일부터 9일까지 3일간 동아일보 주최로 조선어철자법 토론회가 개최되었는데, 이론적으로 한글파의 견해가 보다 넓은 찬동을 받았다.

45. 여태천, 〈1930년대 어문운동과 조선 문학의 가능성〉, 269~270쪽.

46. 〈한글 철자법 시비에 대한 성명서〉는 1934년 7월 10일자 《동아일보》에 보도되었다.

2) 표준어의 사정

표준어의 확립은 국어 통일을 위한 매우 중요한 작업이다. 표준어에 대한 논의는 철자 제정 때부터 논의되었다. 언문철자법 제2조에서는 '용어는 현대 경기어로 표준함'이라 하였는데, '한글마춤법통일안'에서 용어가 표준말로 바뀌고 경기어가 서울말로 바뀌게 된 것이다.[47]

조선어학회는 1935년 1월부터 1936년 8월에 걸쳐 조선어표준어사정위원회를 두고 연구를 거듭한 끝에 1936년 10월 28일, 어휘 9,547어에 대해 6,231개의 표준어를 사정하여 공표하였다.[48] 당시 사정위원은 '한글마춤법통일안'의 제정위원과 철자사전 편찬위원을 자동으로 위원으로 하며, 교육계, 종교계, 언론계는 물론 각 도별로 인구수 비례대로 선출하되, 경기 출신을 전체의 3분의 1로 하여 총 40인으로 구성되었다. 사정위원은 나중에 증원하여 더욱 엄정한 사정을 위해 노력하였는데, 별도의 수정위원을 두고 독회를 거쳐 누락된 내용을 보완하거나 잘못된 점을 교정해 나갔다. 제2독회를 거친 사정안은 교육계 등 439명의 사회인사에게 보내 그들의 의견을 받아 최종 제3독회를 거쳐 확정하였다. 그리고 한글 반포 제490돌 기념일에 축하회와 함께 사정한 표준말 발표회를 갖기에 이르렀다.

당시 사정된 표준어는 《사정한 조선어 표준말 모음》으로 간행되었다. 표준어의 사정이 진행되는 동안 언론은 이를 어문통일운동의

---

47. 일본의 표준어에 대한 규정은 '주로 오늘날 동경에서 중류사회의 교양 있는 사람들 사이에서 구사되는 말'이라 되어 있는바, 조선어학회의 표준어 규정과의 유사성이 지적될 수 있으며, 따라서 근대어 이데올로기에 대하여도 문제가 제기될 수 있을 것이다.

48. 김민수, 《國語學史의 基本理解》, 258쪽.

또 하나의 진전이라 하여 기사와 사설로써 격려하였고, 각계각층으로부터 물심양면의 지원이 이어졌다. 어휘 선정에서 지방어를 반영하는 데 다소의 이견이 있었으나, 각계의 전문가를 망라하여 최대의 중지를 모은 최선의 결실이었다. 역사상 뜻깊은 거족적 성사로 평가할 수 있을 것이다.[49]

3) 외래어표기법의 제정

조선어학회는 1931년 1월 24일, 동 회관에서 각계 전문가 45인이 모여 외래어 표기법 및 부수 문제 협의회를 열고 당면 문제를 토의하였다. 한자부는 장지영 외 19명, 영어부는 주요한 외 6명, 그리고 독어부(이극로), 불어부(이종엽), 노어부(이선근), 중어부(장자일), 일어부(정열모), 국제어(장석태)에서 각 2명의 전문가가 참여하였다. 라틴어, 희랍어, 서반아어는 위원이 선정되지 못하였다. 협의회에서는 ①만국어 음표를 조선어음과 비교하는 표를 우선 작성할 것, ②통일방법은 외국말이 이미 조선말로 소화된 것은 그대로 쓰고 소화가 덜 된 것은 되도록 그 본음에 가깝게 표기할 것, 그러기 위해서는 국문에 새 부호를 만든다거나 변조하는 일이 전혀 없도록 할 것 등을 토의하였다.[50]

외래어 표기법의 원안 작성은 8년여의 노력을 기울인 끝에 1938년 가을 ①외래어표기법, ②국어음(일본어음: 필자) 표기법, ③조선어음 로마자 표기법, ④조선어음 만국음성 기호 표기법 등 네 개의 원

49.　박병채, 〈1930年代의 國語學 振興運動〉,《民族文化研究》제12호, 고려대학교 민족문화연구소, 1977, 24-29쪽.

50.　박병채, 〈1930年代의 國語學 振興運動〉, 위의 책, 30쪽.

안을 완성하였다. 이 원안은 시험 적용을 거치고, 각 방면의 지도급 인사 300여 처에 보내 정정을 받은 다음 1940년 6월 25일 회원 전원 일치의 결의를 얻어 공표되기에 이르렀다. 공표된 표기법의 총칙에 는 이미 '한글마춤법통일안'의 제6장 제60항에서 규정한 새 문자나 부호를 쓰지 않으며, 표음주의를 취한다는 정신을 계승하여 실용 세 칙을 제정하였음을 밝혔다.[51]

외래어 표기법은 조선어학회 회원의 열성과 사회 각계각층의 물심양면의 지원으로 10년 만에 완성되었다. 1930년대에 거둔 국어 통일운동의 중요한 업적이라 할 수 있다.

4) 국어사전 편찬사업

개화기 이래 국어통일운동이 전개되며 국어학자는 물론 일반 인들에게도 시급한 과제로 인식된 것은 우리말사전의 편찬이었다. 1874년의 《노한사전》을 위시하여 1900년대 후반 서양인 선교사나 외 교관에 의해 만들어진 영어와 불어 대역사전이 있었으나, 이는 외국 인이 한국을 이해하기 위한 보조적 수단으로서 외국인이 주체가 된 우리말사전이었다.

우리말사전 편찬은 1911년 최남선이 주관하는 조선광문회에서 주시경, 김두봉, 권덕규, 이규영 등이 주축이 되어 진행한 '말모이' 편 찬에서 효시를 이룬다. 이 사업은 4, 5년간 어휘 수집과 주해까지 진 행되었으나, 주시경의 사거와 김두봉의 중국 망명 및 자금사정 등이

---

51. 김민수,《國語學史의 基本理解》, 259쪽.

겹쳐 결실을 맺지 못하였다.

이 사업은 1927년 조직된 계명구락부로 이관되었다. 최남선을 통재(統裁), 정인보를 감독으로 위촉하여 분야별로 편찬자를 분담하여 진행하였다. 이 역시 재정 등의 문제로 매듭이 지어지지는 못하였다. 1937년 계명구락부 총회에서 사업을 조선어학연구회로 이관할 때까지 동사와 형용사 부분을 분담하였던 임규는 끝까지 편집부를 지키며 어휘의 수집 등에 노력하였다.

이렇듯 우리 손에 의한 우리말사전 편찬이 지지부진하던 1920년, 조선총독부가《조선어사전》을 편찬하였다. 조선총독부는 1911년부터 막대한 예산과 인력을 투입하여 9년이 경과한 1919년에 58,000여 어휘를 수록한 사전으로 완성하였다. 앞에서 설명한 바와 같이 조선총독부의《조선어사전》편찬 계획은 조선구관제도조사사업의 일환으로 계획된 것으로서, 한국 강점 초기 일제의 광범한 한국 식민지 지배정책의 구도를 잘 보여주는 것이다.[52] 이 사전은 이후의 우리말사전에 일정한 영향을 끼쳤으나,[53] 일본어로 대역한 한국어 학습 사전의 성격에 불과한 것이었다.[54]

우리말사전의 편찬은 1929년 10월 31일, 한글날 기념식을 마치고 경향 각계의 유지 108명이 조선어사전편찬회를 조직해 이듬해 1월부터 본격적으로 추진되었다. 당시 발표된 취지서에는 조선어사전 편찬의 목적과 방법이 들어 있다. 조선어사전의 편찬은 '조선 민족을 갱생할

---

52. 朝鮮總督府 中樞院,《朝鮮舊慣制度調査事業槪要》, 23~24쪽.

53. 박병채,〈日帝下의 國語運動 硏究〉,《日帝下의 文化運動史》, 민중서관, 1973, 493쪽.

54. 당초 이 사전은 '日鮮人 雙方'을 위해 국문 풀이와 일문 풀이의 이중 해설 체제로 계획되었는데, "조선인을 위해 특히 조선어사전을 편찬할 필요가 없다"고 하여 한일대역사전으로만 출판되었다. 李秉根,〈朝鮮總督府編《朝鮮語辭典》의 編纂目的과 그 經緯〉, 153쪽.

첩로로서 문화의 향상과 보급'을 위한 사업이자, '문화를 촉성하는 방편'으로 계획된 것으로서, 전 민족적 사업으로 추진될 것임을 밝혔다.[55]

조선어사전편찬회는 사전 편찬의 선행 작업으로 표기법과 표준어 제정 등의 필요를 느끼고, '한글마춤법통일안'(1933), '조선어 표준말 모음'(1936), '외래어 표기법 통일안'(1938) 등을 마련하여 나갔다. 1936년에는 조선어학회가 사전 편찬의 업무 일체를 인계받아 편찬에 더욱 박차를 가하였고, 기관지《한글》에 사전 특집호를 게재하기도 하였다.[56] 이 해 3월에는 이우식 등이 조선어사전편찬후원회를 조직하여 후원금을 적립하여 재정 지원에 나섰다.

그러나 일제는 1937년 중일전쟁을 도발하며 민족말살정책에 광분하였다. 조선어 사용이 금지되었다. 이듬해 3월부터는 학교에서 조선어 과목이 폐지되었고, 1940년 2월에는 창씨개명을 강요하였다. 이 같은 어려운 조건에도 불구하고 조선어학회는 1939년 여름부터 큰사전의 원고 전체에 대한 체계적 정리 작업을 진행하고, 원고 정리를 마친 이듬해에는 어렵게 출판 허가도 받았다. 1942년 3월에는 박문출판사(대동출판사) 사장 노성석의 노력에 힘입어 원고 일부가 조판에 들어갔다. 그러나 같은 해 10월 1일 이른바 조선어학회사건으로 말미암아 이 사업은 중단되고 말았다. 원고는 압수당했다. 그런데 조선어학회는 일제 탄압의 화가 미칠 것을 우려하여 원고 1벌을 더 만들어 두었다. 이 같은 사전 편찬의 경험을 바탕으로 1947년부터 1957년까지 6권으로 된《큰사전》을 출판할 수 있었다.[57]

55.   金允經,《朝鮮文字及語學史》, 548-550쪽.

56.   《한글》4권 7호, 1936.

57.   강신항,〈민족문화수호운동(어문·문예)〉,《한국독립운동사사전》총론편(하권), 독

조선어학회의 조선어사전 편찬사업과는 별도로 개인에 의한 사전 출판도 있었다.[58] 이윤재의 글에 의하면 이상춘과 김두봉 등 4인이 개인 차원에서 사전을 정리하고 있었다. 3인은 완결하지 못하였으나, 한 명은 시작한 지 2년 만에 완성하였음을 알 수 있다. 실명을 거명하지 않은 사람 중의 한 명은 문세영을 지칭한 것으로 보인다.[59] 문세영은 조선어사전편찬회의 발기인의 한 사람이었는데, 1932년경부터 이윤재와 한징 등의 지도를 받으며 사전 편찬을 진행하여 1938년 7월 조선어사전간행회 명의로 《조선어사전》을 간행하였다. 《조선어사전》의 출판비는 박문서관 주인 노익형이 부담하였다. 당시 언론은 이를 최초의 조선 사전 편찬이라고 대서특필하며 문세영의 장거를 칭송하였다.[60] 이듬해에는 어휘 만여 개를 추가한 증보판이 발행되었다.[61]

문세영의 《조선어사전》은 조선어학회의 조선어사전과는 별개로 개인의 노력과 희생에 의해 완성된 것으로, 우리 손으로 만든 국어사전의 효시로 평가할 수 있다.

5) 한글날의 제정

1926년 11월 4일(음력 9월 29일) 훈민정음 반포 8회갑(480년)을 맞이하여 국어학자와 신민사 공동 주최로 식도원에서 기념식이 개최

립기념관 한국독립운동사연구소, 1996, 396-397쪽.

58.　이윤재, 〈朝鮮語辭典 編纂은 어떻게 진행되는가〉, 《한글》 4권 2호, 1936, 3-4쪽.

59.　박병채, 〈1930年代의 國語學 振興運動〉, 《民族文化研究》 제12호, 38-39쪽.

60.　《동아일보》 1938년 7월 12일자. 이 기사는 문세영의 사진과 함께 그가 수집해 놓은 어휘 카드 사진도 함께 게재하였다.

61.　《동아일보》 1939년 4월 21일자.

되었다. 이날을 '가갸날'이라 명명하였으며, 매년 기념식을 거행하기로 하였다.[62]

가갸날의 제정은 본격적인 국어운동의 시작으로서 '현금 조선민족으로 가장 의의 있는 기념일'로 받아들여졌다.[63] 신문보도를 통해 가갸날 제정 소식을 들은 한용운은 매우 감격스러워 했다.[64]

가갸날은 1927년 조선어학회의 기관지 《한글》이 창제되고 난 이후 한글날로 변경되었다. 또한 양력을 사용하는 세계적 추세와 달리 음력으로 기념하는 데 대한 반대 의견이 제시되자, 조선어학회는 1932년부터 양력 10월 29일을 한글날 기념일로 정하였다. 1934년부터는 기념일이 10월 28일로 변경되었다. 율리우스력을 기준으로 환산한 것에 대해 그레고리력으로 환산하는 것이 옳다는 주장에 따른 것이었다. 이후 한글날은 1940년 새로운 자료에 따라 10월 9일로 변경되어 오늘에 이르고 있다.

한편 1934년 조선어학연구회는 조선어학회가 지정하여 기념하고 있는 한글날 날짜에 이의를 제기하며, 9월 30일을 훈민정음 반포 기념일이라 하여 별도로 기념식을 거행하였다. 조선어학연구회의 기념식은 호응을 얻지 못하였으며, 한글 반포 기념일조차 하나로 통일하지 못하는 것은 '일대 치욕'이라는 언론의 질타를 받았다.[65] 이는 한글맞춤법 제정을 둘러싼 학회간 감정 대립의 일면을 보여주는 것이다.

---

62. 이윤재, 〈한글날에 대하여(訓民正音頒布紀念日)〉, 《한글》 3권 9호, 1935, 4쪽.

63. 《동아일보》 1928년 11월 11일자.

64. 한용운, 〈가갸날에 對하야〉, 《동아일보》 1926년 12월 7일자.

65. 조선일보》 1935년 10월 28일자 사설 〈한글 頒布 記念日에 際하여〉.

6) 한글 보급 운동

1930년대에 한글 보급 운동은 언론기관과 조선어학회를 중심으로 활발하게 전개되었다. 당시 언론은 한글의 중요성을 일깨우는 많은 논설과 기사를 게재하였다. 특히 《조선일보》의 한글보급반운동과 《동아일보》의 브나로드 운동은 '언론을 통한 레지스탕스 운동'이라 평가되었다.[66]

조선일보사에서는 1929년부터 '아는 것이 힘 배워야 산다'는 표어를 내세우고 하계 방학 때 귀향하는 중등학교 상급반 이상의 학생들을 통하여 문자보급운동을 전개하였다. 이 운동은 1934년 일경의 금지로 중단될 때까지 한글 보급을 통한 민족의식 고취에 크게 기여하였다.

동아일보사의 문자보급운동은 '학생 하기 브나로드 운동'이라는 명칭으로 모집한 학생들을 '민중 속으로' 보내 ①문자와 숫자 보급, ②보건 강연을 실시하고자 한 것이다. 《동아일보》는 이 운동을 시작하며 사설과 광고 등을 통해 학생들의 참여를 독려하였다.[67]

제1회 학생 브나로드 운동은 학생계몽대(조선문 강습, 숫자 강습), 학생강습대(위생 강연, 학술 강연), 학생기자대(기행, 일기, 척서 풍경, 고향 통신, 생활 체험)로 나누어 7월 25일을 기한으로 모집하였다. 그런데 학생 브나로드 운동은 문자와 숫자 보급만 목적한 것이 아니라, 학생이 여름이나 겨울 방학을 이용하여 민족에게 할 수 있는 '봉사의 총명

---

66. 박병채, 〈日帝下의 國語運動 研究〉, 《日帝下의 文化運動史》, 469쪽.

67. 《동아일보》1931년 7월 16일자.

사(總名詞)'로 인식되었다.[68]

동아일보사가 주관하는 학생 브나로드 운동은 4년에 걸쳐 전개되었다. 그 중 1932년은 규모가 가장 컸는데, 강습대원은 2,724명, 강습지 592개 지역이었으며, 수강생은 41,153명에 달하였다. 강습회는 매년 7월부터 9월까지 열렸는데 4년간 총 298일간 강습회가 개최되었으며, 총 강습대원은 5,751명, 강습지 1,320개 지역, 수강생은 총 10만여 명에 달하였다. 학생들의 활동지역은 국내에 그치지 않고, 1934년에는 만주와 일본에서도 전개되었다. 1933년에는 브나로드라는 명칭을 민중들이 잘 모른다고 하여 계몽운동으로 개칭하였다.

브나로드 운동과 함께 동아일보사는 조선어학회의 후원을 받아 조선어강습회를 개최하였다. 동아일보사는 브나로드 운동이 문맹을 타파하기 위한 것이라면, 조선어강습회는 한글 바로쓰기, 즉 철자법의 통일을 위한 것이라고 밝혔다. 즉 브나로드 운동이 무식자를 대상으로 한 것이라면, 조선어강습회는 식자층을 대상으로 한 것이었다.[69]

제1회 한글강습회의 강사는 신명균, 권덕규, 이상춘, 이윤재, 김윤경, 이병기, 최현배, 이극로, 김선기 등이 전국을 분담하여 담당하였으며, 8월 6일부터 9월 9일경까지 계속되었다. 동아일보사와 조선어학회는 이듬해 8월 제2회 한글강습회도 열었는데, 이때는 장지영, 이희승, 이갑, 이만규 등이 강사로 추가되어 전국을 순회하였다.[70]

브나로드 운동과 조선어강습회는 해를 거듭할수록 일반의 호응

---

68. 《동아일보》 1931년 7월 28일자.

69. 《동아일보》 1931년 7월 25일자.

70. 《동아일보》 1932년 8월 6일자.

을 얻으며 전국 각지에서 활발히 전개되었다. 동아일보가 지속적으로 지면을 통하여 광고와 고무적 보도를 한 것이 큰 힘이 되었다. 그러나 곧 일제의 탄압을 받게 되었다. 예컨대 제2회 브나로드 운동을 고무 격려하는 동아일보의 사설이 훼판당하는 등의 탄압을 받은 결과 결국 브나로드 운동은 4회년으로, 조선어강습은 3회년으로 중지되고 말았다.[71] 이상과 같은 신문사의 양대 운동은 국어운동사상 특기할 만한 사실로서 주목되는 것이다.[72]

그런데 조선일보와 동아일보에 의한 문자보급운동과 브나로드 운동은 이전의 문맹퇴치와는 분명히 구분하여야 할 것이다. 즉 1929~1934년간의 국어보급운동은 이전부터 있어 온 단순한 문맹퇴치운동의 연속이 아니라, 조선총독부의 표음주의 철자법과 그 지지자들에 대한 반대에서 출발하였다. 따라서 가장 과학적인 조선어학회의 한글맞춤법 통일안에 따라 민족문화와 민족문자를 보존 발전시키고자 한 민족운동으로 평가하여야 할 것이다.[73]

5. 맺음말

일제의 한국 침략과 식민지 지배의 궁극적 지향은 조선 민족의 말살이었다. 그들은 강점 이전부터 우리 어문을 탄압하고 역사를 왜

---

71. 《동아일보》 1932년 5월 17일자 사설 〈學校와 學生에 告함〉은 후반부가 훼판된 채 발행되었다.

72. 박병채, 〈日帝下의 國語運動 硏究〉, 《日帝下의 文化運動史》, 475쪽.

73. 신용하, 〈1930년대 문자보급운동과 브나로드 운동〉, 《韓國學報》 120, 2005, 120-127쪽.

곡하였는데, 민족말살정책은 제국주의 역사에서 유례를 찾을 수 없는 특이한 것이었다.한민족은 국학민족주의를 사상적 기저로 하여 민족의 보전을 강구하였다. 일제강점기 국학자의 학문적 영역이 어문과 역사학을 넘나들며 다변적이었던 것은 당시 학문이 독립적 체계를 갖지 못한 단계였기 때문이기도 하나, 국학민족주의의 요구에 부응하였던 때문이다. 따라서 일제강점기 국학운동은 지나치게 학문적 잣대로만 따져서는 곤란하다.

국학민족주의에 포함되어 있는 어문민족주의와 역사민족주의는 운동성과 실천성을 지닌 강렬한 민족주의를 표방하고 있다. 따라서 국학자들은 학자이면서 독립운동가였다. 민족 보전이라는 측면에서 본다면 어학을 통한 국학민족주의, 즉 어학민족주의는 가장 핵심 분야라 할 수 있을 것이다. 일제의 언어 정책이나 한민족의 한글수호운동을 언어민족주의에 경도되어 논의하는 것은 객관적 평가를 저해하기 때문에 바람직하지는 않다. 그러나 역사적 배경과 과정이 전제되지 않은 채 어문의 표준화를 어문의 근대화로 해석하려는 견해는 주의해야 할 것이다.

일제강점기 한글맞춤법 제정운동, 표준어의 사정, 외래어표기법의 제정, 국어사전 편찬사업, 한글날의 제정, 한글 보급운동 등은 어문민족주의에 토대한 국어(학)운동의 발양이었다. 요컨대 식민지 권력과 방법을 총동원한 일본어 강제에도 불구하고 조선인의 일본어 해득률이 저조했다는 일제의 통계는 어문수호운동이 민족보존을 통한 독립운동의 중요한 방법론이었음을 입증하는 증좌이다.

주시경의 어문 운동 전략에 관하여
글쓰기 전략과 전문가 집단의 형성을 중심으로

김병문(연세대학교 근대한국학연구소 HK교수)

1. 들어가는 말

남북의 언어 이질화를 걱정하는 논의를 접할 때가 많다. 물론 반세기 이상 교류가 단절된 채 서로 다른 체제 아래서 살아가다 보면 언어에 차이가 생기는 것은 어쩌면 너무나 당연한 일일지도 모른다. 그럼에도 불구하고 최소한 표기의 문제에서는 예컨대 두음법칙이나 사이시옷, 띄어쓰기의 문제를 제외한다면 큰 차이 없이 동질성을 유지하고 있다고 하겠다. 이는 분단이 되기 이전에 나온 조선어학회의 '한글마춤법통일안'(1933)이 있었기 때문이다. 표기상의 동질성은 남과 북이 형태음소적 표기법이라는 대원칙을 공유하고 있다는 점을 말한다. 이 표기 원칙이 바로 주시경에 의해 제기되었다는 점에서 한국어

---

*　이 글은 필자의 박사학위논문 〈주시경의 근대적 언어 인식에 관한 연구〉의 6장 일부를 수정 보완한 것임을 밝혀둔다.

문의 근대화라는 문제에서 주시경이 차지하는 위치는 부인할 수 없을 것이다. 그러나 주시경의 표기 이론은 '한글마춤법통일안'이 나온 때에도 격렬한 반대에 부딪혔다는 데에서 알 수 있듯이, 당대에는 쉽게 받아들여지기 어려운 혁신적인 것이기도 했다.

이 글에서는 그가 자신의 한국어 연구의 성과들을 인정 받기 위해서 어떤 전략을 사용했는지 검토해 보기로 한다. 우선은 그의 글쓰기 스타일, 특히 국문 전용과 국한문 혼용의 두 방식을 그가 어떠한 차원에서 선택하고 활용했는지 살펴볼 것이다. 그리고 나서는 그가 강습회와 연구회 등을 통해 전문가 집단을 형성해 가는 과정과 그 의미를 짚어보고자 한다. 이를 통해 주시경이 어떠한 방식으로 자신의 이론에 대한 동의를 획득해 나갔는지를 확인할 수 있을 것으로 기대한다.

2. 내적 전략: 글쓰기 전략

1) 국문 전용과 국한문 혼용의 길항

우리는 흔히 주시경을 '국문/한글 전용론자'라고 기억한다. 이는 물론 해방 이후 '국어 순화 운동' 과정에서 대대적으로 강조된 면이 크다. 하지만 1920·30년대부터 '국문 전용론'은 이미 그의 '전매특허'와 같은 것으로 인식되고 있었다. 그러나 '국문 전용'과 주시경의 관계가 그렇게 간단치만은 않아 보인다. 주시경은 경우에 따라서는 한자를 상당히 많이 사용한 글을 써 내기도 했기 때문이다. 물론 그의 초기 저술, 즉《독립신문》에 실은 2편의 〈국문론〉(1897)과《신학월보》에 실은 〈말〉(1901)은 모두 순국문으로 되어 있다. 또 그의 마지막 저작인《말의 소리》(1914) 역시 한자가 전혀 사용되지 않았다. 이를 놓고 본다면 그를 '국문 전용론자'로 부르는 것이 전혀 어색하지 않다.

그러나 그 사이에 발표된 주시경의 많은 저술들이 국한문 혼용으로 씌어졌다는 사실을 간과해서는 안된다. 특히 그가 본격적으로 '국문·국어' 연구 및 활동에 나서는 1906년 이후의 저술들에서 한자 사용의 비중이 점점 높아졌고, 1910년의《국어문법》에 와서야 이러한 경향에 변화가 생겼다. 이런 사실을 염두에 둔다면, 그의 글쓰기 전략에서 '순국문' 또는 '국한문 혼용'이 어떠한 의미를 갖고 있는지 살펴보지 않을 수 없다.

사실 초기 저술에서의 '순국문 글쓰기'를 그의 의도에 의한 것이라고만 볼 수는 없다. 한자를 쓰지 않는 것은 그가 글을 실은 매체의 전략이었기 때문이다. 앞서 든 세 편의 글 중 두 편이《독립신문》에 실린 것이다. 이 신문이 한문을 사용하지 않은 채 국문만으로 쓸 것을 선언하고 이를 실천한 것은 주지의 사실이다.《독립신문》의 '순국문 글쓰기'의 의미는 창간호의 '논설'에서 그대로 드러난다.

"우리 신문이 한문은 아니 쓰고 다만 국문토로만 쓰는 거슨 샹하귀쳔이 다 보게 홈이라 … 우리 신문은 빈부귀쳔을 다름업시 이 신문을 보고 외국 물졍과 니지 스졍을 알게 ᄒ랴는 쓰시니 남녀 노소 샹하 귀쳔 간에 우리 신문을 ᄒ로 걸너 멋둘간 보면 새 지각과 새 학문이 싱길걸 미리 아노라"(《독립신문》, 1896.4.7)고 하여, '상하귀천'과 '빈부귀천' 그리고 '남녀노소'를 막론하고 읽히게 하려는 데 '순국문 글쓰기'의 목적이 있다는 것을 분명히 하고 있다. 이와 같이 '상하, 빈부, 귀천, 남녀, 노소'를 모두 독자층으로 삼고자 했다고는 하나 현실적으로 이 호명에 응답한 이들은 한자에서 배재되었던 '하(下), 빈(貧), 천(賤), 여(女), 소(少)'였고, 결국 '순국문 글쓰기'의 의도와 그 효과는 이들을 공론의 장으로 끌어들이는 것과 매우 밀접한 관계에 있었다. 따라서 주시경의 '국문론' 역시 이러한 《독립신문》의 전략 안에서 그 의미를 찾을 수 있을 것이다. 그리고 이는 기독교 잡지 《신학월보》의 경우도 크게 다르지 않았을 것이다. 초기 기독교계가 한자 문화를 공유한 전통적인 양반 계층보다는 유교 윤리에서 상대적으로 자유로울 수 있는 소외계층을 통해 교세를 확장했음은 널리 알려져 있는 사실이다.

물론 이러한 '순국문 글쓰기' 전략이 주시경 본인의 것이라기보다는 매체가 취한 입장과 처한 상황에서 비롯된 것이라고는 해도, 그 역시 한자에서 배제된 계층을 염두에 둔 글쓰기 전략에 적극적으로 동조했음을 의심할 필요는 없을 것 같다. '배재학당, 독립협회, 상동교회' 같은 주시경의 활동 공간을 통해서도 그러한 추정이 가능하겠지만, 매체에 기고한 글이 아닌 첫 저술 《국문문법》(1905)이나 《국문강의》(1906)를 통해서도 확인할 수 있는 사실이다. 《국문문법》이 주시경의 직접적인 저술이 아니라 그의 강의를 필사한 노트이므로, 이를 통해 '순국문이냐 국한문 혼용이냐' 하는 그의 글쓰기 전략을 파악하기는 쉬운 일이 아니다. 하지만 그 직후에 발행된《국문강의》의 상당 부분이 이《국문문법》과 일치하므로 이들을 통해 그가 당시에 어떤 입장을 취하고 있었는지는 어렵지 않게 알 수 있다.[01] 이 둘에 공통되는 부분에는 거의 한자가 사용되지 않고 순국문으로 기술되고 있는 것으로 보아, 최소한 1905년 무렵의 주시경은 〈국문론〉을 쓸 때와 마찬가지로 한자에서 배제된 계층을 독자층으로 삼겠다는《독립신문》의 방침에 동의하고 있었던 것으로 생각된다.

그러나《국문강의》에 새로 첨가된 부분, 예컨대 '국문을 만들심'과 같은 곳에서 '현재의 잘못된 표기 방식이《훈몽자회》에서 비롯되었다'는 주장을 펴는 과정에서부터 한자가 노출되기 시작하더니, 후반부로 갈수록 한자 사용은 점점 빈번해진다. "엇던 子音은 初聲에는 쉽고 終聲에는 어렵거나 終聲에는 쉽고 初聲에는 어려은 形勢는 잇스되 무슨 音이던지 初聲에 쓰이면 반듯이 終聲에도 쓰여지ᄂ니…"(《국문강의》 56b), "어느 子音에던지 先後不拘ᄒ고 ㅎ가 連接ᄒ면 濁音이 되ᄂ니 이는 ㅎ의 性質이 柔疎ᄒ어 某子音과 連ᄒ 則 混合〔和合〕흠이니라"(《국문강의》 67a)와 같은 부분에서 확인할 수 있다. 그리고 급기야 이《국문강의》의 발문에 해당하는 글에서는 다음과 같이 거의 '한주국종(漢主國從)'이라 할 만한 국한문체가 사용되고 있다.

國文은 我 世宗끠서 親이 始製ᄒ심은 世所共知요 各史傳에도 亦有詳載이어늘 或은 世宗 以前붙어 諺이 出於佛家라 ᄒ니 此는 世宗끠서 國文을 始製ᄒ실시 或有依倣梵

01. 이 두 저술에 대해서는 김병문(2013)의 3장 참조.

답

잘 가르치면 그 뜻도 잘 통ᄒ여 그
뜻로 유익이 만코 잘못 가르치면
그 뜻도 잘 통치 못ᄒ여 그터로 유
익이 적으며 이 나라 사람에게도
가르치는 분▶퇴로 효험이 잇느
이다 이럼으로 샤회를 잘 합ᄒ랴
면도 흔 말을 잘 담아 잘 가르치고
잘 배화야 잘 되겠느니다

이 나라에 업는 말이 달은 나라
에 잇소면 엇지 흠이 좋으뇨
六

십칠문
국문 상동청년학원

—111—

《국어강의》본문.

書之模로 籍口흠인가 보고 或은 新羅 薛聰이 諺文을 始製ᄒ엿다 ᄒ고 或은 自古로
佛家에 諺文字가 略有而薛聰이 補正ᄒ엿더니 世宗끠서 又改而作國文이라 ᄒ나 學
易齋의 訓民正音 序文을 본則 薛聰은 但假字而作吏讀요 曾無國文之所製를 亦無疑可
知며 正音 二十八字는 我 世宗끠서 始製ᄒ심을 亦無疑可知리라 抑或若干諺文字ㅣ 自
古有之라 흘지라도 窒澁無稽ᄒ엿슬 터이니 何可籍是而正音二十八字를 謂非 世宗之
始製文字哉아!

-《국문강의》발문1a

여러 번 반복되는 '시제(始製)'가 당시에 통용되던 어휘인지 '비로소(처음으로) 만들다'라는 의미의 한문식 조어인지 불분명하지만, 이런 사소한 것은 논외로 하더라도 "世所共知, 亦有詳載, 或有依倣梵書之模, 又改而作國文" 등의 표현이 한문식 구절, 또는 문장 그 자체임은 두말할 필요가 없을 것이다. 뿐만 아니라 "薛聰은 但假字而作吏讀요 曾無國文之所製를 亦無疑可知며" 같은 부분이나 "何可籍是而正音二十八字를 謂非 世宗之始製文字哉아" 등에 이르면 이것이 한문으로 된 고문(古文)에 조사나 어미류의 토를 단 정도, 즉 '현토체' 문장에 불과한 것이라고밖에는 달리 표현할 방법이 없다. 게다가 이 《국문강의》 맨 앞에 오는 '약례(略例)'(물론 이는 이 책의 본문이 다 씌어진 이후 맨 마지막에 작성되었을 것이다)는 이러한 토조차도 없는 완전한 한문 문장이다.

此書 余昨冬以至今日 口授於學生 但爲若干便宜 臨時偸假而一二張式著刊 故措辭不美或簡或煩或疊或亂 事勢之所因 間以一義字樣之不同亦因此故也
盖此書非圖準其字樣之法而定式也 將欲先解此義而後自改正也
此書槪論音理之天然及法式之自在 而設世誤之最亂庶爲辨正國文誤習之一資也哉

-《국문강의》 '약례(略例)'

위의 글은 이 책이 만들어진 경위와 의도하는 바 등을 기술한 것으로 굳이 한문 문장으로 표현해야 할 이유를 찾기 어렵다. 주시경의 기존 글쓰기 형식과 비교해 보아도 그렇고, 이 책의 본문에서 주로 사용된 기술 방식을 염두에 두더라도 이런 식의 문장은 대단히 이례적이라 하지 않을 수 없다. 다시 말해 그가 갑자기 한자를 많이 사용해야 할 이유를 텍스트 내적인 차원에서 발견하기는 어렵다.

《문헌비고》에 실린 훈민정음 관련 부분을 보고 난 뒤에 집필한 《국문강의》에는 《훈민정음》의 '정인지 서'에서 인용한 문장이나 표현들이 자주 등장한다.[02] 그러나 《국문문법》에도 《화동정운통석운고》의 내용을 발췌 인용하는 부분이 있고, 세종이 훈민정음을 만든 '사적'에 대해 언급하는 부분이 있다. 하지만 그 외의 부분에서는 한문식 표현이 거의 나타나지 않고, 이는 《국문강의》에서도 기본적으로 크게 다르지 않다. 그러나 이러한 경향이 앞서 언급한 바와 같이 이 책의 후반부로 갈수록 차츰 변화하고, 결국 위의 '발문'과 '범례'에서 보는 바와 같이 '한문 문장'을 방불하게 하는 표현이 등장하는 것이다.

무엇이 주시경의 글쓰기 스타일에 이와 같은 급격한 변화를 가져오게 한 것일까? 이와 관련하여 우리는 앞서 언급한 《훈민정음》이 일정한 계기가 되었을 가능성을 염두에 두지 않을 수 없다. 다만 《훈민정음》이라는 문헌 자체의 영향이 있었다기보다는 그가 《훈민정음》을 볼 수 있게 된 저간의 사정이 그의 글쓰기 스타일에 변화를 준 것으로 보는 게 좀 더 타당할 것 같다. 지석영을 통해 1905년 실록에 실린 훈민정음 관련 기사를 확인하기 전까지 주시경이 참고할 수 있는 문헌이라고는 18세기에 처음 간행된 《화동정음통석운고》뿐이었다.

---

02. 주시경은 1905년 여름 지석영을 통해 《문헌비고》에 실린 훈민정음 관련 기사를 확인하였던 것으로 보인다. 이에 대해서는 이현희(1989) 참조.

《국문강의》 '약례'.

　　그러나 지석영을 비롯한 한문 식자층과의 교류를 통해 그는 비로소 《훈민정음》과 《용비어천가》 같은 이른바 '고전'을 접할 수가 있었다. 당시 주시경이 보았던 《훈민정음》은 앞서도 언급한 바와 같이 《문헌비고》에 실린 것으로서 〈해례〉 부분은 빠진 상태였지만, 세종 당시의 문헌은 그에게 매우 소중한 것이 아닐 수 없었다. 더욱이 《훈민정음》의 '종성부용초성(終聲復用初聲)' 규정과 《용비어천가》에서 발견되는 'ㅍ, ㅈ, ㅊ, ㅿ' 등의 받침은 그의 '본음, 원체, 법식'에 기반한 표기 이론의 강력한 근거가 될 수 있었다.

그런데 주시경은 지식인 계층과의 교류를 통해 이와 같은 문헌자료를 확보했을 뿐만 아니라, 더 나아가 이들에게 자신의 이론을 인정받고자 했던 것으로 보인다. 예컨대 그는 1902년에 지석영을 처음 알게 되었는데, 1904년에 'ㆍ'의 'ㅣㅡ 합음설'의 타당함을 인정받고 난 후(지석영은 이 설에 입각해 ㆑를 새로 만들자는 주장을 펴기도 한다), 1905년에는 《훈민정음》을, 1907년에는 《용비어천가》를 얻어 볼 수 있게 되었다. 이러한 과정을 통해 그는 한문에서 배제된 계층이 아니라 바로 그 한문을 기반으로 하고 있는 계층으로부터 자신의 주장을 인정받아야 할 필요를 느꼈을 것이다.

이는 1907년 이른바 '개신 유학자'들이 주도하던 《황성신문》에 〈필상자국언문〉(1907.4.1~6)을 기고한 데서 드러난다. 무엇보다도 학부에 설치된 국문연구소의 위원을 맡은 활동 자체가 국가 정책에 관여하던 관료 및 지식인 계층에게 자신의 이론을 인정받기 위한 것이었음은 두말할 필요가 없을 것이다. 따라서 이때의 글쓰기는 당연히 한문 위주의 국한문 혼용이 되지 않을 수 없었다.[03] 이러

---

03. 《황성신문》에 실린 〈必尙自國言文〉에는 아래와 같은 소제목들이 달려 있다.

動物競爭, 人爲最强動物, 人以文言 得亨最强之勸, 人類競爭 文言有關, 天下區域及 人種之不同, 自國文覺 爲自國特立之表 而或被他弄則 其禍之如何, 廣文言而奪人國, 自國文制用之由, 天下文言之數, 象形記音兩文字之時代, 象形記音兩文利害考, 我國文言, 必修自國之文言, 自國文言 不修之禍, 文言之爲用 如機關, 世宗大王 始制正音, 後生不效 聖意猶尙漢文之歎, 勸告全國有志諸君 與上下同胞

이는 본문 중간에 있는 소제목들로서 물론 본문 자체가 이와 같이 한문 문장인 것은 아니고 이른바 '국주한종(國主漢從)'의 국한문 혼용으로 이루어져 있다. 이러한 차이 때문에 이 소제목들을 주시경이 직접 단 것이 아니라 신문사에서 삽입했을 가능성을 배재할 수 없다. 그러나 그럼에도 불구하고 주시경이 이러한 한문 문장식의 제목이 달리는 매체에 국한문 혼용의 글을 기고한 의미나 의도 자체는 달라지지 않을 것이다.

한 '국한문 혼용'의 글쓰기는 그러한 전략을 채택한 매체(예컨대《황성신문》)에 실은 기고문이나 국가기관에 제출하는 보고서(《국문연구안》(1907~1908),《국문연구》(1909))에서뿐만 아니라, 그의 개인 이름으로 출판된 저서《국어문전음학》(1908)과 심지어 공개적으로 간행되지 않은 원고본《말》(1907~1908?)의 대부분에서도 그대로 이어진다. 그런데 《국어문법》에 이르면 이런 경향에 다시 한 번 변화가 생긴다. 물론 이 책에서도 '서(序)'와 '국문의 소리' 부분은《국어문전음학》이나 국문연구소 보고서와 다름없는 정도의 국한문 혼용으로 되어 있다. 그런데 '기난갈'과 '짬듬갈' 부분에서는 새로운 용어에 대한 간략한 설명 외에는 한자가 거의 사용되지 않고 그야말로 '순국문'으로 본문 내용이 기술되고 있다. 물론 이《국어문법》에서 가장 눈에 띄는 것은 고유어로 된 주시경 특유의 문법 용어들이다. '기난갈'과 '짬듬갈'에서 사용되는 그 숱한 용어들뿐만 아니라 국한문으로 기술된 '국문의 소리'에서도 상당수의 술어들이 고유어로 고쳐져 있다. '웃듬소리(모음), 붙음소리(자음), 낫내(음절), 섞임소리(혼합음)' 등이 바로 그것인데, 이러한 용어들의 고유어화가 대부분 이《국어문법》(1910)의 출판 직전에 이루어진 것으로 보인다.

이는 1909년의 검열본과 비교를 통해서도 확인할 수 있다.(고영근 1995) 그리고 이 책의 마지막 부분에 있는 '이온글의잡이'의 한 항목에서 "이 글은 다 漢文을 섞어 만들엇던것인데 이 제 다 우리나라 말로 곧히어 만들고자 하나 밧븜을 말미암아 다 곧히지 못함으로 틈틈이 漢文이 잇음은 이 까닭이라"라고 한 것을 미루어 보아도 알 수 있는 사실이다. 《국어문법》에서 이루어진 이러한 문체의 변개가 어떤 이유 때문인지 구체적으로 확인하기는 쉽지 않지만, 고유어로 된 새로운 용어의 등장과 밀접한 관계가 있는 것만은 분명해 보인다. 주요한 술어가 모두 고유어로 바뀌는 마당에 국한문 혼용의 글쓰기를 고집하기는 어려웠을 것이기 때문이다.

주시경의 이 새로운 용어에 대해서는 아래에서 다시 다루기로 하겠거니와 그전에 한 가지 언급해야 할 사항은 검열본을 검토해 보면 '이온글의잡이'의 또 다른 항목에서 지석영이 언급되었다가 삭제된 부분이 있다는 점이다. 즉 검열본의 초고에는 "漢字로 國語文法이라 흠은 그때에 지석영시가 줌이요"라고 했던 것을 "漢字로 國語文法이라 함은 그때의 이름대로 둠이라"라고 수정하여 '지석영이 이 책의 이름을 지어주었다'고 한 부분을 삭제한 것이다. 지석영을 비롯한 한문 지식 계층과 교류하고 그들에게 인정받고자 하던 시점부터 한자의 사용이 빈번해졌다는 사실을 염두에 둔다면, 무심히 넘길 수 있는 부분이 아닐 듯하다. 고유어로 용어를 짓고 순국문으로 본문 내용을 기술하는 시점과 지석영의 이름을 지우는 시기가 공교롭게도 일치하고 있기 때문이다. 어쨌든 1905~6년경부터 시작된 지석영을 비롯한 전통적인 한문 지식 계층을 염두에 둔 주시경의 글쓰기가 이제 그들의 시선으로부터 자유로운, 그리고 또 다른 새로운 독자층을 상정하는 글쓰기로 나아간 것이 아닌가 한다. 그리고 이는 앞서 언급한 바와 같이 고유어로 된 용어를 새로 만들어 쓰면서 발생한 변화이다.

《국어문전음학》 표지.

2) 새로운 술어가 갖는 의미

주시경은《가뎡잡지》1907년 1월호에 실은 'ᄌᆞ모음의 대강 이야기'에서 '자음'과 '모음'이라는 '번역어'에 대해서 다음과 같이 풀이하고 있다.

전에는 ᄌᆞ음이던지 모음이던지 통칭ᄒᆞ여 ᄌᆞ모(字母)라 ᄒᆞ엿고 스스로 발ᄒᆞ는 음을 모음(母音)이라 ᄒ고 스스로 발ᄒ는 음을 의지ᄒᆫ 후에야 발ᄒ는 음을 ᄌ음(子音)이라 ᄒᄂᆫ 일홈은 근 빅년ᄅᆡ로 흔이 쓰ᄂᆫ 말인ᄃᆡ 이ᄂᆫ 아마 청국에 구쥬의 교통이 열린 후로 구쥬에셔 스스로 발ᄒᄂᆫ 음을 바웰이라 ᄒᄂᆫ 말을 한문 ᄌ로 모음이라 ᄒ고 스스로 발ᄒᄂᆫ 음을 의지ᄒᆫ 후에야 발ᄒᄂᆫ 음을 칸손낸트라 ᄒᄂᆫ 말을 한문 ᄌ로 ᄌ음이라 일홈ᄒ여 부르ᄂᆫ 것인가 보도다

-〈ᄌ모음의 대강 이야기〉, 28-29쪽

즉 '자음, 모음'이란 말은 이전에는 없던 것인데 유럽에서 쓰는 '바웰', '칸손낸트'라는 말을 한문으로 각각 이름 지어 부르기 시작한 지 얼마 안되었다는 것이다. 그런데 바로 이어 그는 이 번역어의 문제점을 지적하고 있다. 즉 어떤 이가 묻기를 '자식〔子音〕이 있으면 어미〔母音〕뿐만 아니라 아비도 있을 터이니 부음(父音)은 어디 있는가?' 했다는 것이다. 이에 대해 주시경은 '글자의 뜻으로만 보면 그렇게 생각할 수도 있겠으나, 자음은 모음에서 나온 것이 아니라 모음에 의지할 뿐 자재(自在)한 것이라'고 설명했다고 한다. 그리고 그것은 해를 모난 유리에 비춰 보았을 때 나타나는 일곱 가지 색이 유리에서 나는 것이 아님과 같은 이치라고 부연하고 있는데,[04] 이어서 그는 이와 같이 '자음, 모음'이라는 말이 '글자의 뜻으로는 그 이치를 알지 못하고 오히려 오해를 불러일으킬 여지가 있다'며 문제가 있음을 지적하고 있다. 그럼에도 불구하고 이 말을 널리 쓰고 있기 때문에 어쩔 수 없이 이에 따른다는 것이다. 그러나 그는 끝내 '아모 말 뜻에 상관 없는 음으로 특별히 이름을 짓는 것이 좋겠다'는 의견을

---

04.   이와 거의 동일한 내용이 《국문연구안》(1907-1908: 38b-39b)에서도 나타난다.

피력하고 있다.

> 그러나 내가 이 잡지에 ᄌ음이라 모음이라 쓰는 것은 한문에 근러 흔히 쓰는
> 말을 쓸아 쓰는 것이로되 일홈진 글ᄌ의 뜻으로 원뜻을 오해홀 폐단이 잇을
> 터이면 차라리 아모 말 뜻에 샹관 업는 음으로 특별이 일홈을 지어 쓰는 것
> 이 조케도다
>
> ―〈ᄌ모음의 대강 이야기〉, 29-30쪽

여기서 주시경은 한자로 지은 이름이 그 글자가 가지고 있는 뜻으로 인해 잘못 이해될 폐단이 있기 때문에 '말 뜻에 상관 없는 음으로 이름을 짓는 것이 좋다'고 했다. 즉 뜻과 상관없이 음으로만 이름을 짓자는 것인데, 물론 이런 바람은 이 글을 쓸 때 당장 실현되지는 않는다. 이후의 저술인 《국어문전음학》(1908), 《국문연구안》(1907~1908), 《국문연구》(1909)에서도 여전히 '자음(子音), 모음(母音)'과 같이 한자로 조어된 용어들을 사용하고 있다. 자신의 주장을 (특히 지식인 사회로부터) 인정받기 위해서는 널리 통용되고 있는 술어를 사용할 수밖에 없었기 때문일 것이다. 사실 이러한 식의 고민은 이전 저술에서도 발견된다. 예컨대 《국문강의》에서는 '중성'이라는 표현에 대해서, '간' 같은 경우에는 'ㅏ'가 'ㄱ'와 'ㄴ' 가운데 있으니 문제가 없지만, '가'라고 했을 때나 또 '악'이나 '아'라고 했을 때는('ㅇ'은 발음되지 않은 것이므로) 'ㅏ'가 가운데 있는 것이 아니라서 부적절한 이름이 된다는 점을 지적하고 있다. 이 역시 '이름에 사용된 글자의 뜻으

로 그 성질과 실정을 짐작하고 믿는 폐'를 지적한 것이다.(《국문강의》
44b-45b)

이와 같이 글자, 즉 한자가 본래 가지고 있는 뜻으로 인해 발생하는 문제가 있음을 인식하면서도 주시경은 1909년까지는 한자로 된 용어를 사용했다. 아마 그 외에 달리 방법이 없었을 것이다. 당시에 그의 글은 한자식 조어에 익숙한 기존 지식인 계층을 향한 것이었기 때문이다. 그러나 앞서 언급한 바와 같이 이러한 경향은 1910년의 《국어문법》에 오면 일변한다. 그리고 이는 그가 그전부터 염두에 두었던, '뜻과 상관없이 음으로만 지은 이름'의 등장과 함께 하는 것이었다.

이와 관련하여 《소리갈》(1912)을 분석한 최명옥(1979: 126)에는 주시경의 '음학(音學)' 관계 술어들이 어떻게 변화했는지가 잘 드러나 있다. 이를 살펴보면 역시 《국어문법》(1910)이 분기점이 됨을 알 수 있다. 《국문강의》(1906), 《국문연구안》(1907~1908), 《국어문전음학》(1908)의 술어들은 한자 조어를 기반으로 한 것으로 거의 일치한다. 《국어문법》(1910)에서부터 사용되기 시작한 고유어 어휘는 〈한나라말〉(1910), 〈소리갈〉(1912?), 《조선어문법》(1913, 재판본)에 이르기까지 거의 그대로 사용되고 있으며, 《말의 소리》(1914)에 오면 여전히 고유어 어휘를 사용하기는 하나 다소의 변화가 일어나는 것을 확인할 수 있기 때문이다.

예컨대 위에서 문제로 제기했던 '자음, 모음'은 《국어문법》에서 '웃듬소리, 붙음소리'라는 새로운 용어를 사용하다가, 《말의 소리》에서 다시 '닷소리, 홀소리'로 변화를 겪는다. 또한 다른 것과 섞이지 않은 소리로 '원소'가 되는 '단음(單音)'과 이들의 결합으로 생긴 '합음'을 《국어문법》에서는 각각 '홋소리, 겹소리'라고 했다가 《말의 소리》에서는 '홋소리, 거듭소리'로 수정한다. 이밖에도 '혼합음(混合音)/혼탁음(混濁音), 배음(配音)/첩탁음(疊濁音), 쌍음(雙音)/쌍탁음(雙濁音)' 등이 각각 《국어문법》에서 '섞임소리, 덧소리, 짝소리'로, 《말의 소리》에서는 '석임거듭소리, 덧거듭소리, 짝거듭소리'로 바뀌게 된다. 그 외에 '접변(接變), 음성(音性), 관습(慣習)'과 같이 《국어문법》에서도 아직 한자 조어로 되었던 것들이 《말의 소리》에 오면 '이어박구임, 소리의빗, 익음'과 같이 대부분 고유어로 대체됨을 확인할 수 있다.

물론 《국어문법》을 기점으로 해서 고유어로 바뀐 술어는 '음학'과 관련된 것뿐만이 아니다. 우선 《국문문법》(1905)에서 '명호(名號), 동작(動作), 형용(形容)' 등으로, 원고본 《말》(1907~1908?)에서는 앞의 용어 외에도 '명자(名字), 동자(動字), 형자(形字)' 등으로도 불렸던 품사 관련 용어들이 《국어문법》에서는 '임, 움, 엇' 등으로 바뀐다. 이러한 '품사 분류'를 뜻하는 말 자체도 '언분(言分)' 또는 '자분(字分)'이라 했던 것이 《국어문법》에서 '기난갈'로, 그리고 《말의 소리》에서는 '씨난'으로 바뀌게 된다.[05] 뿐만 아니라 원고본 《말》에서 처음 등장하는 문장 층위를 설명하기 위한 '주자(主者), 물자(物者), 성자(成者)' 등의 용어 역시 《국어문법》에서 '임이, 씀이, 남이'로 수정된다. 이와 같이 주시경이 그동안 사용했던 익숙한 용어들을 버리고 새로운 말을 만들어 낸 것은 무슨 이유에서였을까? 그리고 그것은 왜 1909년 10월에 검

---

05. '언분(言分)'은 《국문문법》에서 보이고, '자분(字分)'은 《국어문법》의 검열본에서 확인할 수 있다.

열을 필(畢)하고 1910년 4월에 출간된 《국어문법》에서부터였을까?

주시경은 《국어문법》의 몇몇 곳에서 이렇게 술어를 굳이 고유어로 바꾼 것에 대해 설명하고 있다. 우선 '기난갈'을 시작하기 앞서 "學術에 쓰는 말은 반듯이 俗語로 다하지 못할것이요 또 맞지 안이함과 便하지 안이함이 잇음으로 여기에는 글 말로 쓰되 없는 말은 새로 表를 짓어 쓰노라"(《국어문법》 27쪽)고 밝히고 있다. '기난갈'의 첫 부분이 '기는 낫 말을 이르는 것'이고, '난은 分의 뜻'이며, '갈은 硏의 뜻과 같다'는 식의 용어에 대한 정의로부터 시작하기 때문에, 그 앞에 이러한 새로운 말을 쓰는 이유에 대해 밝히지 않을 수가 없었을 것이다. 새 용어에 대한 이 첫 설명은 다소 모호한 감이 없지 않다(특히 '글 말로 쓰되'라는 부분이 그렇다). 대략 '일상적인 말을 학술용어로 쓰기 어려운 점이 있으므로 새로 지었다'는 정도의 의미로 풀이된다. 이에 대해 좀 더 본격적인 설명은 '기난갈'에서 '임, 엇, 움, 겻, 잇, 언, 억, 놀, 끗' 등을 다 설명하고 '짬듬갈'로 넘어가기 직전에 나오는 다음과 같은 부분에서 이루어지고 있다.

右에 기의 갈래 九個 名稱은 國語로 作함이니 或은 줄임이요 或은 定함이라 漢字로 作하면 그 文字의 義로만 解得하랴고 하는 習慣이 有하여 그 定義를 言하지 안이하면 誤解하기 易하니 國語로 作하든지 漢字로 用하든지 定義를 擧하기는 一般인데 漢字로 定하기는 國語로 定하기보다 未便하며 近日 日本과 支那에서 漢字로 文法에 用하는 名稱이 有하나 其中에 本 事實에 相左함과 不足함과 國語에 不適함이 有한 故로 如一하게 하노라고 國語로 作하거니와 如何하든지 國語에 國

語를 用함이 可하지 안이하리오 이러함으로 以下에도 如此함이 有하니라

–《국어문법》, 35쪽

　여기서 주시경은 '기'의 각 명칭을 '국어'로 지은 것에 대해 비교적 소상히 밝히고 있다. 우선 한자로 지으면 그 글자가 갖고 있는 뜻 때문에 오해가 있을 수 있어 따로 정의를 해야 하는데, 이처럼 별도의 정의가 필요한 것은 '국어'로 지을 때와 매한가지이니, 이럴 바에야 '국어'로 정하는 것이 편하다는 것이다. 또 일본과 중국에서 사용되는 한자식 문법 용어가 '본 사실'과 '국어'에 부합하지 않는 점이 있다는 이유를 든다. 그리고 '국어'에 '국어'를 쓰는 것이 옳지 않겠느냐는 것이 마지막에 덧붙는다. 이는 근본적으로 '한자에는 이미 일정한 뜻이 들어 있기 때문에 말 뜻에 상관없는 음으로만 이름을 지어야 한다'는 〈자모음의 대강 이야기〉에서의 문제의식과 다르지 않다.

　주시경은 자신의 이론과 이를 떠받치는 개념들이 당시에 통용되던 것과는 매우 다르다고 믿었고, 따라서 기존의 용어들을 사용할 경우 그러한 새로운 가치들이 드러날 수 없다고 생각했던 것이다. 자신의 설이 다른 이들과 다르다고 주시경 스스로 인식했음은 다음의 대목에서 분명히 드러난다. 지식인 계층으로부터 인정받기 위해 한자를 적극적으로 사용했던 주시경이 이제는 일반적으로 통용되는 것과 자신의 설을 구별하기 위해 그 뜻을 쉽게 알 수 없는 새로운 용어를 적극적으로 도입하기에 이른 것이다.

기난갈

學術에 쓰는 말은 반듯이 俗語로 다하지 못할것이요 또 맞지 안기 함과 便하지 안
이함이 잇음으로 여기에는 글 말로 쓰되 없는 말은 새로 짓어쓰노라

기는 낫 말을 이르는 것으로 쓰임이니 여러 가지 몬 (物어라하는말이니 東言解에잇는것) 이
어 이르는 말을 각각 부르는 이름으로 쓰임이라

(본)우리 나라가 곱다 하면 우리와 나라와 가와 곱다 모도 다 섯기니라 이러함
다람은 漢文ㄷ字 외 뜻과 다르니라

난은 分의 뜻과 같은 말이니 각 낫 긴의 방탕 性質과한가지의 뜻으로쓰임이라
되는 分別이 잇음을 이름이라

갈은 研의 뜻과 같은 말이니 배호나 알아내의 뜻 곳 學이나 研究의 뜻과 한가지
로 쓰어 각기의 결에를 배홈을 이름이라

이러함으로 기난갈이라 함은 꿈인 낫곳組織語를 어르는기로쓰임이라

기난을 꿈일 각 낫기를 배호는것

기난들 꿈을案이라함과한가지니곳─秋
의典이라함과갈음을이름이라

國語文法   二十七

이 글이 우리 나라 近來 돌아 다니는 文法들과 다름이 잇다고 미리 그 맛이 쓰리라 하여 입에 갓갑게도 안이하시고 곳 버리시지 말고 硏究하실 한 걸이로 삼아 깊이 씹어 그 속 까지 맛보시고 그 잘못됨은 다 곧히어 그 맛을 고르게 하여 우리 나라 글이 잘 되게 하여 주시기를 바라고 어리석은 뜻을 감히 말함이로이다

-《국어문법》, 118쪽

'근래 돌아다니는 문법'이 무엇을 염두에 둔 것인지는 불분명하다. 아마도 1908년과 1909년에 각각 최광옥과 유길준의 이름으로 출간된 《대한문전》이나 1908년~1909년경에 저술된 것으로 보이는 김규식의 《대한문법》 등을 의미했을 가능성이 크다. 그런데 이들은 지금은 매우 독특한 주시경의 용어로 생각될 수 있는 '변체'라는 말을 함께 쓰고 있다든지, '명사, 동사, 형용사' 따위의 품사 관련 술어에서도 별 차이가 없었다는 점 등에서 용어상으로는 서로 공유하는 부분이 많았다. 그러나 김규식의 '변체'가 주로 성(性), 수(數)에 따른 명사의 굴곡을 의미한 데 비해, 주시경은 이를 문장 층위에서의 기능 변화에 엄밀히 한정해서 사용하고 있었다. 더욱이 품사와 관련해서는 대부분의 당시 문법서들에서 '형용사'의 예로 '높은, 깊흔'(최광옥 1908: 43), '惡흔, 됴흔'(김규식 1909: 23a) 등을 들고 있으나, 주시경은 1908년의 《말》에서부터 이들을 이미 '형용'(지금의 형용사)과는 다른 '형명'(지금의 관형사)으로 분리해서 처리했다. 따라서 주시경의 입장에서는 이러한 술어들을 그대로 사용하면 다른 문법서들의 개념과 혼동

을 일으킬 수 있음을 염려했을 가능성이 있다.

그렇다면 주시경은 왜 굳이 이들을 고유어로 바꾸었을까? 한자를 사용하여 새로 말을 만들 수도 있었을 텐데, 그렇게 하지 않은 이유가 궁금해지는 대목이다. 물론 '국어에 국어를 쓰는 것이 옳다'는 일종의 민족의식이 작용했을 가능성도 크다. 그러나 이는 위의 주시경이 직접 밝힌 이유 중에도 가장 말미에 간단히 언급되었을 뿐이다. 우선 '명사, 동사, 형용사' 같은 말에 해당하는 또 다른 한자식 술어를 생각해 내는 것보다 이에 대응하는 고유어를 생각하는 쪽이 훨씬 덜 수고스러웠을 수 있다. 게다가 이 고유어 용어는 주시경의 이론이 기왕의 것과는 전혀 다른 새로운 문법이라는, 일종의 '카세트 효과'를 불러올 수 있었다. 주시경 스스로가 아래와 같이 새로운 용어가 처음에는 이상하게 여겨질 수 있다고 하고 있는데, 이상하게 생각될 정도로 새롭다는 느낌 자체가 바로 이 고유어로 된 새 술어를 통해 얻고자 한 효과일 수 있다.

> 줄이어 쓴 말과 새로 이름하여 쓴 말은 잠시의 눈으로 보시는 이는 이상이 여기심이 잇겟으나 글에는 이러하게 안이할 수 없을뿐더러 外國의 文字를 符號로 쓰는 일도 잇거늘 엇지 이는 홀로 긇으다 하리오 또 이를 漢字로 짓지 안이함은 그 漢字의 뜻으로 만 풀랴하고 그 일의 뜻은 뜻하지 안이함을 덜고자 함이라
>
> —《국어문법》, 116-117쪽

'카세트 효과'란 일본에서 메이지 시기에 새로 생긴 번역어의 특징을 설명한 야나부 아키라(1982/2003)에서 제기된 것이다. 서구의 개념들을 기존에 사용되던 말로 번역했을 때는 전통사회에서 통용되던 의미가 남아 있어 새로운 가치를 담을 수가 없기 때문에 전혀 사용되지 않던 새로운 용어가 불가피했다는 것이다. 'ひと(사람)'나 '交際' 같은 전부터 쓰던 말이 아니라 '個人, 社會'와 같은 당시로서는 생소한 한자어가 번역어로 선택된 데에는 이러한 사정이 있다고 한다. 기왕에 사용된 바가 없는, 즉 '기의 없는 텅빈 기표'라야 새로운 개념을 담아내기가 용이하다는 것인데, 이런 경우라야 '이 말은 이제부터 이러저러한 뜻을 갖는다'라는 '약속/정의'가 쉽게 적용될 수 있기 때문이다.

'자음(子音), 모음(母音)'이라는 한자 술어에 대해 가졌던 주시경의 불만은 바로 이러한 '텅빈 기표'를 통해서만이 해결될 수 있었던 것이고, 확실히 주시경의 고유어 술어는 그와 같은 효과를 내고 있다. 물론 일본 메이지 시대의 번역어들은 고유어 대신 한자어를 택했고, 주시경은 한자어를 버리고 대신 고유어를 선택했다. 그 방향은 이렇게 서로 정반대였으나, 선택의 이유는 같았다. 일본의 메이지 시대 지식인들이 고유어에 묻어 있는 전통사회의 낡은 가치를 피해 생소한 한자어를 조합해 냈다면, 주시경은 기존에 통용되던 문법 술어들이 갖고 있던 관념들에서 벗어나고자 고유어를 이용해 생소한 말들을 만들어냈다. 따라서 '기난갈'과 '짬듬갈'은 길고 긴 '용어의 정의'에서부터 시작하지 않을 수 없었다. 그러나 이는 한자어를 새롭게 정의하여 사용하는 것보다 효과적이었으니, 무엇보다 '기존의 것과 너무 다르다고 쳐다보지도 않고 곧 내다버릴 것'을 스스로 염려할 정도로 '새롭다'는 느낌을 줄 수 있었다.

그런데 주시경이 이와 같이 적극적으로 기존 문법서들과 이른바 차별화에 나설 수 있었던 자신감은 어디서 나오는 것이었을까? 앞에서 본 바와 같이 그는 지석영을 비롯한 지식인 계층과 교류하면서 중요한 문헌들을 확보할 수 있었다. 또 학부에서 설치한 국문연구소의 위원으로 활동하는 등 국가적 정책 사안에 의견을 개진할 기회를 얻기도 했다. 이 과정에서 그는 자신의 주장이 받아들여질 수 있도록 끊임없는 노력을 기울였다. 한자를 적극적으로 사용하고 한문투의 문장이 나타나는 등 문체에 변화가 생긴 것도 이때다.

그랬던 그가 이제 술어를 고유어로 바꾸고, 문장 자체도 한자가 대거 사용된 한문투에서 탈피하기 시작한다. 이는 한문을 위주로 하던 기존 지식 계층을 염두에 두던 그의 글쓰기 전략에 변화가 생겼음을 의미한다. 기존의 지식인 계층을 아예 배제하는 것은 물론 아니겠지만, 그들의 시선이나 평가로부터 일정 부분 벗어나게 된 것만큼은 틀림없어 보인다. 앞에서 본 몇몇 인용문에서처럼 주시경은 그들의 비난을 감수하고 있기 때문이다. 그렇다면 그의 글은 《독립신문》에 실었던 〈국문론〉과 같이 다시 한문에서 배제된 계층을 향하게 된 것일까? 문제가 그렇게 간단할 것 같지는 않다. 왜냐하면 그의 《국어문법》은 이제 상당히 전문적 영역에 접어들었고, 그의 고유어 술어는 오히려 여느 한자어보다 이해하기 어려운 지경이었기 때문이다. 결국 《독립신문》이 상정한 소외 계층도, 《황성신문》의 독자들이었던 전통적 지식 계층도 아닌 또 다른 누군가를 《국어문법》은 염두에 두고 있었을 가능성이 크다.

만약 그렇다면 그 '누군가'는 전에 없던 새로운 계층이어야 할 텐데, 이를 특정하기는 쉽지 않다. 그러나 주시경의 이력을 통해 이를 어느 정도 추정해 보는 것은 가능하다. 그는 1908년경부터 단체를 조직해 그 회원들과 매우 긴밀히 교류했고, 《국어문법》역시 바로 그러한 활동의 결과물이다. 실제로 《국어문법》의 검열본을 검토해 보면 이 원고가 여러 명의 필체로 되어 있다는 사실을 알 수 있다. 고영근(1995)에서는 이에 대해 하나의 원본 원고를 네 명이 나누어 옮겼을 것이라고 추정하는데, 이 네 명은 물론 주시경과 국어강습소의 제자들이자 국어연구학회의 회원들이었을 가능성이 크다. 그는 이제 혼자가 아니었던 것이다.

1909년 10월 10일에 있었던 국어연구학회 총회의 '회록'은 이날 "周時經 先生이 文典 著述 委員"으로 피선되었음을 기록하고 있다. 《국어문법》의 탄생에는 이와 같은 저간의 사정이 있었다. '국어'를 공부하고자 모여든 젊은이들에게 가르치면서 정리한 원고에서 출발했고, 이들이 만든 단체가 계획한 사업의 일환으로 출판된 것이 바로 《국어문법》이었다. 주시경의 자신감은 여기에서 비롯되었을 것이다. 국어강습소의 성황과 연구 모임의 진척은 여전히 한문에 얽매여 있는 지식 계층에 연연하지 않을 수 있게 했을 것이기 때문이다. 이제 주시경의 글쓰기는 소외된 자들에 대한 계몽이나 지식인 사회로부터의 인정을 목적으로 하기보다는, 새로운 세력을 적극적으로 형성해 나가는 작업의 하나가 된 것으로 보인다.

아래에서는 바로 이 강습소 및 단체의 활동과 그 의미에 대해 다루고자 한다.

3. 외적 전략: '권위'의 형성

1) 〈한글모죽보기〉와 주시경의 활동

'한글학회 예순돌 기념 국어학 도서 전시회'에서 처음으로 모습을 드러낸 〈한글모죽보기〉에는 주시경이 1910년 전후에 조직한 단체의 활동 양상이 비교적 소상히 기록되어 있다. 고영근(1985)은 필체 등을 근거로 이 글이 대부분 주시경의 직계 제자 중 하나인 이규영에 의해 작성된 것이며, 글의 내용 및 이규영의 작고 시점(1920년) 등을 고려해 1918~1919년경에 완성된 것으로 보고 있다.[06] 여기에는 단체의 '연혁, 회록, 회칙, 임원 일람, 회원 일람, 졸업증서' 등이 실려 있어 당시의 사정을 구체적으로 확인할 수가 있다.

이에 따르면 주시경은 1908년 8월 31일 상동청년학원 내에 개설되었던 하기국어강습소의 졸업생을 중심으로 '국어연구학회'를 조직한다.[07] 이 단체는 이후 1911년에는 '배달말글몯음(조선언문회)'으로,

---

06. 이 자료는 《한힌샘 연구》 1, 1988 및 《주시경전서》 6, 1992에 영인되어 실려 있다.

07. 이 명칭에는 다소간 혼란이 있는데 '연혁'에는 '國語研究學會'라고 되어 있으나, 1908년 8월 31일자 '회록'에는 "會名은 國語演究學會라 명명하다"로 되어 있기 때문이다. 아마 창립 당시에는 후자의 이름을 썼으나 나중에 보다 익숙한 '研究'로 바꾼 것이 아닌가 한다.

1913년에는 '한글모'로 이름을 바꾸는데, 산하에 '하기국어강습소' 및 '조선어강습원'(이후 '한글배곧'으로 개칭)을 두고 최소한 1917년까지 활동을 지속한다. 고영근(1985: 116-117)에서 지적된 바와 같이 '조선어연구회(1921) − 동인지《한글》(1927) − 조선어학회(1931)'라는 일련의 흐름이, 특히 그 인적 구성이라는 면에서 1908년에 출발한 이 국어연구학회와 밀접한 관련을 맺고 있다는 점에서도 우리는 이 〈한글모죽보기〉의 내용에 주목하지 않을 수 없다.

사실 주시경은 앞서 살핀 바와 같이 꽤 이른 시기부터, 예컨대 '·'의 'ㅣㅡ' 합음설과 'ㅈ, ㅊ, ㅋ, ㅌ, ㅍ' 등의 종성 표기와 같은 '국문'에 대한 독특한 설을 견지하고 있었고 더 나아가 이에 대해 동조자를 구하고 있었다. 그러나 자신의 주장에 찬동하는 이를 만나기가 어려웠다는 사실을 몇 군데서 토로하고 있다. 1906년에 씌어진《국문강의》의 다음과 같은 부분이 대표적인 예이다.

지금 우리나라에 時急히 更張홀 일이 만커니와 國文을 修正홀 일이 最急ᄒ고 重要ᄒ지라 그런 고로 余ㅣ 十七八歲로붙어 이를 念慮ᄒ어 엇지ᄒ어야 잘 될가 ᄒ고 國文字로 말ᄒ 글을 더러 求ᄒ어 보고 國語 窮究ᄒ기를 未嘗不 게으르게 ᄒ지 안이ᄒ게 ᄒ엿스나 愚者도 千慮면 必有一得이라 ᄒ니 余는 愚之最愚者인 故로 幾千慮에 至ᄒ어 一得이 잇는지 不解ᄒ거니와 이제 그 精粕이나 所得이 잇는듯 홈으로 國文同式會를 規設ᄒ다가 誠力이 不足ᄒ엇던지 同意ᄒ는 이를 別로 보지 못ᄒ어 그 뜻을 이내 일우지 못ᄒ고 다시 엇지 ᄒ면 國文이 修正될가 設力ᄒ나 쏘ᄒ 效驗을 보지 못 ᄒ고 不得已ᄒ여 다만 余의 所究로 學生에게 敎授ᄒ다가 其餘

紙를 收編ㅎ니 이는 音理만 大綱말ㅎ 것이요 國語는 次期에 敎授코자 ㅎ니 余ㅣ

이러케 흠은 國文의 한 어루광디 노릇이나 ㅎ고자 흠이라 高明ㅎ신 이들은 일

로 좇아 우리 文言을 硏究ㅎ고 修正ㅎ어…

-《국문강의》발문5a,b

어려서부터 국문을 어떻게 쓰는 것이 좋을지 수천 번이나 고민한 결과 조금이나마 소득이 있어 '국문동식회'를 조직했으나 동의하는 이가 없어 그 뜻을 끝내 이루지 못했고, 또 그 후에도 어떻게 수정하는 것이 좋을지 (다른 이들에게 알리려고) 힘껏 노력해 보았으나 역시 실효를 거두지 못했다는 것이다. 그리하여 부득이하게 혼자만의 연구로 학생들을 가르칠 수밖에 없었고, 그때 나누어 주던 자료를 묶은 것이 이 《국문강의》라는 이야기다.

이 책의 말미에 실린 '발문', 거기서도 마지막 부분인 위의 대목에서 그는 자신의 주장이 받아들여지지 않는 상황에 대한 답답함을 자신을 '어릿광대'에 빗대어 표현하고 있다. 어릿광대가 앞에 나와 재주를 넘으면 사람들이 신기해하며 쳐다보게 된다. 그렇듯 자신도 다만 그런 하찮은 역할을 하려고 하는 것뿐이니, '고명한 분'들께서 이를 보고 제발 관심을 가져 달라는 말이다. 여기서 '고명한 분들'이란 필시 전통적인 지식 계층을 의미하는 것일 텐데, 어릿광대를 자처한 이 대목에서 우리는 일종의 비장함마저 느낄 수 있다. 하지만 어떻게 해도 동조자를 구할 수 없는 상황에서 나온 표현임을 감안하면 일종의 무력감이나 절망감 같은 것이 읽히는 것도 사실이

다. 그런데 어릿광대를 불사할 정도로 동조자를 얻고자 열망했던 주시경은 1908년 8월 '국어연구학회'를 조직하여 일정한 성과를 거두게 된다. 더 이상 '고명한 분들'만을 쳐다보지 않아도 될 수 있었다. 그리고 이러한 과정은 〈한글모죽보기〉에 그대로 드러나 있다.

사실 〈한글모죽보기〉는 이미 고영근(1985)과 박지홍(1996)에서 자세히 분석된 바 있다. 그러나 이들은 모두 예컨대 '하기강습소와 국어연구학회', '조선어강습원과 조선언문회' 등과 같이 각각의 사안들을 따로 떼어놓고 검토하여 이들의 자연스러운 흐름을 쉽게 알 수가 없다는 단점이 있다. 따라서 여기서는 〈한글모죽보기〉에 실려 있는 '연혁'을 중심으로 기술해 나가며 해당시기의 '회록'과 '회칙', '강습생 일람', '증서 일람' 등을 참고로 하여 이 단체의 활동 양상이 어떠한 경향을 띠어 가는지, 그리하여 결국 '주시경 일파'가 어떻게 형성되어 가는지를 살펴보고자 한다.[08]

'연혁'에 제일 먼저 등장하는 내용은 1907년에 열린 하기국어강습소이다. 7월 1일부터 9월 4일까지 두 달간 진행된 이 강습은 상동청년학원 내에서 이루어졌는데, 졸업생은 25명이었다. 어떠한 계기와 과정으로 청년학원에 하기국어강습소가 설치되고 주시경이 강사를 맡게 되었는지는 불분명하다. 다만 같은 해인 1907년 7월에 국문연구소의 위원으로 선정되고, 첫 회의가 이루어진 것이 역시 그해 9월이었다. 공교롭게도 첫 번째 하기국어강습소의 일정과 거의 일치한다는 것을 확인할 수 있다. 동조자를 구하지 못해 '어릿광대 운운'했던 것이 1906년임을 감안한다면 이에 대한 일종의 반향이 있었던

08. 《한한샘연구》 1의 161-203쪽에 영인되어 있는 것을 대본으로 했다.

것은 분명해 보인다. 졸업 당시 배부되었던 증서가 〈한글모죽보기〉에 첨부되어 있는데, 일시, 장소, 소장[09] 및 강사(주시경) 이름과 더불어 "本所의 規定한 科程을 履修하엿기로 此를 證함"이라는 간단한 내용만이 적혀 있을 뿐이다.

1908년 7월에도 전해에 이어 상동청년학원 내에 하기국어강습소가 설치되었다. 국어연구학회 '창립 총회 회록'에 따르면 "八月三十日(日曜) 國語夏期講習所 卒業生과 其他 有志 諸氏의 發起로 國語를 演究할 目的으로 한 會를 組織하고자 하야 創立總會를 奉元寺에 開"(〈한글모죽보기〉 9a[10], 이하 출처를 나타내는 경우에는 〈죽보기〉로 줄임)하였으며, 여기서 회장에 김정진[11]이 선출되고, 모임의 명칭은 '국어연구학회'로 결정되었다. 그런데 1회 하기국어강습소에서는 없었던 강습소의 운영 규칙이 총 8개의 항목으로 정해졌으니, 중요한 부분은 제1칙 "本所 本國文을 講習하여 一般 敎育界에 自國 思想을 獎勵하기로 主로 思함"과 제2칙 "科程은 音學 字分學 變體學 格學 圖解式 實驗演習으로 排定함"(〈죽보기〉 28a)이다.

강습소가 아직은 '국어, 국문'을 전문으로 하기보다는 '일반 교육계'와 '자국 사상의 장려'를 염두에 두고 있음을 알 수 있는 대목이고, 원고본《말》에서의 용어들이 교과 과정에서 확인되는 부분이기도 하다.[12] 다만 '실험연습'이 무엇을 의미하는지는 불분명하다. 졸업증서에도 '과정'은 "音學 字學 變體學 格學 圖解式"(〈죽보기〉 79a)이라

---

09. 소장은 '김명수'로 되어 있는데, 상동청년학원의 인사로 보인다.

10. 《한한샘연구》 1의 161-203쪽에 영인되어 있는 것을 대본으로 했다.

11. 김정진이란 이가 어떤 인물인지는 밝혀진 바가 없다. 다만, 주시경의 이력서 가운데 자신 대신 이화학당의 국어교사로 이 김정진을 추천했다는 기록이 발견된다.

12. 원고본《말》의 서지 사항과 내용에 대해서는 김병문(2013)의 5장 참조.

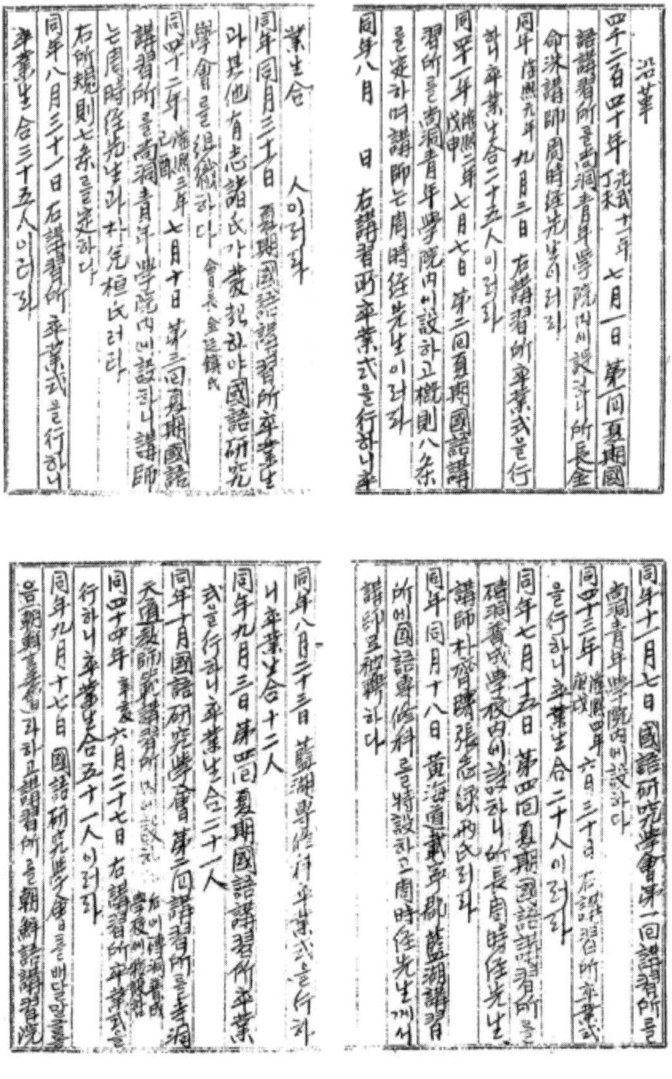

沿革
四千二百四十年 光武十一年 丁未 七月一日 第一回夏期國語講習所를尙洞靑年學院內에設하니所長金命洙講師周時経先生이러라
同年 隆熙元年 九月三日 右講習所卒業式을行하니卒業生合二十五人이러라
同四千一年 隆熙二年 戊申 七月七日 第二回夏期國語講習所를尙洞靑年學院內에設하고規則八条를定하며講師는周時経先生이러라
同年八月 日 右講習所卒業式을行하니卒業生合 人이러라
同年同月三十日 夏期國語講習所卒業生과其他有志諸氏가發起하야國語硏究學會를組織하다 會長金廷鎭氏
同四千二年 隆熙三年 己酉 七月十日 第三回夏期國語講習所를尙洞靑年學院內에設하니講師는周時経先生과朴兌桓氏러라
右所規則七条를定하다
同年八月三十一日 右講習所卒業式을行하니卒業生合三十五人이러라
同年十一月七日 國語硏究學會第一回講習所를尙洞靑年學院內에設하다
同四千三年 隆熙四年 庚戌 六月三十日 右講習所卒業式을行하니卒業生合二十人이러라
同年七月十五日 第四回夏期國語講習所를礡洞養成學校內에設하니所長周時経先生講師朴齊璿張志淵兩氏러라
同年同月十八日 黃海道載寧郡蓮湖講習所에國語專修科를特設하고周時経先生께서講師로招聘하다
同年八月二十三日 蓮湖專修科卒業式을行하니卒業生合十二人
同年九月三日 第四回夏期國語講習所卒業式을行하니卒業生合二十一人
同年十月國語硏究學會第二回講習所를寺洞天道敎師範講習所內에設하다 後에博洞普成學校에移設하니라
同四千四年 辛亥 六月二十七日 右講習所卒業式을行하니卒業生合五十一人이러라
同年九月十七日 國語硏究學會를배달말글몯음(朝鮮言文會)라하고講習所를朝鮮語講習院

〈한글모죽보기〉.

고만 되어 있다. 물론 이 '과정'은 1회 때의 졸업증서에는 없었던 것이므로, 주시경이 구상하는 '국어 연구'의 하위 영역이 이 무렵 정립되어 가는 것으로 보아도 좋을 것 같다. 그리고 이때는 원고본《말》의 '언체의 변법'이 집필된 것으로 추정되는 때이기도 하다.

'연혁'에 따르면 1909년 7월에도 제3회 하기국어강습소가 청년학원에 개설되어 35명의 졸업생을 배출한다. 이때 역시 운영 규칙이 7개의 항목으로 정하여지는데, 전해와 달리 "本所는 有志士를 選擇하야 本國文言을 講習하여 國內 一般士가 自國文言을 獎勵할 思想을 鼓興하기로 立旨를 삼음"(제1칙)이라 하고 있다. '자국 문언 장려'를 내세우고 있기는 하나, 여전히 전문적인 성격을 띠지는 않고 있다. 또 "科程은 音學 字分學 格學 變體學 五의 大槪을 排定함"(제2칙, 〈죽보기〉 29a)이라고 하여, 과정 역시 크게 달라지지 않았음을 알 수 있다. 다만 다섯 가지라고 한 것으로 미루어 2회 때의 '도해식'이 실수로 누락된 것이 아닌가 한다. 졸업증서는 남아 있지 않다. 그리고 이때의 졸업생 35명 중에는 장지영과 박제선이 있는데, 이들은 제4회 하기국어강습소의 강사로 활동하는 이들이다.

이와는 별도로 이 해에 있었던 국어연구학회의 활동을 살펴보면 흥미로운 점을 발견할 수 있다. '회록'에 따르면 이 1909년에는 2월에 세 번, 10월에 두 번, 9월과 11월에 각각 한 번씩 모두 총회가 일곱 차례나 개최되었다.(〈죽보기〉 9b-12b) 구체적으로 2월 6일에 열린 총회에서는 '주시경 선생'이 '국문을 정리함이 가정을 청소함과 같다'는 내용의 연설을 했다는 기록이 있고, 9월 5일에는 '관립사범학교 교수, 부속 보통학교 훈도, 사범학교 학생, 관립고등학교 학생, 사립학교 교사 및 학생, 기타 유지 청년' 등 다수가 이 국어연구학회에 새로 가입하여 총회에 참여했다고 한다. 또 10월 10일에 열린 이 학회의 총회에서는 '주시경 선생'을 '문전 저술 위원'으로 선정하였으며, 하기국어강습소와는 별도로 기한 1년의 강습소를 따로 개설하기로 결정한다. 하기국어강습소를 기반으로 설립한 국어연구학회이지만, 단기간의 강습으로는 부족하다고 판단했기 때문인지 별도의 강습 기관을 세우기로 한 것이다.

10월 총회에서 결정된 이 같은 내용은 바로 실행에 옮겨진다. 11월에 국어연구학회 제1회 강습소가 상동청년학원 내에 설치되어, 다음해 6월에 20명의 졸업생을 내게 된다. 1909년 9월의 각급 인사 다수의 입회, 10월의 문전 저술 위원 선정 및 1년 기한의 별도 강습소 설치 결의, 11월 강습소 설치 등으로 이어지는 일련의 흐름은 무척이나 숨가쁜 것이어서, 동조자를 애타게 찾던 것이 불과 몇 년 전의 상황이라는 게 믿겨지지 않을 정도이다. 그리고 이 시기는 앞서 언급한 바와 같이 《국어문법》이 검열이란 것을 받고 출판을 준비하던 때이기도 하다.

이 해의 '회록' 가운데 마지막으로 언급할 만한 것은 10월 24일에 있었던 총회에서 '고어 방언 수집하기'와 국어연구학회를 당국에 '청인(請認)' 받자는 의견을 주시경이 발의해 통과되었다는 부분이다. 고어와 방언에 대한 관심 표명은 근대 언어학의 중요한 일면이다. 물론 이때의 고어와 방언은 현대어 및 중앙어와의 대비, 예컨대 보다 순수하다거나 오염되지 않았다든가 하는 식의 비교 속에서만 의미를 갖는다. 그러나 이에 대한 주시경의 다른 언급이 없기 때문에 별도의 해석을 가하기는 어렵다. '당국에 청인' 받자는 제안은 그만큼 이 모임이 사사로운 단체가 아니라 공적 성격을 획득해 가고 있음을 보여주는 대목이라고 풀이된다.

1910년에 관한 기록으로 '연혁'에 처음 등장하는 것은 1909년 11월부터 진행된 국어연구학회의 1회 강습소 졸업식이다. 6월 30일에 있었던 이날 졸업식의 졸업 인원이 20명이었음은 앞서 언급한 바와 같고, 졸업생 명단 가운데 특기할 만한 인물은 없다. 흥미로운 것은 졸업증서의 내용인데, '과정'이 '소리 기갈 듬갈'로 되어 있다. 1909년 7~8월의 3회 하기국어강습소에서도 '음학, 자분학, 격학' 등으로 되어 있던 것이 고유어 술어로 바뀌어 있는 것이다. 이는 《국어문법》의 검열본과 출판본에 대한 검토를 통해 확인한, 1909년과 1910년 사이에 있었던 주시경의 용어 변화와 정확히 일치하는 내용이다. 단순히 《국어문법》에서의 용어 변화가 이 증서에 반영되었다기보다는 강습소의 운영과 국어연구학회의 활동 과정에서 이러한 고유어로의 변화가 가능했을 것이라는 점은 앞서 설명한 대로이다. '고명한 분들'을 의식했던 주시경의 한문 문장투의 글이 1910년 전후를 기점으로 일변하는 것을 달리 설명할 방법이 없기 때문이다.

그런데 또 한 가지 특이한 사항은 이 해에도 이 1년 기한의 국어연구학회 산하 강습소와는 별개로 다시 제4회 하기국어강습소(7월 15일~9월 3일, 보성학교에 설치)가 열리는데, 이때의 졸업증서를 보면 여기에서는 '과정'이 다시 '음학, 자학, 변체, 격학'으로 되어 있다는 사실이다. 이로 미루어보면, 수업 시한 등을 통해서도 어느 정도 알 수 있는 것이지만, 하기국어강습소보다는 국어연구학회 산하의 강습소가 좀 더 전문적인 성격을 띠고 있었던 것이 아닌가 한다. 일반 한자식 술어보다 고유어로 새롭게 만든 특유의 용어는 주시경의 독자적인 새 이론에 입각한 것임은 앞서 언급한 바와 같다. 전문적인 성격의 국어연구학회 산하의 강습소 졸업장에만 고유어 술어가 등장한다는 것 역시 이러한 맥락에서 이해될 수 있을 것이다.

실제로 주시경은 점차 하기국어강습소보다는 국어연구학회 산하의 강습소/강습원에 더 주력하게 된다. 4회 하기강습소는 앞서 언급한 바와 같이 주시경이 아닌 3회 하기강습소 졸업생들인 박제선과 장지영이 강사를 맡았고, 이후로는 그나마 정기적인 성격도 상실하며 서울에서는 개최되지 않고 지방에서만 열린다. 지방에서의 첫 번째 하기국어강습소는 위의 4회 하기강습소가 열리던 와중인 1910년 7월 18일~8월 23일 황해도 재령에서 있었는데, 주시경이 직접 강사로 나섰다. 이후로는 1912년에 세 곳, 1914년에 두 곳에서 열렸다. 이들 강습회에는 대부분 국어연구학회 산하 강습소/강습원의 졸업생들이 강사를 맡았다.

2) '주시경 일파'의 형성

하기국어강습소에서 출발한 국어연구학회였지만, 1년 기한의 강습소를 산하에 따로 두고 점차 여기로 활동의 중심을 옮겨가게 된다. 이는 1911년의 활동에서도 여실히 드러난다. 우선 6월 27일에는 국어연구학회 제2회 강습소 졸업식이 열린다. 1910년 10월부터 천도교 사범 강습소에서 시작하였다가 이후 보성학교로 옮겨 진행된 이 강습소의 졸업생은 모두 51명이다.[13] 그런데 이 졸업생 명단에 최현이(최현배의 아명)와 김두봉의 이름이 보인다. 주시경의 대표적인 제자로 꼽히는 이 둘이 비로소 등장하는 것이다.

그런데 공교롭게도 이들이 졸업하던 해에 대대적인 단체의 변화가 생긴다. '연혁'의 1911년 항목을 살펴보면 9월 17일에 "國語硏究學會를 배달말글몯음(朝鮮言文會)라 하고 講習所를 朝鮮語講習院이라 하야 學級을 確定하야 初等, 中等, 高等 三科를 各 一學年으로 定하고 時間은 每週 日 二時間으로 定하고 第一回 中等科만 便宜에 依하야 募集하니 合 百九十人"(《죽보기》 3b-4a)이라는 기록을 확인할 수 있다. 즉 단체의 명칭을 '국어연구학회'에서 '배달말글몯음(조선언문회)'으로 바꾸고, 강습소는 '조선어강습원'이라 고쳤다. 과정은 1년에서 초등, 중등, 고등 각 1년의 총 3년 과정으로 바뀌었다. 중등과의 지원 인원이 190명에 달했다니 대단한 성황이었던 듯하다.

'회록'에 따르면 이 명칭과 운영 방안의 변경은 9월 3일 주시경의 '사저(私邸)'에서 열린 총회에서 결의된 것이다. 여기에는 '주시경 선생이 제정한 강습원 규칙을 통과시켰다'는 기록도 함께 나온다. 〈한글모죽보기〉에 실린 이 규칙에 따르면 '조선 언문의 보급'을 목적

---

13. 1910년을 기점으로 주시경의 활동 공간이 상동청년학원보다는 보성학교 쪽으로 이동하는 양상을 보인다. 1911년 조선어강습원 원장을 맡는 남형우가 이 학교의 교사였다는 사실과 관련이 있을 듯한데, 상동청년학원에서 보성학교로의 이동이 어떠한 의미가 있는지는 추후 검토가 필요할 것으로 보인다.

으로 하는 이 강습원에는 '초등과, 중등과, 고등과, 연구과'의 네 학과를 두고, 초등과에서는 '읽어리, 소리갈'을, 중등과에서는 '씨갈, 월갈'을, 고등과에서는 '높은 말본'을 학습한다고 되어 있다. 또 연구과는 고등과 졸업생이 '자기가 전문으로 하는 과학을 조선어로 작성하고 이것을 강습원에 제출하여 평가를 받아 오 년 이내에 한 편의 글을 완성한다'고 되어 있다. 말하자면 논문을 한 편씩 쓰라는 취지였던 것으로 보인다. 또 초등과, 중등과, 고등과는 각 일 년씩 총 3년 과정으로 하고, 각 학년을 세 학기로 나누어 1학기는 4월~6월, 2학기는 9월~12월, 3학기는 1월~3월에 이루어지는 것으로 규정하고 있다. 마지막으로 고등과까지 다 마치면 졸업증서를 수여하고, 초등과와 중등과를 마치는 이에게는 수업증서를 주는 것으로 되어 있다.

2달 정도에 마치던 하기국어강습소에 비하면 매우 체계가 잡히고 얼마간 전문성을 갖추려고 한 것은 의심할 여지가 없을 것 같다. 이렇게 정비된 규정에 따라 우선 중등과만 모집하였는데, 앞서 언급한 것처럼 지원자가 190명에 달했고, 이 과정을 마친 수업생이 모두 125명이었다.[14] 그리고 바로 이 조선어강습원 중등과 제1회 수업생 가운데에는 '이규영, 이병기, 권덕규, 신명균, 최현배' 등과 같은 우리가 알고 있는 주시경의 직계 제자들이 망라되어 있다. 특히 최현배는 바로 전해에 있었던 국어연구학회의 제2회 강습소를 졸업하자마자 다시 이 강습원의 중등과에서 공부한 것이 된다. 김두봉은 이 중등과에서 수업하지 않고 다음해 바로 고등과에서 공부한다. 아마 최현배와 함께 배운 2회 강습소가 중등과 정도에 해당했기 때문

---

14. '연혁'에는 126명이라고 되어 있으나, '졸업생 일람'에는 125명으로 기재되어 있다.

으로 풀이된다. 그렇다면 최현배는 비슷한 과정을 2년 동안 밟은 것이 된다.

이와 같이 운영 방안을 체계적으로 정비한 조선어강습원은 1912년에도 활발한 움직임을 보인다. 무엇보다 위에서 언급한 중등과 1회 수업생들이 이 해 그대로 고등과 1회에 진학하고, 중등과 2회 수업생을 새로 모집하였다. 처음으로 중등과와 고등과를 동시에 진행한 것이다. 연혁에 따르면 고등과에 진급한 인원과 새로 중등과에 지원한 인원이 도합 200명이었다니 여전히 성황이었던 것 같다. 물론 다음해 3월에 있었던 졸업식에 관한 기록에는 고등과 제1회 졸업생이 33명, 중등과 제2회 수업생이 38명으로 되어 있어, 도중에 많은 인원이 탈락했음을 알 수 있다. 그러나 고등과 졸업생의 명단에 '김두봉, 최현배, 신명균, 권덕규, 이병기' 등이, 중등과 수업생 명단에는 '정열모'의 이름이 보인다. 이들이 점차 이 강습원과 언문회의 중심에서 활동하게 된다는 점에서 1912년에서 1913년에 이르는 이 시기는 주시경에게도 매우 중요한 시기였다고 생각된다.[15]

단순한 '유지(有志)'들로 구성된 모임이 아니라 그가 직접 그의 설에 따라 가르친 제자들이 주축이 된 단체로 전화되는 시점이 바로 이때이기 때문이다. 이는 1913년 3월 23일에 있었던 임시총회의 기록을 보면 분명해진다. 사립 보성학교에서 열린 이날 총회에서 임시회장에 '주시경 선생이 승석(昇席)'하고 임시 서기가 인원을 점검하니 출석 회원이 24명이었다. 첫 안건은 '주시경 선생이 초정(草定)한 본

---

15. 이밖에도 1912년에는 하기국어강습소가 지방 여러 곳에서 열린다. '연혁'에 따르면 함남 함흥군 사립 숙정여학교, 경남 웅천군 사립 개통학교, 경북 대구 사립 협성학교 등에 하기국어강습소가 7월에 설치되어 8월에 마치게 되는데, 이 가운데 대구 강습소는 당국의 금지로 중간에 폐지되었다고 한다.

회 규칙'에 관한 것이었는데, '최현이(최현배) 씨 동의(動議)에 손홍원[16] 씨 재청'으로 가결된다. 또 '본회의 명칭을 한글모로 개칭하고 이 몯음을 세운 몯음으로 하자는 이규영 씨의 동의(動議)' 역시 '신명균 씨 재청'으로 통과된다. 그리고 총회를 열지 못할 때 주요한 업무를 맡아볼 의사원(議事員)으로 주시경, 김두봉, 윤형식, 신명균, 이규영이 선출된다. 이렇게 보면 이 총회에서 발의를 하거나 이에 재청한 인물, 그리고 가장 중요한 직책인 의사원에 뽑혀 '회록'에 이름이 언급된 이들은 주시경을 빼면 거의 대부분이 조선어강습원의 중등과 및 고등과 1회 졸업생이다.(다만 윤형식은 강습원의 학감을 맡고 있던 사람으로 예외이다.)

따라서 1913년경에는 조선어강습원에서 주시경이 2~3년 동안 가르친 제자들이 조선언문회의 중심인물로 성장하게 된다는 사실을 알 수 있다. 이들은 이제 단지 몇 달, 혹은 일 년 정도의 수업을 받은 후 뿔뿔이 흩어지는 단순한 수강생들이 아니라, 몇 년을 같이 공부한 동문이 되었고, 졸업 후에도 조선언문회라는 단체에서 특정한 학술적 목적을 이루기 위해 노력하는 일종의 전문가 집단을 형성하게 되는 것이다. 그 중심에는 주시경이 있었음은 물론이다. 위에서 주시경이 '초정(草定)'했다는 조선언문회 규칙 역시 〈한글모죽보기〉에 실려 있는데, 이를 살펴보면 역시 이들이 다분히 전문적인 단체를 상정하고 있었음을 알 수 있다.

우선 회원은 '통상회원'과 '특별회원'으로 나누고 통상회원은 '조선언문을 연구할 의지가 견확(堅確)한 자'로, 특별회원은 '강습소에서

---

16. 최현배, 신명균, 이규영, 권덕규 등과 더불어 중등과 1회와 고등과 1회를 마친 인물이다.

졸업하거나 수학한 자'로 하였으며(5조), '회장, 총무, 간사, 서기, 회계원'[17]의 임원을 두고 있다(6조). 또 9조에 명시한 회원의 의무에는 '입회 후 일 년 내에 일천 종 이상의 조선어를 수집(蒐集)하여 제출할 것, 오 년 이내에 자기가 전문하는 과학 한 편을 조선어로 써서 제출할 것' 등이 적시되어 있다. 전자는 1909년 10월 24일 총회에서 있었던 '고어 방언 수집' 결의와 같은 맥락으로 보이고, 후자는 1911년 제정한 강습원 규칙 중 '연구과'에 대한 규정에 해당한다.

1913년에 관한 사항 중 빼놓을 수 없는 것 중의 하나는 이때의 졸업 및 수업증서이다. 이들이 특히 주목을 끄는 것은 이때부터 풀어쓰기로 된 증서가 사용되었기 때문이다. 1912년의 중등과 제1회 졸업식만 해도 예컨대 "익힌 것 소리 씨난 짬난 익힘"으로 고유어로 되어 있기는 했지만 풀어쓰기가 시도되지는 않았다.('기' 대신 '씨'가 사용되는 것은 이때부터로 보인다.) 그러나 이 1913년의 증서에 오면 모든 내용이 풀어쓰기로 되어 있고 용어는 더욱 생소해진다. 예를 들어 "이는 아래 적은 다나를 다 맞힌 보람이라"가 "ㅇㅣ ㄴㅡㄴ ㅇㅏㄹㅐ ㅈㅓㄱㅡㄴ ㄷㅏㄴㅏㄹㅡㄹ ㄷㅏ ㅁㅏㅈㅎㅣㄴ ㅂㅗㄹㅏㅁㅣㄹㅏ"와 같은 식으로, "다나 소리 씨 다"는 "ㄷㅏㄴㅏ ㅅㅗㄹㅣ ㅆㅣ ㄷㅏ"와 같은 형태로 적혀 있는 것이다. 주시경이 자신의 이름을 '한힌샘'이라고 표기하기 시작하는 것도 이때부터이다.

1913년에는 신명균을 강사로 초등과도 모집하였으므로(인원 60명), 1914년의 3월에는 고등과 제2회 졸업생(21명), 중등과 제3회 수업

---

17. 이때의 임원 명단은 알 수 없다. '임원 일람'에 실린 명단이 1916년 기준이기 때문이다. 다만 회장에 관한 것만은 국어연구학회 때부터 취임 연월일이 적시되어 있는데 이에 따르면 김정진이 1908년 8월 31일에, 주시경이 1913년 3월 23일에, 남형우가 1916년 4월 30일에 취임한 것으로 되어 있다.

생(39명), 초등과 진급생(8명)을 배출하게 된다(초등과는 이것이 처음이자 마지막이다). 4월에는 강습원의 명칭을 '한글배곧'이라 변경하였다 하는데, '연혁'에 나오는 이 기록 외에 이 해에는 '회록'이 없어서 관련 사항을 알 수가 없다. 7월에는 경남 동래의 동명학교와 명정학교에서 하기국어강습소가 열리는데, 여기에는 각각 최현배와 권덕규가 파견된다. 그런데 바로 같은 달 27일에 주시경이 세상을 뜨게 된다. 이에 대해 '연혁'은 '주시경 선생이 하세(下世)하므로 9월 개학시에는 김두봉 씨가 계선(繼選)에 피(被)하고, 중등과 강사는 이규영 씨가 피선되다'라는 간단한 기록만을 남기고 있을 뿐이다. '피선'이라는 표현을 보아 선거 같은 형식이 있지 않았나 싶은데, 주시경 사후에 김두봉이 후계자가 되었다는 말은 위와 같은 상황을 두고 한 것으로 생각된다. 어쨌든 주시경에 이어 고등과는 김두봉이, 중등과는 이규영이 맡게 되고, 그의 사후에도 강습원의 운영은 얼마간 큰 탈 없이 지속된 듯하다.

이미 1913년 주시경의 제자 그룹이 중심에 서게 된 것도 큰 역할을 했을 것이다. 그리하여 1915년에는 제3회 고등과 졸업생 23명과 제4회 중등과 수업생 39명을, 1916년에는 제4회 고등과 졸업생 21명과 제5회 중등과 수업생 70명을, 1917년에는 제5회 고등과 졸업생 14명과 제6회 중등과 수업생 70명을 내게 된다. 〈한글모죽보기〉에 있는 기록은 이 1917년 3월 11일의 졸업식까지이다. 그 이후로는 어떻게 운영되었는지 알기 어렵다. 다만 1916년 4월 30일의 '회록'이 남아 있는데 이를 보면 한글모(조선언문회) 회장에 1911년부터 강습원

원장을 맡아 보던 남형우를 선출하였다. 아울러 회계 및 간사 등도 새로 뽑았으며, 5명이었던 의사원을 10명으로 확대했다는 내용을 확인할 수가 있다. 일종의 체제 정비를 한 셈이다. 따라서 1917년 이후에도 한동안 한글모(조선언문회)와 한글배곧(조선어강습원)이 유지되지 않았을까 하는 추측은 해볼 수 있다. 다만, 회계(박재경)와 간사(이규)에 선임된 이들이 중등과와 고등과를 1915년, 1916년에 수업 및 졸업한 이들로 주시경이 아니라 김두봉 등에게 배운 이들이라는 점에서 이 단체의 성격 역시 다소 새로운 방향으로 흘러갔을 가능성을 배제할 수는 없다.

어쨌든 '하기국어강습소 − 국어연구학회/국어강습소 − 조선언문회(한글모)/조선어강습원'의 변천은 일종의 전문가 집단의 형성이라는 관점에서 해석할 수 있을 것이다. 그리고 이는 '국문, 국어, 조선어, 한글' 등에 대한 논의에 권위를 부여할 원천이기도 했다. 앞서 '조선어연구회(1921) − 동인지 《한글》(1927) − 조선어학회(1931)'라는 일련의 흐름을 언급했었거니와, 이들이 박승빈을 위시한 계명구락부 및 '정음파'에 맞서 하나의 세력을 형성할 수 있었던 것도, 또 이들에게 끝내 '승리'할 수 있었던 것도 주시경을 중심으로 한 '전문가 집단'의 형성이라는 측면을 배제하고는 설명하기 어렵다. 물론 주시경이 애초부터 이를 바랐던 것은 아니었을 터이다. 그는 말 그대로 동조자를 찾고 있었을 뿐이다.

그러나 그 동조자는 계몽의 대상으로부터도, 또 '고명한 분들'로부터도 나오지 않았다. 그러던 차에 자신이 가르쳤던 제자들로부터 희망을 보았고, 이들을 중심으로 단체를 만들었다. 1907년경부터 시작된 이런 움직임은 1913년이면 매우 체계적인 성격을 띠었고, 학술적으로도 전문화되기에 이른다. 이 과정에서 문체의 변개와 새로운 용어의 출현이 있었음은 앞에서 언급한 대로이다. 그리고 이는 이 '주시경 일파'의 특별한 표지로 작용하기도 했다. 물론 여기에는 풀어쓰기라는 전혀 새로운 표기 방식도 포함된다.

4. 나가는 말

앞에서 우리는 주시경의 글쓰기 전략의 변화 과정과 주시경을 중심으로 하는 전문가 집단의 형성과정을 살펴보았다. 그리고 그것은 연구 내용이나 형식의 전문화로 귀결되는 것이라 하겠다. 그런데 이러한 전문화 과정은 필연적으로 일상의 대상화, 타자화를 동반할 수밖에 없다. 아무렇지도 않고 특별할 것도 없던 '말'이 이제는 아무나 할 수 없는 전문적 분석의 대상이 되기 때문이다. 이제 '사계(斯界)의 권위자'가 아니면 공적 영역에서의 발언이 제한된다. 전문가의 연구 결과를 믿고 따르는 수밖에 달리 방법이 없어진다. 1930년대 '한글파'와 '정음파'의 논전이 뜨거울 수밖에 없었던 것도 이 때문이다.

1890년대 《독립신문》은 발행인 서재필이나 교보원 주시경의 생각에 따라 표기되었으나, 1930년대의 주요 일간지들은 조선어학회의

'과학적 이론'에 따를 것을 선언하기에 이른다.[18] 그런데 주시경의 이론에는 이미 이런 타자화의 계기가 마련되어 있었다. 예컨대 그 누구도 발음할 수 없는 '읽-'으로 표기해야 한다면서 제시한 것이 '본음, 원체, 법식'이라는 추상적 층위였기 때문이다. '정음파'의 공격이 주로 가해진 부분 역시 이 표기 방식이 없는 것을 있는 것처럼 억지로 내세운 것에 불과하다는 데 있었다. 물론 '정음파'가 내세운 '단활용설' 역시 우리말에는 없는 이론적인 것에 불과하다는 게 조선어학회 인사들이 가한 비판의 요지였다. 둘 가운데 어떠한 이론을 따르든 이제 일상적이고 구체적인 영역 너머에 존재하는 그 무엇('본음, 원체', '단활용')이 분석의 대상이 되었고, 이에 따라 아무렇지도 않고 특별할 것도 없었던 것들이 갑자기 낯설어지는 이른바 '타자화'가 이루어진다. 아무런 자각 없이 내 몸을 놀리듯 편안하게 내뱉던 말이 이제 전에 없이 정교하고 복잡하게 조직된, 따라서 전문적 연구와 깊은 학문의 대상이 되어 버리는 것이다.

'말'의 영역에서 이러한 '일상의 타자화'는, 근대 이전에는 결코 없었던 현상이다. 물론 언어, 문자와 관련한 전문 분야와 전문가 집단은 이전에도 존재했다. 그러나 그들의 대상은 일상어가 아니었다. 그것은 대개 서구에서는 라틴어나 그리스어 같은 고전어였고, 동아시아에서 역시 경전에 사용된 고문(古文)이었다. 이들은 물론 문헌학의 대상이었고, 문헌학자들은 고대의 성스러운 문헌을 해독할 수 있는 전문가 집단이었다. 그러나 그들은 자신들이 쓰는 일상어에 대

---

18. 예컨대 《동아일보》는 조선어학회의 '한글마춤법통일안'이 발표되던 1933년 10월 29일 당일 "한글 統一案대로/ 本報 綴字도 更新/ 우리 文化運動의 劃期的 事業/ 名實 共히 한글 統一"이라는 선언을 한다.

한 분석을 시도하지 않았다. '일상어의 타자화'는 근대의 새로운 현상인바, 또한 이는 자신의 언어를 '타자의 시선'으로 바라보는 데서부터 출발하는 것이 아닌가 한다. 그때만이 아무렇지도 않고 특별할 것도 없던 자신의 언어가 새롭게 보이기 때문이다. '국어문법'과 '국어사전'은 사실 이러한 말의 타자화를 전제로 하지 않으면 성립하기가 어려운 것들이 아닌가 한다.

참고문헌

주시경(1897), 〈국문론〉, 《독립신문》 47-48, 134-135호, 김민수 편, 1992, 《주시경전서》 1(이하 《전서》로 줄임).

주시경(1901), 〈말〉, 《신학월보》 1-10(《전서》 1).

주시경(1905), 《國文文法》(필사, 《전서》 1).

주시경(1906), 《國文講義》(油印).

주시경(1907), 〈국어와 국문의 필요〉, 《西友》 2호, 1907.1.1(《전서》 1).

주시경(1907), 〈必尙自國言文〉, 《황성신문》 2442·2447(《전서》 1).

주시경(1907-8), 《國文研究案》(필사, 《전서》 2).

주시경(1907-8?), 《말》(필사, 《전서》 1).

주시경(1908), 《國語文典音學》, 博文書館(《전서》 1).

주시경(1909), 《國文研究》(필사, 《전서》 2).

주시경(1910), 〈한나라말〉, 《普中親睦會報》 1(《전서》 3).

주시경(1910), 《國語文法》, 博文書館(《전서》 3).

주시경(1914), 《말의 소리》(石版), 新文館(《전서》3).

고영근(1985), 〈開化期의 국어연구단체와 국문보급활동: 〈한글모죽보기〉를 중심으로〉, 《한국학보》 9-1.

고영근(1995), 〈주시경 〈국어문법〉의 형성에 얽힌 문제: 검열본을 중심으로〉, 《대동문화연구》 30.

김병문(2013),《언어적 근대의 기획: 주시경과 그의 시대》, 소명출판.
박지홍(1996),〈'한글모죽보기'에 대하여〉,《한힌샘주시경연구》9.
야나부 아키라, 서혜영 옮김(2003),《번역어 성립 사정》, 일빛.
이현희(1989),〈쥬시경, '대한국어문법' 譯註〉,《주시경학보》3.
최명옥(1979),〈주시경의 '소리갈'에 대하여〉,《진단학보》44호.

위당 정인보의 한글 사랑

이지원(대림대학교 교수, 역사학)

1. 머리말

위당 정인보는 양명학, 역사학, 문학 등 다방면의 연구업적을 남긴 20세기 한국의 대표적인 학자이다. 그는 한국사의 암흑기에 올곧은 자세를 유지하며 지식인으로서 책무를 다한 인물로 평가되고 있다. 위당은 1893년 서울의 종현에서 동래정씨 명문가에서 태어났다. 가세와 나라가 기울어가던 시기에 그는 정규교육을 받지 않고, 외숙 서병수와 집안 어른 정인표, 이건승 같은 분들의 가르침으로 한문과 전통적인 유학을 익혔다. 18세에 강화 양명학자 이건방의 제자가 되어 양명학과 조선 후기 실학에 관심을 갖게 되었다. 국권상실 후에는 만주와 상해를 다니면서 신규식, 박은식, 신채호, 김규식

등과 동제사를 결성하는 등의 활동을 하였다.[01]

1922년 연희전문학교 강사로 초빙되어 1925년부터 교수가 되고, 1937년까지 재직하면서 한문학과 조선문학, 조선사를 가르쳤다.[02] 이 시기 그는 《동아일보》를 비롯한 여러 근대 매체에 우리나라 고서에 대한 해제를 연재하는 등 전통 학문에 대한 많은 글들을 집필했다. 또한 1930년대 중반 안재홍과 조선학운동을 함께하며 《여유당전서》의 교열작업을 하였다.[03] 1938년 일제의 총동원체제가 강화되고 친일의 강요가 거세지는 상황에서는 경기도 남양주 창동에 은거하며 일체의 사회활동을 중지했다. 일제 말기 세간의 많은 지식인들이 사회적 지위를 유지하고 친일을 합리화하는 변절의 길을 갔던 것과 대비되는 양심적 지식인의 삶을 선택한 것이다. 해방 후 독립된 국가의 '국학' 수립에 주력하여 국학대학장을 역임하고 감찰위원장, 전조선문필가협회장 등의 활동을 했고 한국전쟁 중 납북되었다.[04]

다방면에 걸친 학문세계를 보여주는 그의 방대한 저술은 1983년 연세대학교에서 《담원 정인보전집》(전6권)으로 간행되었다. 여기에 실린 그의 글들은 순한문, 국한문 병용, 한글 전용의 세 가지 문체로 되어 있다. 순한문체로는 한시(漢詩), 서간(書簡), 서발(序跋), 비지(碑誌),

01. 홍이섭, 〈위당 정인보〉, 《한국사의 방법》, 탐구당, 1968: 민영규, 〈위당 정인보 선생의 생장에 나타난 몇 가지 문제〉, 《동방학지》 13, 1972.

02. 왕현종, 〈연희전문의 한국사 연구와 민족주의 사학의 전개〉, 《근대 학문의 형성과 연희전문》, 연세대학교출판부, 2005: 김도형, 〈1920~30년대 민족문화운동과 연희전문학교〉, 《동방학지》 164, 2013: 연세대학교 문과대학, 《연세대학교 문과대학 100년》 1, 연세대학교출판문화원, 2015.

03. 이지원, 《한국 근대문화사상사 연구》, 혜안, 2007, 4장.

04. 정양완, 〈위당 정인보 선생 연보〉, 《애산학보》 39, 2013. (《한글로 쓴 사랑, 정인보와 어머니》, 한울, 2019 수록)

갈명(碣銘), 전장(傳狀), 제문(祭文), 만사(輓詞) 등을 지어《담원문록》을 남겼고, 국한문병용으로는 역사 및 국학 방면의 저작, 신문·잡지에 실린 글을 남겼다. 한글 전용으로는 〈담원시조〉, 서간문, 비문, 각급 학교 및 국경일기념 노랫말 등을 지었다.[05] 한문체의《담원문록》의 글은 위당의 셋째 따님인 정양완 교수가 2006년에 위당의 한문문집인《담원문록》을 한글로 번역하고 주석과 해설을 달아 간행하였다.[06] 최근에는 한글 시조와 서간문 등 한글로 쓴 글들을 발췌하여 간행한 책이 나왔다.[07]

한말부터 일제시기에 걸친 근대 문명전환기의 지식인은 한문, 한글, 일본어 등이 혼용되는 문자생활을 하게 된다. 1894년 '국문'이라는 말로 한글이 공용어로 공식화되면서 한문이 주도하던 문자세계는 한글로 전환되는 물꼬를 텄다.[08] 대한제국 정부는 국문연구소를 두어 한글을 통해 근대적 문자생활의 체계를 세우고자 하였다. 그러나 일제의 식민지가 되면서 한글은 국문으로서의 공식적 지위를 박탈당하였다. 일본어를 '국어'라고 하는 상황에 이르렀다. 이러한 식민지 언어 환경과 정책 변화에 따라 일본어 및 일본어 글쓰기도 언어생활에 깊이 침투하였다.

정인보는 이러한 과도기의 문자 환경에서 일본어로 글을 쓰지 않았다. 그는 한문과 한글로 글을 썼다. 한문으로 학문과 지식을 처음 배웠지만 '국문'으로서 한글의 의미와 가치를 인식하고 한문

---

05.   국한문 및 한글로 쓴 글들은《담원 정인보전집》1-4, 연세대학교출판부, 1983에 실려 있다.

06.   정인보,《담원문록》(전3권), 태학사, 2006.

07.   정인보 외,《한글로 쓴 사랑, 정인보와 어머니》, 한울, 2019.

08.   이지원, 앞의 책, 2장 2절.

글과 병행하여 한글로 글을 썼다. 우리말의 소리를 담은 새로운 글쓰기는 한국의 근대 학문과 문화를 개척하는 중요한 발자취를 남겼다. 그의 글은 역사학, 철학, 강화학, 조선학, 문학 등 방대한 영역에 걸쳐 있고, 이를 자료로 하여 정인보의 학문에 대한 많은 연구가 진행되었다.[09] 그 가운데 한글로 쓴 글에 대해서는 문학 쪽에서 시조 연구가 있고, 이중글쓰기 차원에서 다룬 논문이 있다.[10] 그의 학문에 대한 연구에서 한글 관련 연구는 다른 주제들보다 미진하다고 할 수 있다. 이 글에서는 기존의 연구 성과 위에서,《담원 정인보전집》의 자료를 중심으로 근대 문명전환기 지식인 위당 정인보의 한글 인식과 글쓰기를 통해 그의 한글사랑 면모를 살펴보려고 한다.

2. 정인보의 학문관과 한글 인식

정인보는 강화학파 이건방에게 배우면서 학문적 자의식을 형성

---

09.   정인보 연구의 연구사 정리는 강석화,〈담원 정인보 선생에 대한 연구사 정리〉,《애산학보》39, 2013 참조. 정인보의 민족정체성 수립을 위한 학문관에 대해서는 이지원, 앞의 책; 남궁효,〈정인보의 조선학이론에 대한 연구〉,《실학사상연구》8, 1996; 이황직,〈위당 조선학의 개념과 의미에 관한 연구〉,《현상과 인식》34-4, 2010; 김진균,〈정인보 조선학의 한학적 기반〉,《한국실학연구》25, 2013; 윤덕영,〈위당 정인보의 조선학 인식과 지향〉,《한국사상사학》50, 2015 참조.

10.   원용문,〈정인보 시조에 대하여〉,《배달말》8, 1983; 김석회,〈담원시조론〉,《국어교육》51·52, 1985; 오동춘,〈위당 정인보 시조 연구〉,《국어국문학회》5, 1987; 이동영,〈정인보의 생애와 문학업적〉,《陶南學報》17, 1998; 김학성,〈담원 정인보 시조의 정서 세계와 그 정체성〉,《반교어문연구》13, 2001; 여희정,〈일제강점기 전통지식인의 이중언어 글쓰기〉,《정신문화연구》38-3, 2015.

하고 조선 학문의 독자성에 대한 포부를 만들어갔다.[11] 그는 양명학적인 배경에서 근대적 전환기 학문의 진로를 고민하면서 조선 후기 '실학'을 주목하였다. 그가 다산 정약용을 비롯한 실학자들의 저작을 주목한 것은 조선 학문의 근대성을 실증하려는 의도였다.[12] 또한 해외 유학을 통해 근대학문을 배운 지식인 백낙준, 백남운, 송진우, 홍명희 등과 교유하면서 스스로 전통 학문의 한계를 극복하고 학문 수준을 발전시키는 데 필요한 정밀한 시각을 확보해 갔다.[13] 그리고 한국사의 특수성에 바탕하여 근대라는 세계사의 보편성을 결합시키는 주체적인 학문으로서 '조선학'을 구상하였다. 1930년대 '조선학운동'에서 다산 정약용을 주목하고 《여유당전서》를 간행한 것은 조선의 정체성과 근대성을 제거하려는 일제의 식민지 문화정책에 대한 저항이자 문화정체성 회복을 위한 학문적 모색의 일환이었다.[14]

주체적인 근대 학문의 정체성을 만들고자 한 그의 학문관에서 볼 때 근대국가의 언어와 문자로서 국어·국문은 중요하였다. 19세기 말 이래 한글을 국문으로 인식하는 변화는 근대국가를 만들기 위한 문명화의 과제와 연관되었다.[15] 국어·국문은 "종족과 언어가 동

11. 하곡―난곡―위당으로 이어지는 실심실학을 추구하는 양명학을 민영규는 '강화학'이라고 지칭했다(민영규, 앞의 글). 이후 강화학이라는 명칭이 사용되었다. 심경호, 〈위당 정인보와 강화학파〉, 《열상고전연구》 27집, 2008.

12. 이황직, 〈위당 정인보의 유교 개혁주의 사상〉, 《한국사상사학》 20, 2003.

13. 방기중, 《한국근현대사상사연구》, 역사비평사, 1992: 조동걸, 〈연보를 통해 본 정인보와 백남운〉, 《독립운동사연구》 5, 1991; 윤덕영, 〈위당 정인보의 교유관계와 교유의 배경〉, 《동방학지》 173, 2016.

14. 이지원, 《한국 근대문화사상사 연구》, 혜안, 2007: 이지원, 〈1930년대 안재홍의 조선학연구에서 근대정체성 서사와 다산 정약용〉, 《역사교육》 140, 2016.

15. 이지원, 앞의 책, 2장 1절.

일흔 인민이 호상단결ᄒ야 유기적 국가를 구성"[16]하는 수단으로서 중요시되었다. 1894년의 갑오개혁을 통해 언문이라 불리던 한글은 '국문'이라고 고쳐 불리게 되고, 공문에서 국문 또는 국한문이 병용되었다.[17] 근대국가로서의 문명화와 정체성을 위해 '국어·국문'의 확립이 선결조건으로 인식되었다. 이에 갑오개혁 이래 정부 정책에 의해 국어·국문의 보급이 시작되었다.

1895년 5월 개교한 한성사범학교에서 국문 교육이 시작되는 한편,[18] 이어 소학교령을 비롯한 여타 교육령에 따라 설립된 학교들에서 국문 교육이 실시되었다.[19] 1896년에는 순국문 신문《독립신문》이 창간되었고,《관보》를 비롯한 공문서용 문자가 한문에서 국한문으로 바뀌었다.[20] 대한제국시기 국문 문자에 대한 관심은 날로 혁신되었다. 1907년에는 학부(學部)에 국문연구소가 설치되면서 새로운 국문정서법의 기틀이 마련되었다. 유길준의《조선문전》(1906), 주시경의《대한국어문법》(1906), 김규식의《대한문법》(1909), 김희상의《초등국어어전》3권(1909)의 문법책이 간행되었다. 그리고 외래어의 표기를 위해[21] 한자교본인 정약용의《아학편(兒學編)》에 한글, 중국어, 일본

16.　牧丹山人,〈自主獨行의 精神〉,《太極學報》21, 1908.2, 15쪽.

17.　《고종실록》권32, 고종 31.11.21 칙령 제1호 공문식 제십사조.

18.　《관보》121, 1895.7.24. 한성사범학교규칙 제11조 학과정도표에 '國文講讀, 作文日用書類記事文及論說文'으로 규정되어 있다.

19.　1895년 7월 19일 칙령 145호로 반포된〈소학교령〉, 8월 15일 학부령 3호로 반포된〈소학교령 대강〉에는 독서와 작문 과목 등을 설치하여 초등교육부터 국어·국문의 교수를 규정하였다.《고종실록》권34, 고종 32.7.19;《관보》122, 1985.8.15.

20.　《매천야록》을 통해 당시 국문에 대한 관심이 높았음을 알 수 있다.《매천야록》권2,《黃玹全集》하, 아세아문화사, 1978, 1,084쪽

21.　서양문으로 된 외국의 명칭을 국문으로 옮겨 적을 것이 1894년 법으로 규정되었다.《고종실록》권32, 고종 31.7.8.

어, 영어 표기를 병기한 지석영의 주석본 《아학편》이 간행되었다.[22]

　　일제의 식민지가 되자 한글은 근대국가의 '국문'으로서의 위치를 상실하였다. 한글은 '조선문·조선어'로, 일본어문은 '국어·국문'이 되었다. 조선어로서 한글의 사용과 보급은 일제 교육제도 하에서도 일정하게 지속되었다. 일본어를 '국어'로 제도화한 식민지 교육제도 하에서 민족의 말과 글을 유지하는 것은 문자 이상의 민족의 문화 정체성을 유지하는 길이었다. 정인보는 한글을 민족의 문화정체성을 지키는 수단이자 정신으로 인식하였다. 한글에 대한 이러한 인식은 《영인본 훈민정음》 서문에 잘 나타나 있다.

> 대체로 사람이란 나면서부터 마음에 앎이 있어, 사물에 접하여 느끼어 움직이게 되는데, 그 바야흐로 움직일 때에는 속에서 물결치고 메아리쳐서 이어 소리가 되어 밖으로 나오게 되니, 언어란 이것일 따름이다. … 풍속이 다르면 소리가 나타내는 바가 구별이 없을 수 없겠지만, 그 구역 안에서 같은 끼리는 소리가 발하면 서로가 알게 된다. 이래서 지구상의 인류는 말로써 겨레가 되므로 같은 성음을 빌릴 수가 없음이 이와 같다. 그러므로 문자를 만들 때는 성음을 바탕으로 하게 된다. 심지어 중국의 육서(六書) 같은 것도 여러 가지 사물에 치달아가지만, 흐름을 따라 근원을 찾자면 다 소리가 도맡는 것이다. 이렇지 않고서는 문자와 언어가 갈려, 그 느낀 바를 담아서 영원히 통하게 할 방법이 없을 것이다. 28자란 소리에 맞아 널리 쓰이어, 그 참(眞)을 곡진하게 다하는 것이다.[23]

22.　이지원, 앞의 책, 76쪽.

23.　정인보, 〈영인본 훈민정음서〉,《담원문록》상, 태학사, 2006, 235-238쪽.

그는 성음이 겨레를 만드는 중요 요소임을 강조하였다. 그리고 28자 소리인 한글의 언어구성의 이치와 독자성을 높이 평가하였다. 이것은 일본이 조선의 문명화를 내세우며 일본어＝문명어라고 치켜 세우고 조선어를 비문명한 식민지민의 토착어로 타자화하여 연구하고 교육하는 것에 대한 비판이었다. 이는 "일본학자가 왕왕 자기가 조선사가임네 하기를 좋아하여, 내외의 옛 역사를 증명하는데 한결같이 문헌에 의존한다고 과시하오. 이는 문헌에 의존하여 부회하면 이 땅의 백성이 가장 열등함을 증명할 수 있다고 알기 때문이오"[24]라고 비판하며 '얼'의 역사와 민족문화의 정체성을 강조한 그의 학문관과 연계된다.

그는 음성언어를 표기하는 것을 참된 문자라고 생각하고, 한국인의 음성을 담은 문자인 한글이 바로 우리 민족의 음성언어를 표기하는 참된 문자임을 인식하였다. 성음의 미묘함을 통해 만든 한글은 "인류 문화역사에 처음 비춰오신 광명"[25]이라고 하였다. 그는 한글 반포 전 〈용비어천가〉를 반포하고 여러 서적을 번역하였지만, 오늘날 전하지 않는 것을 안타깝게 생각하였다.[26] 그래서 그는 한글 반포 이후 한글을 연구한 책들을 귀중하게 여겼다. 그는 조선고서해제에서 신경준의 《훈민정음운해》를 "훈민정음 연구의 가장 기오(奇奧)"한 책이라고 소개하였다.[27]

민족의 주체성·정체성을 보여주는 문자로서 한글의 의미와 그

---

24. 정인보, 〈여문호암일펑서〉, 《담원문록》 중, 139쪽.
25. 정인보, 〈'우리글자 쓰는 법' 서문〉, 《담원 정인보전집》 2, 372쪽
26. 위와 같음.
27. 《담원 정인보전집》 2, 33쪽.

인식은 그가 해방 직후 지은 〈세종대왕어제 훈민정음반포 오백주년 기념비문〉에도 표현되어 있다.

(전면)

우에서 나랏사람 가르치시는 바른소리 지으사 아조 펴옵신 다삿온돌 되는 날 마마 거룩하오심 기리와 돌 삭여 이에 세우다.

(후면)

한겨레 거러짐은 말 있음일씨요 말 옳이 펴짐은 글 있음일써라. 우리나라 다 삿 즈믄해에 거의 되 글 가지기는 우에서 나랏사람 가르치시논 바른 소리 스물여덟 글자 지으심으로 조차니 한 점 거룩하신 뒤 마마 "맛" 거룩하온신녀. 마마 다스리는 동안 여러 노릇을 힘쓰자 낫낫 빗나옴이 다 "우리는 우리로 서라" "조혼 것 모아드릴 선정 남에 부치지 말라" 하오신 뜻이오미 헤오매 이어 높이(卅)옵는 우(宗) 되어심이 엇지 그때 밧드옴에 그치올배어뇨. 이 글자 진작이던들 가튼 겨레 혜여 먼제 이르기 쉬 한줄로 다을 것을 마마 납심이 더디와 살림 이미 좁아짐 애닯과라. 지어 펴오신뒤 우리 또 잘 이읍지 못하야 나 잊고 남에 부치노라. 나라 기울어 말마저 잃케되다가 오래게야 다시 설실을 열랴는 이즈음에 우에서 나랏사람 가르치시논 바르소리 스물여덟 글자 지어 아조 펴 오신 다삿 온 돌을 마즈니 우리 무슨 말씀을 하올바를 알지 못할지로다. 이날 온겨레 마음 보도와 마마 거룩하오심 기리오며 아울러 "남에 부치지 말고 우리로 서라" 하오신 마마 뜻을 밧들어 외치노리 흰구름이 일고 솔슙 우아는 가운데 마마 우리를 어엿비 녀기심이 예 이제

업스실지로다.[28]

위당은 실심실학(實心實學)의 학문을 지향하였기 때문에, 말을 사용하는 민족의 '얼'을 담은 말과 글로서 한글의 의미를 강조하였다. 그리고 그것은 "남에 부치지 말고 우리로 서라"는 말에서 알 수 있듯이, 민족의 정체성을 지키는 주체적인 인식과 노력을 강조하는 것이었다.

3. 정인보의 문화정체성 의식과 한글 글쓰기

1) 논문·논설

위당은 1920년대 이후 신문, 잡지 등 근대매체에 다방면에 걸쳐 방대한 분량의 국한문 병용의 논문을 썼다. 해방후 단행본으로 간행된 《조선사연구》와 《양명학연원》, 조선고서 18편에 대해 해제한 〈조선고서해제〉, 정송강과 국문학, 다산 선생의 생애와 업적, 단재와 사학, 《성호사설》을 교감하면서 등을 묶은 〈국학인물론〉, 경주의 사적에 대해서 쓴 역사산문 〈동도잡지(東都雜誌)〉, 한국문학사와 중국 시에 대한 강의 노트 형식의 〈조선문학원류초본〉과 〈지나시(支那詩)의 원류〉, 금강산기행문 〈관동해산록(關東海山錄)〉, 남쪽 지방을 여행하면서

---

28. 정인보, 〈세종대왕어제 훈민정음반포 오백주년기념비문〉, 《담원 정인보전집》 2, 245쪽.

보낸 편지 형식의 기행문 〈남유기신(南遊寄信)〉 등이 그것이다. [29]

1920년대 이후 본격화한 위당의 글쓰기는 3·1운동 이후 일제 당국의 조선 민족정체성을 왜곡하는 문화정책에 대응한 역사문화로 이해될 필요가 있다.[30] 일제는 3·1운동으로 분출된 조선인의 저항의식·민족의식을 억제하고 장기적인 식민지배를 위해 조선에 대한 문화지배정책을 본격화하였다. 조선총독부 당국이 조선 연구를 본격화하여 역사왜곡을 위해《조선사》편찬을 추진하고, 민중계몽이라는 명목 하에 조선의 옛 문화를 식민지 문화지배의 수단으로 활용하기 시작했다.[31] 겉으로는 일정하게 문화공간을 열어주면서 조선인의 자주적 역사의식과 정체성을 왜곡하는 식민지 문화정책이었다.

위당은 이러한 상황에 대응하여 조선의 민족정체성 확립을 위한 글을 썼던 것이다.

朝鮮은 지금 重大한 時機에 있지 아니한가. 人物 하나라도 내어 세울 때가 아니며, 團體 하나라도 힘 있게 되도록 後援해야 할 때가 아닌가? … 그런데 現在의 우리는 外人에 對하여서는 思想이든지 事業이든지 阿諛에 가까운 盲目的 尊敬과 服從을 가지면서, 自國人의 思想이나 事業에 對하여는 다만 冷然 不顧할 뿐 아니라 도리어 積極的으로 吹毛覓疵하여 기어코 이것을 誹謗하고 埋葬하고야 말려 하니 實로 本末을 顚倒한 일이요 衰運의 朝鮮에서밖에 볼 수 없는 現象

<hr>

29. 한글 전용으로는 〈담원시조〉, 서간문, 비문, 각급 학교와 국경일을 기념하는 노랫말 등을 지었다. 국한문 및 한글로 쓴 글들은《담원 정인보전집》1-4에 실려 있다.

30. 이지원, 〈3·1운동, 민족정체성, 역사문화〉,《3·1운동 100년 5. 사상과 문화》, 휴머니스트, 2019.

31. 이지원, 앞의 책, 3장 1절 참조.

이다.[32]

　그는 외국에 대한 맹목적 추종과 자국에 대한 적극적인 비하가 만연해 가는 세태를 비판하였다. 그리고 열심히 많은 글을 썼다. 위당은 일찍이 처음 한문을 배웠던 학산 정인표 선생으로부터 '글 잘한다'는 칭찬을 받을 정도로 문재가 뛰어났고,[33] 춘원 이광수도 '위당의 문명(文名)을 흠모'[34]할 정도의 필력과 문장력을 갖고 있었다. 그는 당시 장안 최고의 한학자였지만, 대중적 글쓰기와 교육에서 한글을 병용하였다.

　위당은 한문과 한글 병용을 시도하면서 단순히 한문이냐 한글이냐는 문자체의 형식을 기준으로 하지 않았다. 그는 민족의 문화정체성을 구명하기 위해 본말을 궁구하여 자신의 견해를 논리적으로 전개하는 글쓰기, 논지의 명료함과 막힘없는 논지 전개를 강조하였다.[35] 한문은 근대 이전에 지식인들의 사상, 지식, 감정 등을 표현한 문자였다. 과거의 기록인 한문 자료를 활용하여 민족의 문화정체성을 확립하는 논지에 맞춰 글쓰기를 하는 것이 핵심이었다.

　그는《조선사연구》에서 한자로 된 중국 문헌 등을 참조하여 신라의 풍속, 제도, 의복, 언어 등이 고구려, 백제와 유사하고 중국과는 달랐다고 밝히고 있다. 특히 신라에 고언(古言)이 그대로 전해져 내려온 사실에 주목하였다. 그는 신라가 진한(辰韓)의 후손으로서 이미

32.　정인보, 〈永遠의 內訌〉,《동아일보》1924.2.13(《담원 정인보전집》2, 287쪽).

33.　정양완, 〈담원문록 발〉,《담원문록》하, 531쪽.

34.　이광수, 〈상해의 이일 저일〉,《삼천리》10호, 1930(《담원 정인보전집》1, 353쪽)

35.　정인보, 〈文章講話(上篇)〉,《廢墟以後》1호, 1924.2, 141쪽(《廢墟(全)》, 원문사, 1976).

위당 정인보의 한글 사랑　293

선대(先代)에 한족(漢族)과 접촉이 빈번해 언어문자 면에서 그들의 영향을 받을 수 있었는데도, 자기 고유의 것을 고수하며 한족의 것에 대해서는 배타적이었음을 밝히고 있다.[36] 한문 자료를 읽고 근대 민족주의 관점에서 문화정체성의 역사로 재구성한 글쓰기를 한 것이다. 그는 역사학자이자 국학자로서 민족 주체적 관점에서 역사를 재평가하는 근대 지성으로서 역할에 충실하고자 하였다.[37]

이는 언어문자 면에서도 마찬가지였다. 〈조선문학원류초본〉을 살펴보자.

> 前人의 述作이 吏讀나 正音을 쓴 以外는 대개 漢土의 文字로써 그대로 驅使한 이므로 純粹한 朝鮮文의 領域이 말못되게 狹小한 듯하나 朝鮮의 芬香이 없이 직 漢土의 氣臭를 含有한 作品은 애초에 말할 것이 아니요, 어떠한 말(馬)을 탔던지 東南北에 내 맘대로 馳騁하였다 할 것 같으면 구태여 過去의 驪黃을 물어 무엇하리오? 이를 알아 누구나 範圍를 局促케 하지 아니할 것이라.[38]

그는 한자냐 한글이냐 하는 문자 자체를 과거 조선 문학의 정체성을 판가름하는 잣대로 여기지 않았다. 문자는 물건을 싣는 '말(馬)'과 같이 사상과 감정을 실어 나르는 수단일 뿐이다. 중요한 것은 '조선의 분향(芬香)'을 함유하고 있느냐의 여부였다. 근대적 민족의식에서 한문의 옛글을 참고해 당시대의 정신이 담긴 '조선의 글'을 쓰느

---

36. 정인보, 《조선사연구》 상, 《담원 정인보전집》 3, 267쪽.

37. 정인보는 '얼사관'이라 불리는 주체적 역사인식 이론을 주창하였고, 고대사 관련 연구업적과 조선 후기 문화사를 실학적 관점에서 체계화하였다.

38. 정인보, 〈조선문학원류초본〉, 《담원 정인보전집》 1, 261쪽.

냐가 중요했다.

그는 신문·잡지를 통해 한문 병용의 논문·논설을 활발하게 발표하던 시기에 순한글로 써야 할 필요에 대해 언급하기도 하였다. 1931년 이충무공의 위토 문제로 현충사를 다시 세우는 고적보존운동이 일어났다.[39] 그는 이충무공에 대한 글을 많이 썼는데,[40] 이때 충무공의 전기 등을 순한글로 쓰는 것이 필요하다고 주장하였다.[41] 한문학자로 근대적인 민족의식을 구현하면서 그는 국한문을 병용하는 과도기적인 글쓰기를 하였다. 1938년 일제의 총동원체제가 강화되어 연희전문학교 교수직을 떠나 경기도 남양주에 은거하며 일체의 사회활동을 중지하던 시기에는 오히려 한문의 비문이나 전기들을 많이 썼다.[42]

그에게 한문 글쓰기와 한글 글쓰기는 대립적이지 않았다. 글의 주제, 영역, 읽을 대상에 따라 병행하고 있었다고 하겠다. 요컨대 그는 한문을 같이 쓴 논문, 논설 등에서도 문체의 기교나 형식보다는 민족주의 정신을 드러내는 계몽적 성격의 내용을 담고자 하였다. 특

---

39. 이지원, 〈1930년대 민족주의계열의 고적보존운동〉, 《동방학지》 77·78·79합집, 1993.

40. 〈李忠武公墓山競買問題〉, 〈이충무공과 우리〉, 〈충무공유적보존회창립〉, 〈충무공위토추환〉, 〈성금 일만원〉, 〈이충무공의 인격〉, 〈중건 현충사비문〉 등. 《담원 정인보전집》 2에 수록됨.

41. "무릇 碑文이나 傳記나를 勿論하고 그것을 만드는 데 두 가지 絶對로 必要한 條件이 있으니, 하나는 尊明·事大思想에서의 解放이요, 또 하나는 難解한 漢文에서의 解放이다. 될 수만 있으면 現在 各地에 있는 古碑는 다 땅속에 깊이깊이 묻어버리고 自由로운 民族主義의 意識에서 純全한 朝鮮文으로 새로운 碑文을 써서 後孫에게 보여야 할 것이다. 公의 傳記를 純朝鮮文으로 써야 할 것은 勿論이다."(〈충무공위토추환〉, 《동아일보》 1931.6.15., 《담원 정인보전집》 2, 제5편, 304쪽).

42. 비지문(碑誌文)의 상당수는 그가 공식적인 사회 활동을 중단한 1937년에서 1945년 사이에 활발하게 창작되었다.

히 나라사랑을 실천한 인물들을 거론할 때에는 그들의 얼과 지혜를 계승하는 글을 지었다. 예컨대 〈윤봉길열사 기념비문〉, 〈열사백락관 선생 기념비문〉, 〈이상재선생의 장서〉, 〈순국선열추념문〉, 〈광복선열의 영령 앞에〉, 〈우정선생 추도문〉, 〈병천기의비문〉, 〈을지장군묘소 수보문제〉, 〈이충무공순신기념비〉, 〈한산도제승당비문〉, 〈이충무공과 우리〉, 〈이충무공의 인격〉 등의 글에서는 한문 병용, 한글 전용 등을 함께 구사하였다.[43]

2) 시조

위당 정인보는 음성언어를 표기하는 문자가 참된 것이라는 한글 인식을 갖고 있었다. 물론 그는 근대 과도기의 지식인으로서 모든 글을 한글로 짓지는 못하였다. 그러나 전통문예 양식의 재생을 통해 한글 글쓰기를 시도하였다. 시조가 그것이다. 그가 시조 창작에 열의를 보이기 시작한 것은 1926년이다.[44] 그해 한글 반포 팔회갑[45]을 기념하여 '가갸날(한글날)'을 정하게 되었고 이 무렵 우리 문학에서 전통적인 것을 찾고자 하는 노력의 일환으로 시조부흥운동이 일어났다. 정인보도 이 해에 처음으로 시조를 지어 여기에 동참하였

---

43. 《담원 정인보전집》 3에 실려 있다.

44. 그의 최초의 시조인 〈자모사〉 들머리 글에서 정인보는 '이 시조는 병인년 가을에 지었다'라고 쓰고 있다. 병인년은 1926년으로, 정인보의 시조 쓰기가 시작된 때로 알려져 있다. 《담원 정인보전집》 1, 4쪽; 백낙준, 〈舊園時調 緖言〉, 《담원 정인보전집》 1; 오동춘, 앞의 글, 254쪽.

45. 八回甲, 즉 480주년 된 해이다.

다.[46] 위당이 시조를 지어 지인과 벗들에게 보이기 시작한 것은 어머님을 여의고 지은 시조 〈자모사〉였다.[47] 연희전문학교 시절부터 가깝게 지낸 백낙준은 위당이 지은 〈자모사〉를 본 이후 감동을 받아 위당의 시조를 보관해 왔다. 그는 해방후 위당의 시조 100수를 내어주어 1948년 을유문화사의 《담원시조집》 간행을 도왔다.

〈자모사〉는 40수로 된 연작 시조이다. 첫 수는 가을에 세상을 떠난 어머님에 대한 그리움으로 시작된다.

가을은 그 가을이 바람불고 잎 드는데
가신 님 어이하여 돌오실 줄 모르는가
살뜰이 기르신 아희 옷품 준줄 아소서[48]

그러나 이 시는 어머니에 대한 추모시이지만 조국에 대한 마음을 노래하기도 한다.

이 강산이 어느강가 압록이라 엿자오니
고국산천이 새로 설워라고
치마끈 드시려하자 눈물벌서 굴러라[49]

---

46. 1920년대에 이르러 시조가 우리 문학의 전통적인 형식을 보여주는 시가 양식으로 주목되어 최남선은 첫 시조집 《백팔번뇌》를 발간하였다. 이때 정인보를 비롯하여 이광수, 홍명희, 박한영 등 당대의 문인, 지식인 들이 발문을 썼다. 정인보, 〈백팔번뇌 비평에 대하여〉, 《동아일보》 1927.3.1-3(《담원 정인보전집》 2, 333-334쪽).

47. 백낙준, 〈薝園時調 緖言〉, 《담원 정인보전집》 1, 379쪽.

48. 〈자모사〉 《담원 정인보전집》 1, 4쪽.

49. 〈자모사〉 《담원 정인보전집》 1, 13쪽.

위당이 어머니를 모시고 기차로 안동현으로 갈 때 압록강을 건너니 어머니가 "나라가 이 지경이 돼야 내가 이 강을 건너는구나" 하시며 눈물을 흘렸다[50]는 것을 기억하며 쓴 〈자모사〉의 37연 시조이다. 추모의 마음을 한글로 표현한 시조는 〈자모사〉 이후에도 지속되어, 〈가신 님〉, 〈유모 강씨의 상행(喪行)을 보면서〉, 〈첫 정〉, 〈척수 허씨만〉, 〈문호암애사〉, 〈김용승 선생을 울고〉, 〈강석 한공만〉, 〈숙초 밑에 누운 송고하를 우노라〉 등 가족과 친구 지인을 추모하는 시조를 지었다.

위당은 추모의 시조뿐만 아니라 일상의 감상을 시조로 표현하였다. 연희전문학교에서 벌어진 육상경기[51], 운동경기[52], 여학교의 각 반의 꽃[53], 박연폭포, 금강산, 여수, 목포 여행[54] 등의 감상을 시조로 노래하였다.

범처럼 사나운데 나븨가치 가벼워라
오십리 희염치던 녯날어룬 저럴것이
무궁화 봉 트랴하니 미첫단들 엇더리[55]

연희전문 운동장에서 젊은 학생들이 육상경기하는 모습을 보고

---

50.   위와 같음.

51.   〈延專 앞뜰에서 육상경기를 보고〉, 《담원 정인보전집》 1, 29쪽.

52.   〈競技詞〉, 《담원 정인보전집》 1, 93쪽.

53.   〈배화여학교 반화사〉, 《담원 정인보전집》 1, 22쪽.

54.   〈박연행〉, 〈금강산에서〉, 〈여수 옥천사에서〉, 〈여수에서 목포까지〉, 《담원 정인보전집》 1, 30-52쪽.

55.   〈延專 앞뜰에서 육상경기를 보고〉, 《담원 정인보전집》 1, 29쪽.

감상을 지은 시조이다. 여기에서 "오십리 희염치던"은《삼국사기》장보고전에 나온 구절로, 바닷속 오 십리 길을 헤엄쳐도 따라올 자 없었던 장보고의 패기를 학생들의 젊은 패기에 비유하여 읊고 있다.[56]

위당은 학자이면서도 정감이 많은 아버지였다. 자신의 오랜 친구이자 동지인 벽초 홍명희 집에 시집간 둘째 딸 생일날 인절미 대신 보낸 시조는 아버지로서의 정을 담고 있다.

> 설흔이 발서거의 생이아니 긔특하냐
> 너낫튼 그 당시는 자고나서 잔칠러니
> 설흔말 구태하리만 찔려슴벅 하과라[57]

어머니 생신 잔치 전날 태어난 딸이 이제 서른이 된 것을 기특해 하는 감회를 담아 생일 인절미 대신 11연의 시조를 지어 보냈던 것이다. 그리고 그 시조의 6연에서 "식아배 잘 받들거라 독립운동이니라"[58] 하여 딸이 시아버지인 홍명희에게 효도하는 것은 가족관계를 넘어 독립운동이라는 사회적 역할임을 가르쳐주고 있다. 위당과 홍명희의 막역한 교우관계를 보여주는 동시에 가족생활 속에서 독립을 생각하는 일상에서의 가르침을 애정을 담아 보냈던 것이다.

시조는 형식에 맞추어 언어를 자유롭게 구사하기 위해 언어 밖의 다감하고 은근한 정으로 심화해야 하고 현대적인 감정에 전통적

---

56. 이 시조의 주에 "《三國史記》張保皐鄭年傳에 "年, 復能沒 海底 行伍十里 不嗜 角其勇壯 保皐差不及也라고 한 것이 있다"고 그 설명을 하고 있다.

57. 〈둘째딸 경완생일에 인절미 대신 보냈다〉,《담원 정인보전집》1, 71쪽.

58. 위의 글, 같은 책, 73쪽

인 취의를 넣은 문화적 유산을 발휘해야 하는 것이었다. 이러한 위당의 정감에 대해 국문학자 양주동은 "위당은 내가 알기에는 가장 정적(情的)인 분이다. 그의 감정은 만져지는 그의 손길보다도 더욱 만문하고 다감하다"[59]라고 하였고, 그의 시조는 "고아(高雅)하되 사무치고 정서적인 대로 사상적이니, 얼른 말하자면 살과 뼈가 있는 강유(剛柔)를 겸비한 작풍"[60]이라고 하였다.

3) 서간문

위당은 어머니와 부인, 자식, 며느리에게 한글 편지를 썼다.[61] 어머님께 보낸 편지는 아들로서 안부를 묻고, 아내에게는 타지에 가서 애틋한 마음을, 자식과 며느리에게는 아버지로서의 정을 담고 있다.

어마님 하셔 뵈오니 ᄒ도 반갑습 그 동안 안녕ᄒ옵시고 아바님 좀 나어 지ᄂ시는 일 너모 만이오니다. ᄌ는 잘 잇습ᄂ이다. 성원경에게 일젼 샹셔등 너은 쪽지 보경 쥬어 ᄎ져오게 ᄒ시옵셔. 총총 긴말삼 못 ᄒ옵ᄂ이다.[62]

　　　　　　　　　　　　　　　　　　　　　 -어머니께 보낸 편지

나는 잘 먹고 잘 다니나 혼자 집안에서 어린 아해들과 고생하시는 일 미안하합나이다. 어제 밤 그적게 밤 다 동학절에서 자고 오날 영동와서 지금 청산드

59.　양주동, 〈담원시조 서〉, 《담원 정인보전집》 1, 382쪽.

60.　양주동, 〈담원시조 서〉, 《담원 정인보전집》 1, 381쪽.

61.　《담원 정인보전집》 1, 333-348쪽.

62.　《담원 정인보전집》 1, 333쪽.

위당 정인보의 편지(《한글로 쓴 사랑, 정인보와 어머니》, 한울, 2019 수록).

러가압나이다. 내일 밤 집에 가겟삽나이다. 하교대로 상서 알외압나이다.[63]

－부인에게 보낸 편지

궁굼하던 중 네 글시 보고 반갑고 너의 어마님과 다들 알안흔 일 깃부다. 나는 약 먹는 중이소 침식이 다 편하나 일간 가겟다. 책편지가 왓스면 그것도 철도편이냐 소포로 온 것이 그게냐⋯[64]

－둘째 딸에게 보낸 편지

---

63. 《담원 정인보전집》 1, 336쪽.
64. 《담원 정인보전집》 1, 347-348쪽.

며느리 보아라 어린년 돌에 못가보니 섭섭ᄒ다. 돌잡히는데도 모다 불비ᄒ게
만ᄒ니 엇지ᄒ는지. 색동져고리 가음도 이 다음ᄒ여 보내겟다. 백원은 손녀
돌 살에 노라고 보ᄂ다.[65]

-며느리에게 보낸 편지

가족들에게 보낸 서간은 순한글로 썼다. 한글맞춤법에 맞추기보
다는 한글 고어의 문자와 문투를 사용하는 경우가 많았다.

4) 한글 노랫말

한글 글쓰기로 우리말의 운율과 정서를 살렸던 정인보는 해방
후 〈광복절가〉, 〈삼일절가〉, 〈제헌절가〉, 〈개천절가〉 등 많은 국경일
의 노랫말과 〈연희대학교가〉, 〈국학대학가〉, 〈고려대학교가〉, 〈덕성여
자중학교가〉, 〈성신여자중학교가〉, 〈동국대학교가〉, 〈운수학교가〉 등
의 교가, 〈공무원의 노래〉, 〈대한부인회가〉 등을 지었다.[66] 그는 광복
의 감격을 바다와 땅이 춤추는 기쁨과 조국의 독립을 위해 목숨을
바친 순국열사들에 대한 추모를 노랫말로 지었다.

흙다시 만져보자 바닷물도 춤을춘다
기어이 보시려던 어룬님 벗님 어찌하리
이 날이 사십년 뜨거운피 엉긴자최니

---

65. 《담원 정인보전집》1, 348쪽.

66. 《담원 정인보전집》1, 80-88쪽.

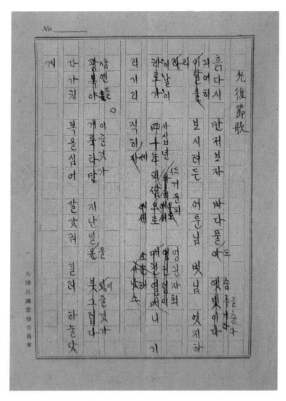

위당 정인보의 광복절 노랫말 친필 원고.

길이 길이 지키세 길이 길이 지키세[67]

　조국의 광복을 기리는 한글 노랫말은 음율에 맞춘 노래로 평생
을 민족의 정신을 살리기 위해 노력해 온 학자가 광복의 기쁨과 미
래의 희망과 각오를 노랫말로 만든 것이다.

---

67. 《담원 정인보전집》1, 80쪽.

〈삼일절가〉 노랫말 또한 민족의식과 기미독립선언의 감격을 노래하고 있다.

기미년 삼월 일일 정오
터지자 밀물 같은 대한 독립 만세
태극기 곳곳마다 삼천만이 하나로
이날은 우리의 의요 생명이요 교훈이다
한강 물 다시 흐르고 백두산 높았다
선열하 이 나라를 보소서
동포야 이날을 길이 빛내자[68]

일제 때 여학교의 여성교육과 여성의 활동에 관심과 지지를 보냈던 정인보는 여성이 겨레의 일원으로 활동할 것을 바라는 내용의 〈대한부인회가〉를 지었다.

오늘날 우리일은 남녀가 업다
치마끈 졸라매고 다 나서거라
달가튼 이나라가 둥그러온다

겨레는 정신이요 목숨은 나라
잇는힘 적다말고 다드려보나
옛날엔 삼천리도 더넙엇단다[69]

---

68. 위와 같음.
69. 《담원 정인보전집》1, 87쪽.

학교의 교가에서는 교육이 민족의 장래를 위한 백년의 대계로서 중요하기 때문에 학생들이 공부를 통해 성장하여 슬기롭게 삼천리 조국과 동서를 넘어 새로운 문화를 펼쳐나갈 것을 노래하고 있다.

공부가 커갈수록 맘더욱 밧버
삼천리 오늘날에 젊문 우리다
슬긔를 풀무삼아 녹여라 동서
눈부신 새문화롤 폭을 퍼치자[70]

이 나라 위헤 나서 공부도 나라
오늘날 대한 딸들 책임무겁다
슬긔는 繡라더라 德으로 바탕
꽃가치 페나는때 어서 이뤄라[71]

광복 직후 한글은 다시 국문의 지위를 회복하였다. 한글로 노랫말을 짓고 부르는 것은 새로운 국가의 민족으로 문화를 창조하는 데에 중요하였다. 위당은 광복 이후 국학대학장을 역임하며 민족문화와 국학 진흥에 몰두하며, 문화전통을 현대에 발전시키는 본격적인 활동을 하였다. 이때 그는 진정한 국어·국문으로서 한글의 맛과 정서를 살리는 노랫말을 짓는 데에 정성을 다하였다. 광복 당시 미래세대를 위해 지은 한글 노랫말들은 오늘날까지 우리의 정신과 정서에 많은 울림을 주고 있다.

---

70. 〈연희대학교 교가〉, 《담원 정인보전집》 1, 83쪽.
71. 〈덕성여자중학교 교가〉, 《담원 정인보전집》 1, 85쪽.

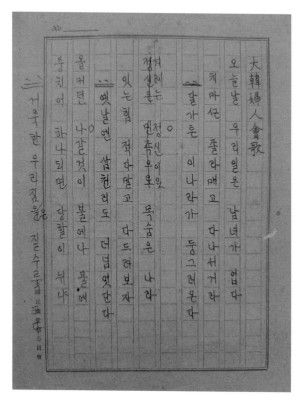

위당 정인보의 〈대한부인회가〉 친필 원고.

4. 맺음말

위당 정인보는 20세기 전반기 당대 최고의 한학자이면서 민족
주의를 발휘하는 민족문화 만들기에 앞장섰던 인물이다. 그는 일제
식민지 하에서 일본어가 '국어·국문'으로 통용되던 시기에 일본어로

글을 짓지 않고, 근대의 주체적인 민족의식·문화의식을 지키기 위해 많은 글을 썼다. 위당 정인보는 당대 최고의 한문학자였기 때문에 그의 학문세계를 한학의 세계로 오해하는 경향이 있다. 그러나 그렇지 않았다.

위당은 근대적 민족의식에서 한문으로 된 옛글을 참고해 당시대의 정신이 담긴 '조선의 글'을 쓰는 데 중심을 두었다. 그는 성음이 겨레를 만드는 중요 요소임을 강조하고, 28자 소리의 한글의 중요성을 강조하였다. 또한 옛것의 정신과 정취를 근대에 재현하고자 다양한 시도를 하였다. 그리하여 한문 고서들을 국한문 병용의 글쓰기를 통해 새롭게 해설하였으며, 현대적인 감정에 전통적인 취의를 넣는 시조 짓기를 시도하였다. 또한 가족 간의 일상에서는 한글 서간을 주고받았다. 그의 한글 글쓰기는 광복후 국경일 기념의 노랫말 등으로 유려하게 발휘되기도 하였다.

이처럼 위당 정인보는 《영인본 훈민정음》의 서문과 〈세종대왕어제 훈민정음반포 오백주년기념비문〉 등을 썼던 국학자답게 한글의 중요성을 인식하고 한글 글쓰기의 문화를 개척하여 한글 사랑의 다양한 면모를 보여주었다.